救世与启蒙

晚明社会思潮析论

马涛 著

復旦大學出版社

目录 | contents

导　论

走出中世纪的曙光

自万历至崇祯(1573—1644年)的晚明时期是中国历史上一个“天崩地解”(黄宗羲语)的时代。余英时将这一时期称为“中国历史上最重要的社会与文化变迁时期之一”[1]。在这一时代里,人们的价值观念在更新,人文精神在觉醒,哲学上的禁欲主义和政治上专制主义受到了严厉的批判和鞭挞,提倡学问自得、学以致用、会通中西、强调实证的科学精神得到发扬,经济上提倡“自为”和“工商为本”这一有利于民间经济和市场经济发展的新观念得到彰显,文艺上市民审美情感对传统审美趣味的冲击,个性解放的倡导等等,均构成了晚明思潮的方方面面。在这一思潮中孕育了近代思想的因子,让人们看到了中国走出中世纪(封建社会)的曙光。

[1] 余英时:《明清变迁时期社会与文化的转变》,载余英时等,《中国历史转型时期的知识分子》,联经出版事业公司,1992,第35页。

一、思潮的命名

如何概括和评论这一时代思潮，一直是学术界一个具有争议性的课题，不同时代与学术背景的学者都可以提出一套自己的独立见解并建立一个完整的理论解释框架。有的学者主张叫做“资产阶级的早期启蒙思潮”，有的学者主张叫做“地主阶级的批判总结思潮”，也有的主张叫做“个性解放和人文主义思潮”，还有的主张叫做“实学思潮”，等等。这些提法和概括都很有意义，但又存在问题。例如，“资产阶级早期启蒙说”似有拔高之嫌，因为严格意义上的“资产阶级启蒙”的确切含义是指随着近代资产阶级登上历史舞台后出现的思想革命。而 16 世纪和 17 世纪的中国还不具备这样的社会历史条件。晚明和清初许多思想家对封建专制主义有所批判，但着眼点是批判封建专制统治的流弊，还不同于资产阶级的反封建。尽管他们批判的言辞相当激烈，但并没有摆脱儒家“修身、齐家、治国、平天下”的理论框架。他们批判的目的是救世，试图走出一条振兴改革之路；他们的理想社会仍是“圣人治天下”的模式，这只是封建制度在儒家思想中的理想化，而不是超越儒家、具有近代意义的新的理想社会。在这一思潮中使用的概念、范畴和命题，虽然由思想家们根据时代的要求作出了自己的解释和说明，被赋予了某些新的含义，但没有超出传统理学的范畴，仍然属于地主阶级改革派的哲学意识形态。真正的具有近代意义的启蒙思想只有随着资本主义生产方式和资产阶级的兴起才能出现。“地主阶级的自我批判总结说”则忽略了这一思潮中由王学左派及市民文艺理论所提出的一些新概念、范畴和命题，以及经济思想上提出的“工商为本”等有利于商品经济进一步发展的重商意识和经济自由主义的思想观念。这些内容已成为中国近代思想的理论先驱，因而又具有某些早期启蒙的意义。因此，“启蒙说”和“批判总结说”都仅仅概括出了这一思潮中的某一方面，而不能兼顾全体。其他说法也都存在同样的问题。

本书提出，晚明思潮包含有两个性质不同的方面：一是救世思潮，二是启蒙思潮。救世思潮是由一批哲学上尊信程朱理学的地主阶级进步的思想家所开启的批判改革思潮，主旨是批判封建政治的黑暗和社会的弊端，积极倡导改革救世。晚明的科学思潮是受理学格物穷理说和西学东渐的影响而兴起的，可视作是救世思潮在科学研究领域的延续。启蒙思潮是由哲学上的王学左派及受其影响的文艺思潮组成。启蒙思想家在明中期以来商品经济日渐活跃的影响下，在中国封建社会尚未崩溃而各种矛盾已充分显露的特定历史条件下，对占据封建社会统治地位的程朱理学进行了深刻的批判，提倡一种能适应商品经济发展的新价值观念。明中期以来商品经济的活跃及对封建旧体制带来的挑战，构成了晚明救世与启蒙思潮兴起的经济政治基础。晚明思潮中许多有代表性的思想家如东林党人中的李三才、顾宪成，泰州学派中的王艮、何心隐、李贽，明清之际的黄宗羲、顾炎武等，都与商品经济的活跃、市民阶层的崛起有着千丝万缕的联系。因此，本书提出将晚明思潮以“救世与启蒙思潮说”加以概括。

二、救世与启蒙思潮的异同

晚明思潮是由救世与启蒙思潮汇合而成，二者内容与特征上有同有异，异大于同，思想上也有互相批评和论争。

救世与启蒙思潮相同的方面表现在面临封建政治弊端日渐突显和经济凋敝衰败的现实时，都提出了积极的改革救弊的主张，具有强烈的批判精神和救世意识。不论是救世派还是启蒙派，尽管他们之间存在有某种理论上的差别甚至矛盾，但在针砭时弊上是相同的，都把批判的矛头指向了已腐朽的封建制度及已僵死的理学传统。他们的批判主要集中在两个方面：一是在思想领域，他们全面地对理学或心学末流的流弊进行了批判，其内容遍及哲学、经学、史学、伦理、文学、艺术以及自然科学等方面，从不同的角度冲击着封建主义的传统思想，闪耀着新的思想光辉；二是在社会政治领域，他们针对社会政治的各种积弊，多方面地揭露了封建社会的腐朽黑暗和统治阶级的昏庸无道，批判了各种禁锢人性的陈规与说教。不论是启蒙派还是救世派，都提倡自由讲学和要求改革科举制度。如泰州学派十分重视开展讲学活动，他们利用农闲时间聚徒讲学，所讲都是百姓当下日用之学，即使“说经”，也“不泥传注，多以自得发明之”[1]，以阐述自己的独立见解为主，因而受到平民百姓的热烈欢迎。何心隐对张居正毁天下书院、禁止自由讲学的文化专制政策极为不

[1] 张峰：《明儒王心斋先生遗集》卷三《年谱》。

满，写有《原学原讲》一文，强调“必学必讲”[1]。为争取自由讲学，他还准备“诣阙上书”[2]，辩于朝廷，鸣于天下。以顾宪成为首的东林学者，面对“天崩地陷”的时代，愤而指斥朝政腐败，要求改革弊端，在遭到迫害和贬斥后，仍“志在世道”[3]，以国家危亡为重，修复东林书院，聚众讲学，强调把读书和关心国事相联系。东林学派针对万历初年以来朝廷下令禁毁天下书院、禁止聚徒讲学的文化专制政策，提出了自由讲学和自由结社的要求。东林学派还把“士”之讲学，看成“农之于耕”一样具有同等的合法权利。对于科举制度，泰州学派和东林学派都表示不满。王艮指责“以文艺取士”的科举制度会使人“营心于富贵之末”[4]，因而要求恢复汉代的选举制度与科举制度并行，认为这能克服科举之弊，得“天下之贤”。东林学派人士对科场腐败深为愤怒，钱一本就曾上书揭露内阁隐瞒科场舞弊事件，要求革除因舞弊而得中的官宦勋贵子弟。顾宪成更明确表示，取士应打破等级贵贱的标准，“海内共以为贤者，不惜破格用之”。在经济上不论是救世派还是启蒙派，都提出有一些相近的改革主张。例如，泰州学派的王艮提出了“务本节用”[5]说。他所说的“务本”就是要“众皆归农”，发展生产，安定生活。他所说的“节用”，就是“去天下虚糜无益之费”[6]。王艮晚年时，还在家乡安丰盐场试图

[1] 何心隐：《何心隐先生爨桐集》卷一《原学原讲》。
[2] 何心隐：《何心隐先生爨桐集》卷四，《上南安赵四府书》。
[3]《明史》卷二三一《顾宪成传》。
[4] 王艮：《明儒王心斋先生遗集》卷一，《语录》。
[5] 王艮：《明儒王心斋先生遗集》卷二，《尺牍论议补遗 · 王道论》。
[6] 同上。

从土地所有制入手，提出了“均分草荡”的改革方案，即在灶户不均、贫者多失业的情况下，按“摊平”均分的办法，缓和社会矛盾。李贽也看重经济改革，甚至提出了“不言理财者，决不能平治天下”的论点。

两者的不同是主要的，这表现在社会基础、思想渊源和学说宗旨等方面。就社会基础而言，救世思潮的社会基础是地主阶级的改革派；启蒙思潮的社会基础则是新兴的市民阶层。就思想渊源来说，救世思潮的代表人物基本上都是尊信程朱的学者，如罗钦顺、丘濬、吕坤和东林党的领袖顾宪成等人，他们的救世思想是由程朱理学中的批判改革意识发展而来；启蒙思潮的代表人物基本上都属王学左派，如泰州学派的王艮、何心隐和李贽等人。就学说宗旨而言，救世思潮主要表现为一种锐意于社会改革的救世主义；启蒙思潮则反映新兴市民阶层的利益和愿望，孕育着近代思想的某些进步因子。

救世思想家革新朝政的最终目的是“救民”“救世”[1]，建设一个能行“仁政”的政府。他们可谓是地主阶级的“补天派”，而不是代表新的社会力量的“革命派”。他们只是想通过自己所提倡的某些改革措施，医治晚明社会的一些弊端，来维护封建社会的统治。为了挽救晚明的社会危机，一批先进的思想家，如罗钦

[1] 赵南星认为君子行动的最高准则就是“救民”：“君子在救民，不能救民，算不得账”（高攀龙：《与华润庵邹荆玙忠余》，载周亮工辑《尺牍新钞》卷一）。顾宪成提出：“士之号为有志者，未有不亟亟于救世者也。”（顾宪成：《泾皋藏稿》卷八，《赠风云杨君令峡江序》）一代名相张居正也倡导“实政”：“此其实心为民谋食，而不为粉饰之文也。”（张居正：《新镌张阁老进呈经筵诗经直解》卷一，《国风・鄘风・定之方中三章章七句》）

顺、王廷相、丘濬、吕坤和顾宪成等人，不仅在田制、水利、漕运、荒政、赋税、兵制、边务、吏治、科举诸方面揭露了当时的各种弊端，而且还提出了各种改革的方案，有的甚至还亲自发动和参加了社会政治的改革活动。以顾宪成、高攀龙为代表的东林党人，面对“天崩地陷”的严峻现实，反对王学末流的空谈，提倡士大夫“居庙堂之上则忧其民，处江湖之远则忧其君”的为学宗旨。“风声、雨声、读书声，声声入耳；家事、国事、天下事，事事关心”这一题于无锡东林书院的对联，更是东林党人救世济民理想的生动写照。针对明神宗派出大批宦官充当矿监税使到全国各地肆意搜刮压榨，致使“万民失业，朝野嚣然”的严重情况，东林学者一方面上疏反对矿监税使的横征暴敛，另一方面则提出相应的制止矿监税使的具体办法，即把开采催税之权从宦官手中转交给地方官，把无止境的税银定额确定下来，以减轻各地商人和百姓的沉重负担。显然，这在不能完全制止矿监税使坑民的情况下不失为是一种比较可行的办法。东林学者还主张减免商税，以“惠商”和发展商业；严惩肆虐乡里的税棍，维护商人利益；改革苛税、兴修水利，以发展农业经济；兴屯田、改土耕种，以强兵足民；等等。如果这些改革主张能够得到贯彻实施，不仅对工商业者和农民百姓有利，也适应了江南地区以至全国商品经济发展的要求。以陈子龙为代表的复社君子，编印《明经世文编》，其目的是为后世提供一种救世理论的借鉴。顾炎武的《日知录》和《天下郡国利病书》更是一代“救世”的杰作。在晚明科学思潮的促动下，中国古典科学技术进入了总结阶段，出现了一批著名的科学家和划时代的科学著作，如李时珍的《本草纲目》、朱载堉的

《乐律全书》、徐光启的《农政全书》、宋应星的《天工开物》、徐弘祖的《徐霞客游记》等，都是这一科学思潮的产物。这批科学救世的思想家，不但提出了许多有价值的科学思想，也开创了会通中西之学、重实地考察和实验、推崇数理逻辑的科学新风。

启蒙思潮是随着商品经济的发展和市民阶层的觉醒，在思想文化领域反映了市民阶层的利益和愿望。市民阶层的启蒙意识有多方面的表现。在哲学上表现为竭力阐发人的主体意识和人的社会价值，提倡个体解放，肯定人欲私心的合理性，从而使"存天理去人欲"的旧天理人性论变成了具有近代意义的自然人性论。如王艮把人性的本体作为生理自然的要求来考察，以"安身"为"天下之大本"[1]。他所谓的"安身"，首先是要让人们吃饱穿暖，保证基本的生存权力。他肯定人的欲望、饮食男女都是"天体之性"，故不容统治者人为干涉。他的人性自然就是"良知"的观点，不但改变了王学"良知"的内容，还摈除了阳明良知说中的神秘气氛，反映了民众捍卫自己生活权力的强烈意愿。李贽又进一步提出了"人必有私"[2]的观点，认为物质享受是每个人之所欲，圣人也不能例外。他的"私者人之心"[3]的论点，在当时可谓是石破天惊，显示出了强烈的市民意识和反叛精神。以王艮、何心隐、李贽等人为代表的泰州学派，还蔑视封建偶像崇拜，公开否定以孔子之是非为是非。在伦理道德上表现为公开抨击封建主义的三纲五常，特别是君为臣纲。泰州学派虽没

[1] 王艮：《明儒王心斋先生遗集》卷一，《答问补遗》。
[2] 李贽：《藏书》卷三二《儒臣传》，《德业儒臣后论》。
[3] 同上。

有否定君权,但却有一个“人人君子,刑措不用,道不拾遗”[1]的社会理想。王艮依据自己的“百姓日用之道”设计了一幅改造现实社会的蓝图——使人人各得其所,“君为尧舜之君,使是民为尧舜之民”[2],大家过着富足康乐的太平生活。其后学何心隐则更进一步试图突破封建伦常关系,建立一种纯属师友关系的“老安少怀”[3]的理想平等社会。黄宗羲则强调臣是“为天下,非为君也,为万民,非为一姓也”[4]。唐甄更自标五伦中“我独阙其一(君臣)也”[5]。在政治上,他们以民本主义为武器,猛烈地抨击封建专制,主张限制封建君权,甚至提出了君臣共同治理天下的主张。黄宗羲提出了“天下为主,君为客”的著名论点,认为“为天下之大害者,君而已”[6],把批判的矛头直接指向了封建社会的最高统治者。唐甄继黄宗羲之后,指出“自秦以后,凡为帝王者皆贼也”[7]。黄宗羲还企图通过“置相”(接近于近代责任内阁总理)来实现他的“有法治而后有治人”[8]的政治理想。这虽然在当时的历史条件下是不可能实现的社会空想,但却表达了平民大众对现实社会的不满和理想社会的无限憧憬。在经济上,他们反对“崇本抑末”的传统思想,主张“工商皆本”[9],

[1] 王艮:《明儒王心斋先生遗集》卷二,《尺牍密证・答侍御张蘆冈先生》。
[2] 王艮:《明儒王心斋先生遗集》卷二,《尺牍密证・答朱思斋明府》。
[3] 何心隐:《何心隐先生爨桐集》卷三,《邓自斋说》。
[4] 黄宗羲:《明夷待访录・原臣》。
[5] 唐甄:《潜书・守贱》。
[6] 黄宗羲:《明夷待访录・原君》。
[7] 唐甄:《潜书・室语》。
[8] 黄宗羲:《明夷待访录・原法》。
[9] 黄宗羲:《明夷待访录・财计三》。

有的还具有一定程度的自由主义的经济思想，这显然是商品经济的发展和市民地位的提高这一客观现实在思想观念上的反映。在文学艺术上，则表现为反传统的浪漫主义和对封建正统文艺的鄙弃，以及对人情欲的重视和歌颂。徐渭的“本色论”、李贽的“童心论”、汤显祖的“至情论”、袁宏道的“性灵说”以及小说“三言二拍”和《金瓶梅》的出现，都是其表现。总之，这些启蒙意识，原则上已不同于地主阶级改革派的救世思想，它是新兴市民阶层利益和愿望在思想文化领域的反映。启蒙思想家可以说是封建主义社会内部的代表新兴市民阶层的“革命派”。相比之下，救世思想家囿于理学框架，继承程朱理学的观点，恪守儒家传统的价值观念和伦理规范。例如，顾炎武撰写《日知录》和《天下郡国利病书》，他一生所从事的学术活动都在于总结明亡教训，提出救世药方。尽管他至死都没有出仕清朝，参与政事，但他的“救世”理论仍通过其学生徐乾学等对清初的政治实践起到了一定的现实作用。顾炎武梦寐以求的，不外乎是“有王者起，将以见诸行事，以跻斯世于治古之隆”，重现一个堪与汉唐“贞观之治”比美的强盛的汉族地主政权，而不是推翻封建地主的统治。

两个思潮的不同还表现在启蒙思潮中的许多人物由于强调“本心”个性的解放，有着一种流于“禅”的倾向。例如，王阳明、李贽、焦竑、徐文长、公安三袁、汤显祖等都对佛教有相当的研究和认同。王阳明虽然也有辟佛之论，但并不能掩饰其“阴取”佛学的事实，他所说的“心即理”实是由唐宋时期的僧人们首先开其先河的。阳明自己也有融会儒释的论点[1]。诚如陈建《学蔀通辨·续编》所言:“阳明一生讲学,只是尊信达摩、慧能,只是欲合三教为一,无他伎俩。”王门后学及其泰州学派更是公开谈佛悦禅,流风所及,致使形成了万历以后,禅风寖盛,士大夫无不谈禅的气象。文艺启蒙思想家袁中道在《珂雪斋集》卷十《传心篇序》中论“心”时讲述了禅悦的原因:“世间高明之士,所以轻宋儒者有故。心体本自灵通,不借外之见闻。而儒者为格物支离之学,其沉昏阴浊莫甚焉。心体本自潇洒,不必过为把持,而儒者又为庄敬持守之学,其桎梏拘挛莫甚焉。世间之大智慧者,岂肯米盐琐碎,而自同木偶人哉?宜其厌之而趋禅也。”袁中道对禅学流行的原因讲得很清楚:禅学的自然悟道不受羁绊的学说特色有利于反对传统理学思想的束缚。救世思想家则批判王学这一禅学化的空无理论倾向,认为它引导人们逃避现实,置国艰、民危于不顾,有悖于儒学经世的宗旨,是“以学术杀天下”。在对王学批判的同时,主张“学宗程朱”,立足于发展理学。他们从总结理学思想发展的不同途径,肯定了理学各派不同观点的短长和它们应有的历史地位。他们反对“空言性理”,提倡经世致用之学,把朱熹偏重于道德伦理的“即物穷理”发展成为“即事为学”的实学概念。例如,吕坤《呻吟语》卷五《治道》有言:“天下万事万物,皆要求个实用。”他们还把理学家最常用的“天理”改造成为“天然自成之条理”,赋予了客观事物规律的新含义。救世

[1] 释氏之说,亦自有同于吾儒,而不害其为异者,惟在于几微毫忽之间而已,亦何必讳于其同而遂不敢以言,狃于其异而遂不以察之乎?(王守仁:《王文成公全书》卷二十一,《答徐成之》之二)

思想家在学术上提倡求实致用的新学风，对于晚明学风的转变和科学救世思潮的兴起有着重要的影响。

正因为两个思潮之间有着上述的区别和不同，两派学者之间也就经常相互批评。东林学派的顾宪成就评论启蒙思想家何心隐，说他“坐在利欲胶漆盆中，所以能鼓动得人，只缘他一种聪明，亦自有不可到之处”[1]。语中已含批评之意。对李贽否定一切道德规范和全面肯定利己主义的“私”，从而否定了作为社会的人所应承担的社会责任所造成的负面影响，顾宪成在《泾皋藏稿》卷五之《柬高景逸》中指责道：“此向者学者腹心之疾而于今尤极其横流者也。”王夫之在《姜斋诗话・夕堂永日绪论外编》中抨击“李贽以佞舌惑天下”。顾炎武也在《日知录》卷十八之《李贽》篇骂李贽为自古以来最“无忌惮而敢判于圣人”之“小人”，对李贽十分尖刻。

三、理论渊源

救世与启蒙思潮分别渊源于朱熹的理学和陆九渊的心学。朱、陆的歧异，是造成二者各自发展的内在逻辑渊源。

朱熹主张宇宙的本体是“理”，认为“理”是一种客观存在，是宇宙的最高本体，是一种超越而普遍的存在。陆九渊则认为天地万物之理均在我心中。在他的哲学中，心即是理，心与理完全合一，没有分别。他的心与理“实不容有二”的话就是针对朱熹

[1] 黄宗羲：《明儒学案》卷三二《泰州学案一》。

的“理在心外”而言的。朱熹的“理”有本体、理性、规律、法则等多种含义。它首先是指一种形而上的本体，这种形而上的本体，被认为是一种超时间、超空间的理性本体。此“理”至高无上，先天地而生，在天地之上。这个“理”，具体到万事万物来说，就是万物之“道理”“规律”。“理”还是道德的原则。总的说来，“理”是自然规律，又是伦理法则。在朱熹看来，伦理法则来源于自然规律，其本质则是宇宙的理性。朱熹的这一“理本论”学说，深刻地影响了晚明的救世思想家们。他们进一步提出了“天下惟理为最尊”的命题，认为即使是天子的权势，也应服从天理。这是在明确主张“理”高于“势”。这里的“理”，既是宇宙的理性，结合社会政治而言，又是政治理性的原则、天下人心的公意。这里的“势”主要是指政治上的权势。救世思想家认为，在现实生活中“理”与“势”之间经常发生矛盾。作为一位儒者，在“理”与“势”的矛盾冲突中，只能选择“以理抗势”，用“理”来限制皇权君势，坚持原则，甚至在“以理抗势”中不惜一死，绝不苟且偷生。因为在他们看来，“理”尊于“君”，尊于“势”，天子之势也须屈从于“理”，故儒者只可以从“理”而不从“君”，从“理”而不从“势”。这种“以理抗势”的学说，成了救世思想家们批判现实政治黑暗，力图救世解弊，改革社会实践的内在精神动力。

陆九渊主张“心即理”，故强调主体的自觉。他多次教育学者要“自立”，自作主宰。这一强调主体自立、自觉、自作主宰的精神，后经王阳明的发挥，成了晚明启蒙思想家反对以“孔子之是非为是非”，冲击封建礼教束缚的思想武器。王阳明倡导“良知”说，强调“心本体”，认为“心外无理”，“理”从属于“心”，重视内在主体能动性的发挥。他由此出发,否定了孔子的神圣地位。他还认为真理"非孔子可得而私也"。启蒙思想家李贽就是在这一思想的基础上进一步否定了以"孔子之是非为是非"的封建礼教的意识形态。

在方法论上,朱熹主张"道问学",陆九渊主张"尊德性"。朱熹主张"道问学",重视向外格物穷理的工夫。他认为"天下之物莫不有理"[1],乃至"一草一木亦皆有理"[2]。"道问学"强调了一种对万事万物之理的穷究精神。依朱熹的观点,从宏观世界到微观世界,都有"理"存在,故都应认真加以研究,努力不懈地去追求探索新的知识,以求得对事物规律的认识。这种格物说已含有实证科学的意味。宋以后中国科学技术的长足进步,与这一学说的提倡不无关系。这一学说影响了晚明救世思想中科学思潮的兴起。随着"西学东渐",传统的古典科学与西方的实验科学相结合,促使中国古代科学的发展进入了一个辉煌灿烂的新时期。陆九渊主张"尊德性",为学强调先"发明本心",提倡一种大丈夫人格。他认为心之体很大,若能发明人的"本心",便会与天合一。他认为这种"本心"是内在的,本来就有的,它是道德智慧的不竭源泉,因此为学之方就在于要自我反省,"启发人之本心"[3]。他认为人若能直透到念虑萌发的本心之源处,自然就能辨得是非,晓得义利,然后才有头脑,才能树立价值标准。若缺少发明本心的工夫,便是不知学。反之,本心既明,则道理

[1] 朱熹:《四书章句集注·大学章句集注》。
[2] 王守仁:《传习录》卷下。语自《河南程氏遗书》卷十八:"求之性情,固是切于身,然一草一木皆有理,须是察。"
[3] 袁燮:《象山先生年谱》,载《象山先生全集》卷三十六,淳熙十五年五月。

只是从我心中流出，读书只是本心的一个印证。他还提出人生的目标是如何“做人”，而不是如何“作书”，提倡“激励奋进、冲决罗网”的大无畏精神，表现了他对人格精神的推崇和对儒家经典的轻视。这一切，对陆九渊本人来说是为了完成个人的修德，但他不主立说、不信传注的主张，客观上对儒家的经学教条起着一种理论上的冲击作用。晚明的启蒙思潮就是由此发展而走向了对封建礼教的叛逆。[1]

四、历史地位

晚明的救世与启蒙思潮在中国思想文化史上具有重要的历史地位，它一方面完成了对中国传统思想（主要是宋明理学）的批判总结，另一方面又孕育了近代思想的某些因子。近代的进步思想家、革命志士对之无不倾注了思念之情，其启蒙的思想观点成为他们进行资产阶级民主革命与新文化运动的思想武器。它是中国传统思想通往近代新学的桥梁。

一方面，救世启蒙思想家们根据时代的需要，对腐朽的封建制度及理学末流进行了深入的批判，涉及了社会政治、哲学、伦理、文学艺术等各个领域，从不同方面冲击着封建主义的传统思想，代表了社会、时代的进步。在社会政治批判的同时，他们高

[1] 余英时《从宋明儒学的发展论清代思想史——宋明儒学中智识主义的传统》一文，以智识主义为理论核心提出清代考据学的兴起实际上就是由儒学内部的“尊德性”传统向“道问学”传统的一种转向。此说颇有见地。见余英时：《论戴震与章学诚：清代中期学术思想史研究》，生活·读书·新知三联书店，2012，第290—321页。

倡一种社会改革的救世主义，针对时弊提出了各种改革的救世方案。在哲学文化批判的同时，他们对传统思想的许多范畴、概念、命题给以新的解释和说明，赋予了符合时代发展需要的新含义，如他们对理气、心性、理欲、理势、义利等关系的阐释和界定，都达到了中国古代思想前所未有的高度。他们强调格物致知、重实的科学精神，引发了晚明自然科学的复兴。这一复兴和"西学东渐"相结合，促使中国古代的科学发展进入了一个灿烂辉煌的时期，涌现了一大批著名的科学家和划时代的科学著作。在这一科学思潮中，不但许多有价值的科学思想被提出，而且强调会通中西之学、重考察和试验、推崇数理逻辑的研究新风也被开创。从社会价值上看，可以说晚明的救世与启蒙思潮是继先秦百家争鸣、魏晋玄学思潮、宋明理学思潮之后又一次学术思想繁荣的高潮，是一次空前的思想解放运动，它冲破了宋明理学一统天下的垄断局面。如果没有救世思想家对理学末流空疏学风的批判，也就不可能出现张居正的社会改革以及由它带来的万历时期短暂的社会稳定和经济繁荣，也就不可能有陈子龙等复社君子编撰《明经世文编》这一救世巨著，也就不可能有晚明科学发展的辉煌成就。

另一方面，救世与启蒙思潮中又孕育着近代社会的某些因子。中国近代资产阶级的新学正是晚明启蒙思潮和西学影响二者相融合的产物。中国近代资产阶级新学中主要包括改良派和革命派的思想学说，其中的许多代表性人物，如康有为、谭嗣同、梁启超、唐才常、宋恕、章太炎、吴虞等志士仁人，都曾受晚明启蒙思想家人格与著作的影响，从中汲取营养。在政治文化上，启蒙思想家对君主专制的弊端和僵化的封建旧礼教、旧传统、旧观念的批判，带来了一次思想的解放和洗礼，影响了近代资产阶级。改良派和革命派在反对封建主义的斗争中，都把启蒙思想对封建专制和文化的批判作为理论武器来使用。从这个意义上可以说，如果没有晚明启蒙思潮的洗礼，也就不会出现晚清的维新变法和孙中山领导的革命。

先看晚明思潮对改良派的影响。在哲学上，以泰州学派为代表的启蒙思想家竭力阐发人的主体意识和社会价值，肯定人的私心欲求，力主理欲统一说，揭露了封建道德"以理杀人"的虚伪本质，从而使封建主义的天理人性论变成了具有近代意义的自然人性论。这一自然人性论成了康、梁等改良派思想家人性论的理论基础。启蒙思想中的民主意识构成了改良派主张变革的理论武器。梁启超曾忆及当年湖南长沙时务学堂讲学时的情况，说那时人们倡导民权，盛倡革命，"窃印《明夷待访录》《扬州十日记》等书，加以案语，秘密分布，传播革命思想，信奉者日众"[1]。"而此后梁启超、谭嗣同辈倡民权共和之说，则将其书（指《明夷待访录》）节钞印数万本，秘密散布，于晚清思想之骤变，极有力焉。"[2]维新运动中的另一名激进者唐才常也深受晚明思潮的影响。唐才质提到："公素服膺王船山之说，及主讲时务学堂，日以王船山、黄梨洲、顾亭林之言论，启迪后进。又勉励诸生，熟读《黄书》《噩梦》《明夷待访录》《日知录》等书，时共研

[1] 梁启超：《清代学术概论》，《梁启超论清学史二种》，朱维铮校注，复旦大学出版社，1985，第69页。
[2] 同上书，第15页。

习，发挥民主民权之说而引申其绪，以启发思想，为革命之先导。”[1]梁启超、谭嗣同、唐才常都是戊戌变法时期的风云人物，他们都把晚明救世启蒙思想家的著作作为启迪民众民主思想的酵母。这是因为以《明夷待访录》为代表的启蒙思想家著作对封建专制主义的批判，其指向是君主视天下为一己产业的“家天下”意识。启蒙思想家强调天下是民众共同产业的思想，是与近代资产阶级新学中的民主思想相通的。维新志士宋恕是戊戌变法时期的一位很有影响、十分值得重视的进步思想家，他对封建专制抨击的激烈程度不亚于谭嗣同。他在《六字课斋卑议·自叙印行缘起》中有一段自白，清楚地表明了晚明诸大儒思想对他变革思想的影响：“得见大儒黄梨洲氏之书，且喜且泣曰：‘悲夫！言子游氏、孟子舆氏之传在此矣！’……苟有权力者咸克以黄氏之说为体，以颜氏之说为用，则大同其几乎，岂但小康哉！”宋恕在比照中西文化之后，认为如果能以梨洲之说为体、以习斋之说为用，即可摆脱近代中国社会被凌辱的状况而找到光明的出路，这虽有夸大晚明思潮作用之嫌，但这种夸大正好印证了这一思潮对晚清改良派的影响巨大。维新派的领袖康有为对黄宗羲更是赞不绝口，认为“本朝之人物以黄梨洲为第一”，“梨洲大发《明夷待访录》，本朝一人而已。梨洲为本朝之宗”[2]。他对顾炎武也深表敬佩，对王夫之则称颂其气节。梁启超对晚明思潮对近代新学的影响作有如下的概括：“清初几位大师——实即残明遗

[1] 唐才质：《唐才常烈士年谱》，载《唐才常集》，中华书局，1980，第273页。
[2] 康有为：《万木草堂讲义·七月初三夜讲源流》。

老——黄梨洲、顾亭林、朱舜水、王船山……之流，他们许多话，在过去二百多年间，大家熟视无睹，到这时忽然像电气一般把许多青年的心弦震得直跳。”[1]梁启超在列举了启蒙学者对封建君主专制暴威作大胆的批评、痛斥八股科举之埋没人才、反抗清廷的壮烈行动与言论等事实之后说：“总而言之，最近三十年思想界之变迁，虽波澜一日比一日壮阔，内容一日比一日复杂，而最初的原动力，我敢用一句话来包举他，是残明遗老思想之复活。”

再看晚明思潮对革命派的影响。在辛亥革命的前十年，也就是 20 世纪的头十年中，推翻清朝的反满革命是资产阶级面临的首要任务。这被孙中山概括为民族主义，民族主义是三民主义的首要组成部分，是辛亥革命前体现革命派宗旨的旗帜所在。晚明思想家对封建专制主义的批判，成了革命派宣传反满思想的武器。革命派在这一时期重新刊行了王船山的《黄书》、黄宗羲《明夷待访录》中的《原君》《原臣》等具有反满情绪或民主意识的著作，晚明思潮中的启蒙思想成为革命派从事反满革命斗争的理论依据。钱玄同在《〈刘申叔先生遗书〉序》中谈到晚明思潮对革命派思想的影响时有如下一段话：“自庚子（一九〇〇）以后，爱国志士愤清廷之辱国，汉族之无权，而南明巨儒黄黎洲先生抵排君主之论，王船山先生攘斥异族之文，蕴埋已二百年余年者，至是复活。爱国志士读之，大受刺激。故颠覆清廷以建立民国之运动，实为彼时最重要之时代思潮。”刘师培曾写成《中国民

[1] 梁启超：《中国近三百年学术史·清代学术变迁与政治的影响（下）》，《梁启超论清学史二种》，第 123 页。

约精义》，意在阐发黄宗羲《明夷待访录》中反对专制主义的民主思想，以宣传推翻清廷的革命意识。革命派在与改良派的论战中，还特别阐发了王船山的“夷夏大防”的思想，作为犀利的理论武器加以应用。例如，刘师培说：“船山王先生有言，夷狄之于中国，蕨类均也，中国不自畛绝夷则地维裂矣（《黄书·原极篇》）。大哉言乎！可谓识华夷之别矣。”[1]就连现代新儒学的第一代大师熊十力也说他参加辛亥革命就是因为受了王船山、顾炎武著作的影响：“余稍读船山、亭林诸老先生书，已有革命之志，遂不事科举，而投武昌凯字营当一小兵，谋运动军队。”[2]

晚明思潮也影响到了以“五四”代表的新文化运动。辛亥革命后，中华民国建立，但以袁世凯为代表的一批复辟派仍处心积虑地策划着复辟帝制的活动。为此，在政治上，他们修改约法，解散国会，为帝制复辟在政治上铺平道路；在文化上，则下令尊孔读经，宣布恢复祭天祀孔，发布《祭孔公告》。文化上的尊孔读经成了政治上复辟帝制的桥头堡。要反对封建专制主义，就必须扫除这座桥头堡不可。张勋的复辟更显示了封建的政治力量和意识形态不甘心退出历史舞台。在这一历史背景下，以陈独秀、李大钊、胡适、鲁迅、吴虞等人为代表的一批激进的民主主义者发起了对传统文化前所未有的抨击和批判，开启了新文化运动。在新文化运动中，以“只手打倒孔家店的老英雄”（胡适语）吴虞对孔教的批判与否定最为激烈。而他的反孔非儒思想很大程度上就是受了晚明启蒙思想家李贽的影响。他曾作有一篇长

[1] 刘光汉：《攘书·夷种篇》。刘师培又名光汉。
[2] 熊十力：《十力语要》卷三，《黎涤玄记语》，辽宁教育出版社，1997，第 297 页。

文《明李卓吾别传》，不仅介绍了李贽的生平与思想，而且以李贽的“不以孔子之是非为是非”的相对主义真理观作为非孔反儒的思想武器，结合“西学东渐”新传入的西方民主科学思想对尊孔派进行了斗争。[1] 这在民国初年是一个非常大胆的举动。新文化运动不仅提出了“打倒孔家店”的口号，还要求重新估定一切价值，反对权威主义。这种批判和否定都是从启蒙思想家那里去寻找理论武器的。

新文化运动的目的是提倡民主与科学。这场运动的主将们，除了大力介绍西方资产阶级的社会政治学说与科学思想外，也都注意从晚明思潮中挖掘有关民主与科学的思想因素。例如，中国地质科学的开创者丁文江就十分推崇宋应星的《天工开物》，认为宋应星强调从数量关系上把握客观事物本质的方法与西方近代科学的基本要求相吻合。他还撰写了《奉新宋应星先生传》与《重印天工开物卷跋》，介绍了宋应星重视实验的科学精神。另一位地质科学家章鸿钊著有《石雅》一书，在体例上仿效了《天工开物》，并在书中对《天工开物》中的珠宝玉石等论述进行过研究。又如，深受西方民主思想影响的胡适在 1921 年写的《黄梨洲论学生运动》一文中明确对学生干预政治的活动给予了

[1] 吴虞在 1916 年 12 月 3 日写给陈独秀的信中说：“读贵报《孔子平议》，谓自王充、李卓吾数君外，多抱孔子万能思想。不佞丙午游东京，曾有数诗（题为《中夜不寐偶成》，载《饮冰室诗话》），注中多非儒之说。归蜀后，常以六经、《五礼通考》、《唐律疏义》、满清律例及诸史中‘议礼’‘议狱’之文，与老、庄、孟德斯鸠、甄克思、穆勒·约翰、斯宾塞尔、远藤隆吉、久保天随诸家之著作，及欧美各国宪法，民、刑法，比较对勘。十年以来，粗有所见……不佞常谓孔子自是当时之伟人，然欲坚执其学以笼罩天下后世，阻碍文化之发展，以扬专制之余焰，则不得不攻之，势也。”（吴虞：《致陈独秀》，载《吴虞集》，四川人民出版社，1985，第 385 页）

肯定:“二百六十年前,有一位中国大学者,他不但认学生干预政治是变态的社会里不得已的事,他竟老实说这种举动是‘三代遗风’!”胡适还引用《明夷待访录·学校》的文字论证学校就应该是“公议”天下是非的场所:“一切学校都要做成纠弹政治的机关。国立的学校要行使国会的职权,郡县立的学校要执行郡县议会的职权。”断言这是“谋政治清明的惟一方法”[1]。

在文学艺术上,周作人甚至说“五四”新文学运动是从明末兴起的,不过中间经过清的反动,到现在又复炽起来罢了,“其根本方向和明末的文学运动完全相同”[2]。他高度评价公安派“信腕信口,皆成律度”的主张,说“就连胡适之先生的‘八不主义’也不及这八个字说的更得要领”,认为“假如从现代胡适之先生的主张里面减去他所受到的西洋的影响,科学、哲学、文学以及思想各方面的,那便是公安派的思想和主张了”[3]。林语堂、俞平伯等人也是兴高采烈地发现了晚明,崇尚其“独抒性灵,不拘格套”的自在。文艺启蒙思想家所完成的从理到情、从情到欲审美观念的转变,以及倡导反映市民阶层思想情趣的“俗”文艺和对一切封建正统“雅”文艺的鄙弃,都深深影响到了“五四”新文学运动。“五四”时期的新文学运动就正是这样一个“俗”文艺凯歌行进的时代。胡适《文艺改良刍议》中所谓“白话文学为中国文学之正宗”,陈独秀在《文学革命论》中提出的所谓(三大主义“推倒雕琢的阿谀的贵族文学,建设平易的抒情的国民文学”;

[1] 胡适:《胡适文存二集》卷三,第11、13、14页。
[2] 周作人:《中国新文学的源流·文学革命运动》。
[3] 周作人:《中国新文学的源流·中国文学的变迁》。

“推倒陈腐的铺张的古典文学，建设新鲜的立诚的写实文学”；“推倒迂晦的艰涩的山林文学，建设明了的通俗的社会文学”），以及后来郑振铎撰《中国俗文学史》等，都是大张旗鼓地为“俗”文艺“正名”，为从雅到俗的时代潮流开拓路径。这一从雅文艺到俗文艺的滥觞，就是晚明的文艺启蒙思潮。郑振铎甚至将晚明视作是中国“近代文学”的起始，其立论依据就是这一时代是一个伟大的小说和戏曲的时代，其通俗文学不仅由平凡的讲史进步到《西游记》《封神传》，更由《西游》《封神》而进步到产生伟大的充满近代性的小说《金瓶梅》。

总之，晚明思潮是继先秦百家争鸣和魏晋玄学、隋唐佛学、宋明理学之后的又一次空前的思想文化高潮。在这次思想文化高潮中，中华民族产生了许多引以自豪的文化巨人。如汤显祖的戏剧享有世界性的声誉，徐光启、方以智、徐霞客、李时珍、朱载堉等人在科学上所取得的成就在世界科学史上都是独树一帜。像黄宗羲、王夫之、顾炎武、傅山这样博大精深、著作宏富的思想家，在世界文化史上也可谓凤毛麟角。这是一个翻天覆地的时代，也是中国知识界产生文化巨人的时代。这一思潮还是古老的中国传统文化通向近代新学的桥梁，是近代志士仁人批判封建主义理论、走出中国中世纪（封建时代）的理论先驱，许多维新志士、辛亥革命的先烈乃至五四时代的思想家们，都在从他们的著作中吸取理论营养，点燃自由的火种，并以传播他们的著作来散播民主革命的新思想。

第一章

以“实学”为特征的救世思潮

晚明的救世思潮在学术思想上，提倡一种反对空谈，崇尚实用、实功的求实精神。在政治上表现为倡导一种“以理抗势”的批判救世精神，为了解救社会现实的危机，他们敢于反抗权势，积极批判社会政治的弊端，主张改革。这一批救世思想家以罗钦顺、王廷相、吕坤、东林学者和陈子龙等为代表。

一、提倡经世致用的求实精神

救世思想家明确提出要继承和发扬儒家以天下为己任的“经世”传统。他们从“治国平天下”的目的出发，提出“以开物成务为学，视天下之安危为安危”[1]（黄尊素语）的治学主张。罗钦顺、王廷相、吕坤、顾宪成、高攀龙和陈子龙等人，更是把“治国

[1] 黄宗羲：《明儒学案》卷六一《东林学案四·忠端黄白安先生尊素》。

平天下”的“有用之学”作为治学的内容，进而提出“学问通不得百姓日用便不是学问”[1]。

明中晚期，封建社会无论在经济上还是在政治上都出现了严重的危机。经济方面，上至皇室贵族，下至一般官僚地主，都贪得无厌地兼并土地，将纳税负担转嫁到劳动人民身上。横征暴敛导致广大农民日益贫困。经济危机又必然导致政治上的危机。广大农民在贪官污吏的经济盘剥下，走投无路，被迫铤而走险。同时，统治阶级内部也极为腐朽，危机四伏。这表现为宦官专权和党同伐异。统治者要想维持统治，就必须实行变革。以罗钦顺、王廷相和东林党人为代表的救世思想家便提出了他们的变法改革主张。

罗钦顺，字允升，号整庵，江西泰和人。生于明宪宗成化元年(1465 年)，卒于明世宗嘉靖二十六年(1547 年)，终年 83 岁。罗钦顺于弘治六年(1493 年)登进士一甲第三名，授翰林编修。此后至嘉靖六年的 30 多年间，曾先后任南京国子监司业、南京吏部右侍郎、吏部左侍郎、礼部尚书、吏部尚书。宦官刘瑾专权时曾被夺职为民，刘瑾被诛后恢复原职。罗钦顺为人正直，严操守，不肯阿附权贵，生活俭朴，潜心学问，主张政治变革。他曾就变法之必要论证说：法当变的时候不能不变，不变就不能使天下大治。在这里，罗钦顺论证了当变之法不可不变，不可固守陈规陋法，及时变法就能使国家走向大治。

王廷相，字子衡，号浚川，又号平崖，别号河滨丈人，河南仪

[1] 高攀龙：《高子遗书》卷五，《会语》。

封(治今兰考县东仪封)人。生于明宪宗成化十年(1474 年),卒于明世宗嘉靖二十三年(1544 年),终年 70 岁。王廷相的一生是锐意改革时弊、拯救社会危机的一生。他终生致力于推行改革,也为此遭受过不少的打击。他中进士不久,就抨击时弊,倡导改革。正德五年(1510 年),他任监察御史,巡按陕西,就对镇守陕西的权阉廖镗加以制裁,惩治贪官污吏,使得“权贵敛迹”。为此他得罪了阉党,被栽赃诬陷,被捕入狱,后贬为赣榆县丞。但他并没有消沉,嘉靖元年(1522 年)被启用后,仍继续抨击时政,倡导改革。嘉靖九年,王廷相晋升南京兵部尚书。在南京任职期间他裁减南京进贡马匹船只,以省军民之苦;严惩南京司苑局、神宫监太监私占正军、受财卖放之罪;节省快船冗费,以纾民力;革除龙江等关口税官,禁止安庆、九江等地官军向老百姓“索贿”,以除民害;清查南京神宫监太监贪污银两。南京人民感谢他的功德,曾绘他的图像加以祭祀。三年后(1533 年),王廷相升任都察院左都御史,掌管院事。他上《遵宪纲考察御史疏》,提出御史六项职责:除奸革弊,以防因循;申冤理枉,以防苛刻;扬清激浊,以防偏私;完销勘合,以防淹滞;清修简约,以防扰民;抚按协和,以防其傲。经过这一整顿,不少贪官污吏都被罢职。

东林党人以顾宪成和高攀龙为领袖。顾宪成,字叔时,号泾阳,南直隶无锡(今属江苏)人,世称泾阳先生或东林先生。生于明世宗嘉靖二十九年(1550 年),卒于明神宗万历四十年(1612 年),享年 62 岁。万历八年进士,授户部广东司主事。万历二十年,擢吏部考功司主事。后因在立皇太子和会推阁臣问题上与神宗及权臣抵触,于万历二十二年被革职回家。回故乡无锡后遂修复东林书院，创建东林学派，从事著述与讲学活动，直至逝世。高攀龙，字存之，号景逸，南直隶无锡（今属江苏）人。生于明世宗嘉靖四十一年（1562 年），卒于明熹宗天启六年（1626 年）。万历十七年进士，后授行人司行人。万历二十一年，因正直敢言得罪阁臣，被贬为广东揭阳典史。不久，因父母相继病故，遂家居不仕近 30 年。万历二十三年，他与顾宪成等人重建东林书院，著书讲学。天启元年（1621 年），被任命为光禄寺丞。天启二年，升任少卿。天启四年，升任左都御史。时杨涟、左光斗等人群揭阉党崔呈秀，遭阉党迫害，削职为民。东林书院同时也被阉党所毁。天启六年二月，魏忠贤下令逮捕已被罢官家居的高攀龙、周顺昌、缪昌期、李应升、周宗建、黄尊素、周起元等七人，再次制造诬陷、屠杀东林党人的大冤狱。高攀龙获悉缇骑即将到来，遂于三月十七日沉水自尽，以死抗争，终年 65 岁。

罗钦顺和王廷相都推崇实学。王廷相指出：“士惟实学可以经世矣。”[1]“实学”就是经世之学。具体地说，实学就表现在他们要求变法致治的改革主张上。面对土地严重兼并的现实，王廷相提出了“抑豪、稽籍、正租”[2]的改革方案。王廷相的所谓“抑豪”，就是以国家的力量限制豪门的土地兼并。所谓“稽籍、正租”，就是稽查豪族势家隐瞒的土地，力求做到田租均平。“抑豪”的具体措施有：禁止势豪之家“强占土地”，违犯的“除犯死罪外，其余发边充军”。凡没收的庄田，“给与附近本里无田贫民

[1] 王廷相：《王肃敏公家藏集》卷二十二，《送泾野吕先生尚宝考绩序》，明嘉靖杨时荐刻本，清顺治十二年补刻。
[2] 王廷相：《慎言》卷九《保傅篇》。

承种”。在《浚川公移集》卷一《案验录二十九条·为禁革攒造黄册积弊等事》中，他对于当时造成版籍不正、田税不均的原因也有所分析和揭露。例如，有些势要豪富买通监造官吏等欺骗正官，进行作弊。作弊手法很多，如将买到的他人的田地不办理过割的手续，以至贫民地去粮存；有的军匠户籍乘机“或改户头，或改户丁，或改户籍”，造成混乱，使得后来无凭清查。针对此弊他提出，今后“势豪大户、里书吏役”之家不许“将自己田粮，假作逃绝，买通官吏，洒入各里之中”，以逃避税役；不许滥顶逃绝人户田地，以至“富者愈富，贫者益贫”。王廷相企图通过“抑豪、稽籍、正租”，以解决土地兼并的问题。

针对当时赋役繁重，农民“聚而为盗”的现实，王廷相提出了“宽赋税，轻徭役”的变革主张。王廷相认识到“繁役”“重赋”是导致“民穷盗起”[1]的重要原因。他提出的“宽赋税”之法，就是反对在“常赋”之外再肆意进行“横征暴敛”。他主张凡是大小官吏科敛害众者要定以科敛的罪名，予以罢黜，绝不轻饶。他提出的“轻徭役”主张含有“轻徭”“均徭”“杜私役”三层意义：“轻徭”是指“省徭役”以减轻人民的负担；“均徭”是主张服役不分贫富，轮流承担；“杜私役”是针对当时各级官吏随意役使民夫的时弊而发的，规定今后“不许各官私衙”随意包占役使民夫。针对统治者的“奢侈无度”，王廷相提倡“崇俭禁侈”；针对当时“酷暴之官，杀人轻于草菅”的现实，他主张“慎明刑狱”[2]。罗钦顺也主张“宽征”“裕民”，反对横征暴敛，主张让人民休养生息。罗钦顺

---

[1] 王廷相：《浚川奏议集》卷九，《天变自陈疏》。
[2] 王廷相：《浚川奏议集》卷八，《遵宪纲考察御史疏》。

看到当时土地兼并的严重，为使无地或少地的农民有一条出路，提出迁移无田可耕者到当时地旷人稀的两淮汉沔流域，对农民实行“宽征”，减轻农民的负担。罗钦顺分析当时农民起义的原因就在于统治者的横征暴敛。国用不足就向人民搜刮，这是什么政治？人民能不被逼上山为“盗”吗？解决的方案只有推行改革，实行“足民”“裕民”的政策，而“足民”“裕民”政策实施的关键又在于分配制度的改革。

罗钦顺、王廷相提出的救世改革主张，虽不可能完全解救当时的社会危机，但毕竟对当时因土地兼并、繁役、重赋、统治者的奢侈无度以及刑狱暴政所造成的社会矛盾有一定的缓和作用，有利于促进社会生产力的发展，体现了他们的救世精神。

东林党人基于他们“立朝居乡，无念不在国家，无一言一事不关世道”的忧国忧民救世精神，对阉党的专权乱政所造成的弊端也提出了相应的救治措施。东林学派的特点在于面对严重的晚明社会危机而能以国家民族的命运为重，不畏迫害，抨击阉党和大官僚的专政乱政，痛斥空谈心性、浮华不实的学风，极力倡导救世之学。他们“一堂师友，冷风热血，洗涤乾坤”[1]，充满着强烈的批判救世精神。

首先，东林党人揭露了宦官和内阁狼狈为奸、专权乱政的政治黑暗。明代末期，国家的权力渐入宦官之手，内阁已形同虚设。万历二十四年(1596 年)之后更是变本加厉，一大批以宦官充任的矿监、税使被遣往全国各地，经济上加重了对人民的掠

[1] 黄宗羲：《明儒学案》卷五八《东林学案一》。

夺。天启年间(1621—1627年),政权完全落入了以魏忠贤为首的阉党手中。高攀龙揭露,宦官与内阁狼狈为奸,是导致朝政腐败、内忧外患日趋严重的重要原因,如不改变,就有亡国的危险。自始至终,顾宪成、高攀龙等东林学派的人士都参加了反对宦官专权的激烈斗争。市民反对矿监、税使的斗争风起云涌之时,东林学者给予了积极的支持。当时正在家乡无锡讲学的顾宪成,致书地方官要求严惩税吏欺诈勒索商人和草菅人命的暴行,并揭露、抨击税监盘剥搜刮给人民带来的危害。高攀龙也惊呼"商税失人心,倍于加派。加派之害以岁计,商税之害以日计"[1],强烈要求减免商税,减轻商人、手工业者的经济负担。另一东林学者赵南星提出了"士农工商,生人之本业"[2]的命题,无疑是对以农为本的传统经济思想的一大突破。他们还要求改革朝政,主张"政事归六部,公论付言官"[3],开放地方政权,运用和发挥地方士绅有识之士的力量发展地方经济。他们还提出了"大破常格,公天下以选举"[4]的政治主张,把矛头指向了封建专制政体。

其次,东林党人抨击了科举制弊端,主张选举贤能,打破封建等级贵贱,革新吏治。在明代,科举制是士人出仕的唯一途径。在朝政日益腐败的情况下,科举弊端丛生,舞弊行为屡见不鲜。加之贪官污吏横行,贤能之才很难被选拔出来,所以东林党人对科举制的弊端多有揭露和批判。高攀龙就指出,"天下之

[1] 高攀龙:《高子遗书》卷七,《罢商税揭》。
[2] 赵南星:《味檗斋文集》卷七,《寿仰西雷君七十序》。
[3]《明史》卷二三一,《史孟麟传》。
[4]《明史》卷二三一,《钱一本传》。

害”在于朝廷各“司官得顶(贿)赂而引用匪人”[1],认为“政事本于人才,舍人才而言政者必无政”[2],要求改革科举制度。顾宪成提出科举取士应打破等级贵贱的标准,选举贤能。刘道亨上书建议皇帝,“海内共以为贤者,不惜破格用之”[3]。高攀龙于天启二年(1622年)也上《破格用人疏》[4],表明了东林学派的尚贤观点,目的在于澄清吏治、革新朝政。

东林党人发扬了程朱理学所倡导的“修身、齐家、治国、平天下”这一“内圣”与“外王”相统一的治学主张,具有积极批判的救世精神。顾宪成和高攀龙重建东林书院的意图,就是以恢复和发扬程朱理学为宗旨,使程朱之学有所维系。顾宪成比较朱学与王学,公开打出尊朱反王的旗号,在东林书院中明确规定“以朱为宗”的学旨。他把朱熹视作是继孔子之后集儒学大成的圣人,在《朱子节要序》中盛称朱子是孔子的真血脉。对于王学,顾宪成是反对的,他否定王阳明的“心即理”说,认为王阳明把“吾心”作为衡量一切是非的标准“乃无星之秤、无寸之尺”,必然造成“轻重长短”无不“颠倒而失措”[5]。对于王阳明所倡导的“不以孔子之是非为是非”和“无善无恶”的观点,他持坚决反对的态度。高攀龙在少年读书时期,就“有志程朱之学”[6]。成年后,他对程朱理学推崇备至,“一本程、朱”[7],并赞美朱熹是“集诸

[1] 高攀龙:《高子遗书》卷八上,《上赵师三》。
[2] 高攀龙:《高子遗书》卷一《语》。
[3]《明神宗实录》卷三一八,万历二十六年正月己亥。
[4] 高攀龙:《高子遗书》卷七。
[5] 顾宪成:《泾皋藏稿》卷二,《与李见罗先生书》。
[6]《明史》卷二四三,《高攀龙传》。
[7] 黄宗羲:《明儒学案》卷五八《东林学案一·忠宪高景逸先生》。

儒之大成”。他阅读二程、朱子全书和薛瑄《读书录》,亲手摘抄,作《日省编》,集《崇正编》。他很赞成薛瑄的“朱子功不在孟子下”的评论[1],并宣称“学孔子而不宗程朱,是望海若而失司南(指南针)也”。[2] 晚年归里,他辑成《朱子节要》,以宣传朱学为己任。他们“立朝居乡,无念不在国家,无一言一事不关世教”,倡导“随时为吾民”的精神。为了民族的存亡,他们时刻准备着做出牺牲。

东林党人所处的晚明社会危机已日益严重,农民暴动和新兴市民的反封建斗争时有发生,这促使了统治阶级内部的分化。一些进步的官吏和在野的知识分子已敏锐地感觉到了危机四伏。早在万历二十年(1592 年),顾宪成就曾沉痛地指出:“当是时天下滔滔,上下一切以耳目从事,士习陵迟,礼义廉耻顿然,欲尽。”[3]他们抨击朝政腐败,要求改革,对那些不闻国事,只知明哲保身的行径极为不满。他们虽因敢于直谏,抨击朝政,要求改革而被贬回乡,但并没有隐居消沉,放逸山林或闭门读书,身虽“居水边林下”,“志”却“在世道”[4]。万历二十三年,他们修复东林书院,聚众讲学,并把读书讲学与救国救民的事业联结起来。顾宪成等“讲席之余,往往讽议朝政,裁量人物”[5],提倡读书讲学而不忘国家安危。东林书院吸引了许多有志之士,人数

[1] 高攀龙:《高子遗书》卷九上,《〈朱子节要〉序》。
[2] 高攀龙:《〈高子遗书〉序》
[3] 顾宪成:《泾皋藏稿》卷二十,《哭刘国徵文》。
[4]《明史》卷二三一,《顾宪成传》。
[5]《明史》卷二三一,《顾宪成传》。

众多，“学舍至不能容”[1]。赵南星、李三才、邹元标、冯从吾、周起元、魏大忠、李应升、李涟等一批在朝任职的正直官员，也与东林书院“遥相应和”[2]，品评人才，訾议朝政。东林书院实际上成了当时社会舆论的中心。在东林学者的号召下，清流云集响应，政府的行政也往往受他们议政的影响。

东林党人的救世精神与他们的学术修养有着密切的联系。在学术思想上，他们倡导“治国平天下”的“有用之学”，重视社会政治，关心世道人心。顾宪成认为：读书人有志向者，没有不以救世为己任的。高攀龙则提倡“实念”和“实事”。他解释所谓“实念”是“居庙堂之上则忧其民，处江湖之远则忧其君”；解释“实事”是“居庙堂之上，无事不为吾君；处江湖之远，随事必为吾民”[3]。他提出：“学问通不得百姓日用，便不是学问。”[4]从这些言论中，我们可以明显地感觉到，东林党人把“救世”看成是有志之士的重要标志，把关心社会政治、世道人心放在第一位，认为若无救世之心，不以国家、百姓、世道利益为重，虽有其他长处，也不足挂齿。东林党人还把是否有利于“百姓日用”看成是衡量一切真假“学问”的尺度，认为“事即是学，学即是事。无事外之学、学外之事也”。因此，对那些“不通世务，不谙时事”的“腐儒”，他们是嗤之以鼻的。

东林党人的学以致用还表现在他们反对王学末流的“空言

---

[1]《明史》卷二三一，《顾宪成传》。

[2] 同上。

[3] 高攀龙：《高子遗书》卷八上，《答朱平涵》。

[4] 高攀龙：《高子遗书》卷五，《会语》。

之弊”，倡导一种“不贵空谈而贵实行”、“讲”“习”结合、“贵实行”的良好学风和“治国平天下”的“有用之学”，并以学问要“通得百姓日用”作为衡量学问之“有用”或“无用”的价值标准。例如，钱一本主张：“学不在践履处求，悉空谈也。”[1]顾宪成认为，“躬行立教”[2]是“今日对病之药”[3]。他强调为学“要在躬修力践”，“先行后言，慎言敏行”[4]。他认为“学问”需“参求”和“印证”。他认为“讲”“习”相结合，就能“相推相引，不觉日进而高明矣”。而过去讲学之弊，就在于“讲”与“习”相脱节。所以他强调要“讲以讲乎习之事，习以习乎讲之理”[5]。高攀龙也强调“学问必须躬行实践”[6]，反对谈空说玄，讲求“印证”，紧密联系社会的现实问题。他们主张把学术交流和社会现实问题结合起来，不要脱离现实去谈空说玄。东林学派提倡的这种“讲”“习”结合和进行“印证”的观点，为后来的顾炎武、黄宗羲、方以智等所发展，蔚然而形成了“言必证实、言必切理”的重实践、尚实证、贵实用的一代新风。这既是对儒学经世传统的继承和发扬，也为尚实学、重实证、讲求经世致用的救世思潮的高涨开辟了道路。

东林党人的学以致用还表现在他们重视发展经济和学习西方的科学技术上。东林党人关心国计民生、重视社会经济的发展不仅表现在他们反对大地主阶层侵田占土，反对明神宗开矿

[1] 黄宗羲：《明儒学案》卷五十九《东林学案二・御史钱启新先生一本》。
[2] 顾宪成：《泾皋藏稿》卷十，《尚行精记》。
[3] 顾宪成：《泾皋藏稿》卷五，《简邹孚如吏部》。
[4] 高攀龙：《高子遗书》卷十一中，《南京光禄寺少卿泾阳顾先生行状》。
[5] 顾宪成：《东林商语・丽泽衍》，载《东林书院志》卷三，许献、高廷珍、高陛辑。
[6] 高攀龙：《高子遗书》卷五，《会语》。

征商等方面，还表现在他们重视经济发展中的现实问题。倡导京东水利建设就是其中的一例。

万历十三年（1585年），尚宝司少卿徐贞明以监察御史的身份领垦田事。他在京东遍历诸河，穷源竟委，准备在京东开发水田，但因遭到以浙党为首的大地主阶层的极力反对，未获成功。万历二十六年，东林党人王应蛟为天津巡抚，在此地开垦了许多的荒田，当地人民深受其利。此后，他调任保定巡抚，又调划垦田七千顷。这之后，又一名东林党人孙玮为保定巡抚，也开垦了许多的荒田。万历末年，东林党人左光斗出理屯田，也提倡兴修水利，并积极引进南方水稻。左光斗曾上《足饷无过屯田　屯田无过水利疏》。这个奏疏是开发水利资源，发展北方经济的一个完整而周密的计划。它的具体内容包括三因（因天之时、因地之利、因人之情）和十四议（议浚川、流渠、引流、设坝、建闸、设陂、相地、池塘、招徕、力田之科、富民拜爵、择人、择将、兵屯）。实行的办法是由点到面，由京畿地区而到边疆，由关内而关外，逐步扩大。左氏的计划具有较高的科学性。天启初，董应举出理天津至山海关屯田，东林党人也给予他很大的支持，李应升还写信鼓励他开荒劝农，认为这是振兴国家，消灭敌人的根本大计[1]。但是，随着东林党在与阉党的斗争中失败，董应举被阉党调离，不久便落职闲居，京东水利和垦田事业也成为泡影。

东林党人对西学也采取积极肯定的态度。万历时期，以利玛窦为代表的一批西方传教士先后来到中国传教。他们既是天

[1] 李应升：《落落斋集》卷二，《答董见龙》。

主教在中国的传播者，也是最早把西方科学技术介绍到中国的学者。当时明朝的许多官员都与他们有所接触。东林党人冯琦、叶向高、曹于汴、冯应京等人也都与之交游，质难问疑，如叶向高在《赠诸国西子》诗中写道："爰有西方人，来自八万里。言慕中华风，深契吾儒理。著书多格言，结交皆贤士。……我亦与之游，冷然得深旨。"[1]东林学者并不主张奉行天主教，认为中国的儒学远胜西方的教义，但对西方的科学技术是钦佩的，主张引进。曹于汴曾为《泰西水法》作序，对徐光启介绍泰西水器及水车之法极为称赞。叶向高在《〈西学十诫初解〉序》[2]和《〈职方外纪〉序》[3]中，对西方的地图测绘和技艺制作等也给予了很高的评价。翁正春更以历法失验，推荐徐光启、李之藻与西人庞迪我、熊三拔合作，以西法修治。东林学者被镇压，也使徐光启、李之藻的改历活动受到了阻碍。萨尔浒之战后，徐光启被超擢为少詹事，在通州练兵。他通过李之藻派遣张焘至澳门购买西洋火炮，但由于浙党的阻挠，徐光启被罢官，此事也就作罢。天启初，东林学者参政后，徐光启才得以复职。天启元年(1621年)五月，他和李之藻再次上疏言制火炮，建炮台，引进西方技术。这一建议得到了东林学者的支持。天启六年正月，袁崇焕取得宁远大捷，西夷火炮就发挥了巨大的作用。天启五年，阉党成员、贵州道御史智铤弹劾徐光启，徐光启落职闲住，李之藻不仅落职，名字还上了《盗柄东林伙》的黑名单。这也说明了东林

[1] 刘侗、于奕正：《帝京景物略》卷三，《天主堂》。
[2] 叶向高：《苍霞余草》卷五。
[3] 同上。

学者与徐光启和李之藻等人关系密切。在明朝后期，地主阶级内部凡是重视科学或是在科学方面有所作为的人，东林学者都与之有较密切的联系。除了以上提到的徐光启、李之藻等人外，徐宏祖与东林学者黄道周也是莫逆之交。据黄道周《观徐霞客纪游急就草》[1]，徐宏祖在考察我国地理风貌和撰写科学巨著《徐霞客游记》一书的过程中得到了黄道周的积极支持。

总之，东林党人生活在晚明内忧外困、国难当头的时代，反对坐视国家民族危亡不顾而空谈心性的浮华学风，倡导"经世致用"的求实精神。他们力图以读书、讲学、议政的方式，唤起民心，解救日益严重的社会危机，以实现治国平天下的社会目标。他们对晚明时政弊端和空谈心性浮华学风的批判以及所倡导的"经世致用"之学，把晚明的救世思潮发展到了一个新的阶段。

东林党人之外，吕坤也提倡学以致用，在学风上表出重实避虚，强调实用、事功的特点。针对当时思想学术界中出现的空谈心性、忽视事功的偏颇，他进行了尖锐的批判。

吕坤，字叔简，别号新吾，河南宁陵人。生于明世宗嘉靖十五年(1536 年)，卒于神宗万历四十六年(1618 年)，终年八十三岁。隆庆五年(1571 年)进士。万历二年，授襄垣知县。后任大同知县，吏部主事、郎中，山东济南道参政，山西按察使，陕西右布政使和左、右佥都御史等职，官至刑部侍郎。万历二十五年，他上《忧危疏》纵论天下安危，抨击时弊。疏入不报，遂称病辞

[1] 黄道周：《黄漳浦集》卷三十八。陈函辉《小寒山子集·纪游草·石人集》题作《题徐霞客纪游急就章》。《徐霞客游记》卷十下《附编》题作《七言古一首赠徐霞客》。内容略有不同。

归。他的学术著作大都是在辞官后的二十余年中写成的，主要有《去伪斋文集》《呻吟语》《实政录》等。他强调“天下万事万物皆要求个实用”[1]，讲“实用”就必然重事功，强调“儒者惟有建业立功是难事。”他认为只有那些能建立事功，能给社会和百姓能带来利益的学问才是真学问，有用的学问。王廷相也强调“学者读书，当以经国济世为务”[2]。他在主管四川教育期间，规定学生读书，都要以有用为准。在明中晚期出现的内忧外患的社会危机面前，理学（包括心学）末流日益显露出它空疏无用、迂腐的弊端。他们只知空谈心性，对于治国平天下的事业一窍不通。吕坤一针见血地斥责他们是一批无用的迂腐之徒，是一批又“伪”又“腐”的伪君子。“伪”的具体表现是“言然而行不然”；“腐”的具体表现是“口坠天花，而试之小小设施，辄不济”，即没有真实的本事。[3] 他提出，读书人的急务不是谈性谈天，讲理讲气，而是讲实效、实功、实用。这一讲实用、重事功的学风，在思想界别开生面，生动地体现了救世思想家的学术风范。

二、“以理抗势”的救世精神与实践

晚明救世思想家“以理抗势”的批判救世精神，可以吕坤和东林党人为代表。

吕坤救世思想的特色还表现在公开倡导“以理抗势”的精

[1] 吕坤：《呻吟语》卷五《外篇・治道》。
[2] 王廷相：《浚川公移集》卷三，《督学四川条约》。
[3] 吕坤：《去伪斋集》卷三，《〈杨晋庵文集〉序》。

神。吕坤认为，即使贵为天子，掌握着天下最高的权势，也应该服从天理。权势尽管高贵，但比不过“理”，理才最尊贵，权与势在天理面前都应该屈服。吕坤对“以理抗势”精神在《呻吟语》卷一《内篇·谈道》中有极为透彻和完备的表述。他说：“公卿争议于朝，曰天子有命，则屏然不敢屈直矣。师儒相辩于学，曰孔子有言，则寂然不敢异同矣。故天地间，惟理与势为最尊。虽然，理又尊之尊也。庙堂之上言理，则天子不得以势相夺。即相夺焉，而理则常伸于天下万世。故势者，帝王之权也；理者，圣人之权也。帝王无圣人之理，则其权有时而屈。然则理也者，又势之所恃以为存亡者也。以莫大之权，无僭窃之禁，此儒者之所不辞，而敢于任斯道之南面也。”这段话大意是说，当朝臣们争议于朝廷之上，一说天子有令，大家都不敢再辨曲直了。儒生们辩论学问于学堂，一说孔子讲过了，大家就不再辩论异同了。所以天地间只有两种东西最尊贵，这就是“理”与“势”。但二者相较，“理”才是最尊贵的。“理”之尊贵表现在朝廷之上言理，天子也不能以“势”相夺。即使天子以“势”相夺，“理”也将永存于天下万世。“势”是帝王所具有的，“理”是圣人掌握的。帝王若无“理”，则其“势”也终会消失。所以“势”只有合于“理”才能存在下去。作为一个真正的儒者，懂得了这个道理，就要能够去“以理抗势”。吕坤这里所说的“理”，既是政治理性的原则，又是天下人心之公意，即“天下古今公共之理”。吕坤这里所说的“势”，是指政治上的权势。吕坤认为，现实生活中理与势之间经常发生矛盾和冲突，作为儒者在“理”与“势”的矛盾冲突中只能选择“以理矫君”，用“理”来限制皇权君势，坚持原则，甚至“以理抗势”，不惜一死，除此不应有别的选择。在吕坤看来，“理”是尊于“君”、尊于“势”的，天子之势也须服从于“理”，儒者只可从“理”而不从“君”，从“理”而不从“势”。吕坤对“理尊于势”还作了进一步的论证和发挥。他认为君主的权势需合于“理”才能成立，其享有权势的合法性也需由“理”来验证，“势”是依附于“理”的。在政治生活中起决定作用的是“理”而不是“势”，君主用“势”也须遵循“理”的原则。儒者有责任用“理”来限制“势”，为了社会的责任和义务而能杀身成仁。吕坤认为这才是儒者的真精神。基于此义，他倡导“君臣义合，不合则去”[1]的君臣观，即君若尽天职合于“理”，臣可以受其驱使；君若背弃天理不合于义，君也就失去了存在的合理性，臣也就应弃君而去。

“以理抗势”还蕴含了一种平等精神，即“匹夫匹妇不可轻”，匹夫匹妇也具有人格和尊严。从人格上说，匹夫匹妇与圣人不分贵贱，不分尊卑。吕坤提出，在真理面前，没有什么尊卑贵贱之分，谁掌握了真理，谁就是尊者：“论心谈道，孰贵孰贱？孰尊孰卑？故天地间惟道贵，天地间人惟得道者贵。”[2]这是因为理能使人心服，而无理之威不能服人。如果以权势压人，那就无异于盗贼了：“大盗昏夜持利刃而加人之颈，人焉得而不畏哉？伸无理之威以服人，盗之类也，在上者之所耻。”这种在真理面前主张不分贵贱尊卑，人人平等的精神，肯定了人理性和意志的尊严，又有着在政治上反抗权势、以理限势的进步意义。

---

[1] 吕坤：《去伪斋集》卷五，《答冢宰孙立亭》。明王凤翔刻本题作《答孙立亭归途寄声》。

[2] 吕坤：《呻吟语》卷四《外篇 · 品藻》。

“以理抗势”在人格上表现为浩然正气和铮铮风骨。吕坤主张，在现实生活中儒者应弘扬美善，鞭挞丑恶，坚持真理，严守道义，不畏权势，具有一种视死如归的殉道精神。在现实社会“理”与“势”的矛盾冲突中，儒者只能选择真理而反抗邪恶的权势，为尽社会的责任不惜杀身成仁。“以理抗势”具有崇尚道德气节，重视伦理主体精神和人格完善的积极意义。它把人的道德气节和人格完善，看得重于权势和名位，甚至重于生命本身。这种精神，在历史上使中国传统知识分子获得了追求真理理想的思想动力，对国家、民族和社会产生了强烈的责任感。尤其国难当头、民族生死存亡之际，这种精神更是哺育出了无数的民族英雄和志士仁人。在封建社会内部形成了对抗朝政逆流的一股不可忽视的进步力量。

“以理抗势”的精神在吕坤身上就有体现。吕坤历经嘉靖、隆庆、万历三朝，主要活动在万历年间。他在《去伪斋集》卷五之《答孙月峰》中对时政弊端进行了深刻的揭露和批判，认为政治腐败，人民困苦，已到了“民心如实炮，捻一点而烈焰震天；国势如溃瓜，手一动而流液满地”的境地。世宗、神宗长期不理朝政，奏章不批，制度混乱，言路闭塞，最高统治者“曾无夙夜忧勤之意，惟孜孜以患贫为事”[1]，且又贪婪、专制和自私。朝廷到处敛财，大兴土木，加之织造矿税和连年灾害，闹得民穷财尽，人民痛苦，内心蕴积着极大的愤怒，国家的时政形势有如一堆干柴，溅上一颗火星就会星火燎原。吕坤的揭露和抨击是深刻的，充

[1] 吕坤：《去伪斋集》卷一。

满着除弊兴利的救世精神。作为一名地主阶级的救世思想家，他忧心如焚，上《忧危疏》[1]呼吁改革除弊，否则就犹如坐漏船、卧干柴一样，危机随时会爆发。

吕坤对专制体制下的仕宦心态也有着深刻的分析和批判。封建社会虽早已成为历史的陈迹，但这些分析和批判，仍能使今人受到启迪。

明代是封建专制得到进一步加强的时期。专制体制的最大特征是从上到下的高度集权，从上到下各级大大小小的官吏是维护这一专制体制的工具。吕坤在中央和地方做官长达二十余年，长期的仕宦生涯，使他对集权体制下的官僚心态看得十分真切，分析得更是入木三分。

吕坤分析专制体制下官场的最大特点是一切都是从官僚一己私利出发，一语道破了专制体制下官吏们的自私心态："事有便于官吏之私者，百世常行，天下通行，或日盛月新，至弥漫而不可救。若不便于己私，虽天下国家以为极便，屡加申饬，每不能行，即暂行亦不能久。"[2]官吏们的言行和处事的准则都是从自己的利害来考虑的，一切政令措施凡是对官吏们的私利有利的便可以天下通行；反之虽对天下国家有利也难以推行，即使推行了也必不能长久。出于某种改革呼声的压力和现实的需要，某些出台的改革措施也会在官吏们的手中逐渐变质，从对国家百姓有利而变得对仕宦阶层有利。中国历史上几次大的改革运动最终都以失败告终，仕宦阶层的自私心态无疑起着极坏的侵蚀、

[1]《明史》卷二二六，《吕坤传》。
[2] 吕坤：《呻吟语》卷五《外篇·治道》。

破坏作用。

在专制体制下，对上司拍马溜须的逢迎更是官僚们的一贯作风，其表现形式就是专“在上官眼底做工夫”。这是因为集权体制下各级官吏的荣辱升迁都操纵在上司的手中，上司评定部下工作实绩的主要依据是看其能否归附自己。凡是能迎合自己的，就认定是贤能（“惟以附己为贤”）；凡是不顺从自己的，就设法排挤与打击。在这种体制下做官，升迁最快的一定是那些最善于揣摩上司意图又竭力逢迎的人。吕坤对官场上的种种逢迎技巧也有着细致的观察和形象的描绘：我喜欢奉承，有人就以赞美我向我行贿；我讨厌诽谤，有人就以迎合我向我行贿；对我所喜欢的人，有人就把他荐引给我来向我行贿；对我所厌恶的人，有人就会排挤他来向我行贿；我想要做事，有人就会替我做好来向我行贿；我有爱好，有人就会以喜爱这种爱好来向我行贿。逢迎上司的官场风气本身就是吏治腐败的一种表现。吕坤揭露，有的下级官吏为了迎合上司，有时甚至不得不去逢迎上司手下的公差，“有司惧其谮毁，含忍奉承”[1]，唯恐有所得罪，于己不利。通过请客、送礼巴结上司，更在官场上司空见惯。吕坤分析这一风气导致了官场上人情为重，“情浓法废”，法律成了空文，贪官污吏横行霸道，“小民无所诉而伸冤”[2]。

仕宦者未做官前依靠阿谀逢迎求官，做了小官又靠拍马溜须升大官。他们得势之前，逢迎他人；得势之后，志得意骄，专横跋扈，为所欲为，从不关心民众的死活。吕坤斥责这些人是“豺

[1] 吕坤：《实政录》卷三《民务（教民之道）·有司杂禁》。
[2] 吕坤：《去伪斋集》卷四，《吏治十弊寄相知巡按》。

狼”和“狐鼠”[1]。一旦做官，又怕丢官，于是千方百计设法保官，这是官僚阶层的又一心态。他们明知同僚们的某些做法是错误的，或是在徇私舞弊，或是在借机整人，但只要与自己的私利无碍，若无上司的干预，便也就随波逐流，不得罪人。如果出现民告官的案例，往往官官相护，无人去为弱者抗争，主持公道。吕坤斥责这种“是非失真，进退失当”的恶习已“举世成了通套”[2]。官场上的政治斗争，更使官僚们的心态变得凶狠、阴暗。他们做官，“心不念民，口不谈政”，只是“养交市恩”，谋求钻营[3]。

保守、懒惰，不求有功，但求无过，构成了官僚心态的又一特点。吕坤抨击了官场上的保守现状，揭露了官场上的懒惰习气，说官吏们平日无所事事，所作所为只是用公文壅蔽上司耳目，用虚套纵容下级侵渔百姓，醉生梦死：“大抵今日有司，贤者十一，而惰不事者常九也。以造册虚文为壅蔽之具，以点查虚套为科罚之私，昏昏如卧穴之狼，泄泄如处堂之燕，不求济事，只是扰民。”[4]吕坤斥责他们“是宇宙中一腐臭物耳”。这些官吏退休或罢官后，在乡间仍享有许多特权，依仗自己的势力欺凌百姓，胡作非为。吕坤揭露整个专制体制下吏治的病根在于私与伪：“私”表现在整个官场为了一己的私利而结党营私，“以结大小之

---

[1]《去伪斋集》卷七，《振杨风纪箴》：吏也无良，富贵是图。知有身家，罔念一夫。巧恣渔夺，逞淫暴。闾阎愁叹，莫敢控告。滥讼淹狱，惟此懦庸。豺狼遍野，狐鼠盈庭。

[2] 吕坤：《呻吟语》卷五《外篇 · 治道》。

[3] 吕坤：《去伪斋集》卷七，《公署箴》。

[4] 吕坤：《去伪斋集》卷一，《摘陈边计民艰疏》。

欢”;“伪”表现在官场上上下相互欺骗,“以簿书文移弥缝搪塞,一生精神用在应酬世态,绸缪自家之处,互相欺罔若当然”[1]。吕坤感慨:国家设官是为了安民(“谓民安故,建此多官”),而官满天下,人民则更加不安(“官满天下,民益弗安”)[2]。

吕坤的分析描绘了一幅集权专制体制下的仕风图,深刻而逼真,官场中自私仕宦的心态被栩栩如生地揭示了出来。他的揭露和批判是深刻的,不同凡响,其目的在于使昏者清,愚者智,怯者勇,勇者奋,贪残者却步,从而能有补于时政,充分体现了他的批判救世精神。

“以理抗势”的救世精神在东林党人那里也有很好的体现。东林党人具有“以理抗势”的精神,更有着“以理抗势”的斗争实践。东林党人“以理抗势”的斗争实践集中反映在他们面对以魏忠贤为首的阉党邪恶势力,敢于反抗斗争。在遭到阉宦势力严刑迫害时绝不变节,坚守着“富贵不能淫,贫贱不能移,威武不能屈”[3]的大丈夫人格,对抗邪恶,赴汤蹈火,视死如归。

明代的宦官专权始于英宗时的王振,到了明末,以魏忠贤为首的宦官专权更发展到了登峰造极的地步。宦官专权既充分暴露了封建专制政体的腐朽与黑暗,也导致了极为严重的政治后果。明朝后期的衰落乃至灭亡,都与此有着直接的关联。宦官的专权也加剧了晚明政治斗争。东林党人对魏忠贤的专权进行

[1] 吕坤:《去伪斋集》卷五,《答孙月峰》。
[2] 吕坤:《去伪斋集》卷七,《振扬风纪箴》。
[3]《孟子·滕文公章句下》。

了坚决的抗争，典型地反映了救世思想家的批判救世精神，在中华民族的历史上留下了光辉的一页。魏忠贤是在跟他的政敌、另一位宦官王安的斗争中取得胜利，夺得大权的。因为东林学者支持王安的缘故，魏忠贤早就存心报复。反东林的人士（如浙党、楚党、齐党、宣党）为了打击东林，也与魏忠贤结盟，东林党人称这个联盟为阉党。这一时期阉党对付东林党人的罪恶活动很多。一是毁书院。阉党不仅毁掉了地方上讲学涉及政局的书院，连在北京以鼓励民族气节为主而讲学的首善书院也被一并拆毁。二是开出黑名单。著名的有《东林点将录》108 人，《东林同志录》319 人，《盗柄东林伙》390 人。天启五年（1625 年）十二月初一日，阉党向各省颁布了一个包括 309 人在内的东林党人榜，凡榜上有名者生者削籍，死者夺官，许多人被迫害。三是陷害东林学者，逮入诏狱中折磨致死。天启五年，阉党派缇骑赴福建、湖广、南直隶等地逮捕杨涟、左光斗、魏大中、周朝瑞、顾大章、袁化中；六年，又相继逮捕周起元、高攀龙、周宗建、缪昌期、周顺昌、黄尊素、李应升等 7 人，其中除高攀龙是在无锡跳水自杀以抗命外，其他人皆惨死在狱中。他们就义时曾激起成千上万市民的愤慨，有的地方还发生了反抗，他们本人也表现出了视死如归的凛然正气，给晚明历史增添了许多光彩。

东林党人“以理抗势”的斗争实践，除与魏忠贤的斗争外，还有围绕京官考察、“争国本”、“三案”和反对矿监税使的斗争[1]。其中尤以后者最为壮烈。

---

[1]《明史》卷二三一《顾宪成传》。

明中后期商品经济十分活跃，与此相应，在政治上出现了城市新兴市民的斗争运动。这一斗争的一个鲜明特点是出现了士商互动，东林党人中的许多人的家世都与工商业者有一定的联系。如李三才，原籍陕西，后迁居北直通州（今通县）。李三才父李某，最初习儒，没有成就，乃弃儒从贾，是一位具有儒商风范的小布商[1]。缪昌期的父亲也是一位小手工业者。顾宪成的父亲不仅有土地，还自己制酒在市场上售卖，说明顾宪成的父亲也在兼营商业[2]。高攀龙的父亲高梦龙也是因从事工商业活动而发家的[3]。由于东林党人和工商业者有一定的联系，所以他们往往能关注商人和手工业者的要求。

万历二十四年（1596 年），为缓解财政压力，明神宗派遣大批太监充当矿监、税使外出敛财，加重对城市市民财富的搜刮。所谓“矿监”，是指在某一个地方一旦发现金矿、银矿和朱砂矿苗，皇帝就指派一个宦官前去主持，官衔是“某地某矿提督太监”。所谓“税使”，是指皇帝在政府原有的负责财政的户部之外，又另设一个征税系统，由他指派的宦官负责，其官衔为“某地某税提督太监”。税使专门在重要城镇、关隘和水陆交通线上设卡征税。如在长江线上，每隔几十里就有税使或其爪牙拦江截税。他们凭借皇权，胡作非为，不仅侵夺矿税，还敲诈勒索民众，无恶不作。一旦他们认定哪家的地下有矿，那家居民的房屋就要被拆除，以便开挖。开矿时若挖掘不到或矿藏不多，附近的富

[1] 沈鲤：《亦玉堂稿》卷十，《次泉李公合葬神道碑铭》。

[2] 顾宪成：《泾皋藏稿》卷二一，《先赠公南野府君行状》。

[3] 高攀龙：《高子遗书》卷十，《家谱・谱传》。

户随时都有可能被指控“盗矿”，从而面临破产之灾。富户破产后，盗矿的罪名又会转嫁到穷人的头上，他们不是被投入监狱，酷刑拷打，就是被迫交出所谓“盗矿”的赔款。税使与矿监相比更普遍，各类税种层出不穷，像天津的店铺税，东海岸的盐税，浙江、广东、福建等省的海外贸易税，长江的船税，荆州的店税，宝坻的鱼税、苇草税等，名目繁多，不胜枚举。税监系统只要用手向某商店一指，说他漏税，这个商店就要面临破产之灾。除了矿监、税使，还有采办太监和织造太监。前者负责采办木材、采办香料、采办宫花珠宝，后者负责烧制瓷器、纺织锦绣绸缎等。他们对人民的伤害，不亚于矿监、税使。这些矿监、税使因有皇帝支持的坚强背景，也就有恃无恐，其凶暴更甚于官员和乡绅，人民困苦不堪。由于矿监、税使横征暴敛，四出搜刮民财，巧取强夺，各地的财富也就源源不断地流入到了神宗的私囊。万历二十五年到三十三年的 8 年中，仅上交神宗的矿税银一项即达 300 万两，而所征的矿税中能上交到宫中的数量，不过是其十分之一。据此看来，掠夺总数可达 3 000 万两之巨。

神宗派遣矿监、税使搜刮天下财富的行径受到以东林党为首的官员反对和抵制。其中凤阳巡抚李三才最为激烈，他不但对神宗的这一行为进行了十分严厉的批评，而且制裁了山东税监陈增的参随程守训。其他东林党人也都上疏反对，要求神宗停罢矿税，尽数撤回太监，并严惩其中有违法乱纪行为的人。东林党人的斗争遭到了阉党的打击。例如，咸阳知县满朝荐因参加了陕西反税监梁永的斗争，被下诏狱长达六年；襄阳推官东林党人何栋如与湖广佥事冯应京等因支持湖广地区市民反税监陈奉的斗争，也被下诏狱。

东林党人在万历年间与市民阶层一起反对矿监、税使的斗争代表了市民阶层的利益，反映了市民阶层的呼声，故得到了市民阶层的拥护。反对矿监、税使斗争的一个鲜明特点是与市民阶层结合，相互支持。例如，苏州织工反税监孙隆的斗争就得到应天巡抚曹时聘的支持，曹时聘不仅为苏州民变的领导人织工葛贤说情，还上疏请求宽恕葛贤，并且为民变辩解。曹时聘为苏州民变辩解说：“苏州机房织手……大干法纪，本当尽法究治，但赤身空手，不怀一丝，止破起衅之家，不及无辜一人，府县官并税监出示晓谕，旋即解散，原因公愤，情有可衿。”[1]顾宪成也对民变领袖表示尊敬。织工领袖葛成出狱后病死，东林党人文震孟为他撰写了碑文，朱国桢也为他志铭。[2] 东林党人周顺昌在福建反对税监高寀（shěn）的斗争也十分坚决。高寀在福建十余年，为非作歹，祸害严重。当时的地方官到任，要先参拜内监。周顺昌为福建推官期间，从不与宦官来往。他与巡抚袁一骥还曾秘密擒拿高寀的爪牙马仕麒。由于有周顺昌支持，万历四十二年四月十一日，福州地方铺行匠人等在高寀门前讨还久欠的价银。高寀穷凶极恶，镇压市民，并放火烧毁民居，第二天又劫持巡抚袁一骥。面对税监的嚣张气焰和所作所为，周顺昌一方面抚恤百姓，一方面将宦官的罪状到处张贴，并捉拿了行凶的税棍三人。高寀虽不久被撤回，但周顺昌也被迫辞职退休。周顺

[1]《明神宗实录》卷三六一，万历二十九年七月丁未。

[2] 葛成即葛贤。其侠义勇为，故被尊称为葛贤、葛将军。其墓碑文曰“有吴葛贤之墓”。《明神宗实录》中记其名为葛贤。

昌临行时，数万市民为他送行。

天启朝，东林党受到阉党镇压时，市民阶层也对东林党人给予支持。斗争也由侧重经济利益升级到反对阉党黑暗统治的政治方面。阉党曾两次兴大狱镇压东林党人。

第一次是天启五年（1625 年）的乙丑诏狱。魏忠贤派锦衣卫逮捕杨涟、左光斗、袁化中、魏大中、周朝瑞、顾大章，六人在酷刑下相继毙命[1]，史称杨、左等为“六君子”。同时，被流放的还有赵南星等人。市民阶层在锦衣卫逮捕“六君子”时曾激烈反抗。据《杨大洪先生忠烈实录》载，在逮捕杨涟之日，德安城南有数千人冲入衙门公署，愤怒的群众欲扯碎官旗。市民聚集城外者更达数万人之多，他们的叫声响彻云霄，政府官员屡屡驱赶不散。在杨涟被押送路过中州时，迎送的群众焚香迎拜，有的还为他设醮祈祷，群众一直送他渡过黄河。左光斗被逮之日，愤怒的群众纷纷焚香为左光斗祈祷，请求神灵保佑他，并要攻击锦衣卫。父老子弟站满了道路，哭声震动原野。[2] 魏大中被逮捕时，天空雷电大作，狂风怒号，哭着前来送行的群众达数千人之多，连地方上的官员都无不为之感动。赵南星在他接受审讯的日子里，有数千人来为他叫冤，冤声响彻公堂内外。其他人在被逮时，都曾出现过类似的局面。

第二次是天启六年的丙寅诏狱。这年二月，魏忠贤矫旨派缇骑逮捕周起元、周顺昌、周宗建、缪昌期、李应生、高攀龙、黄尊素七人。高攀龙跳水自杀以示抗议，周起元等六人在镇

[1] 一说顾大章死于刑部狱。见《明史》卷二四四，《顾大章传》。
[2] 计六奇：《明季北略》卷二，《左光斗》。《明史》卷二四四，《左光斗传》。

抚司狱中相继死于残酷的刑罚之下，并称“后七君子”。在这次丙寅诏狱中，也同样激起过市民与缇骑之间对抗性的冲突。其中以苏州、常州民变的声势为最大。据姚希孟《开读本末》[1]记载，天启六年三月十八日，当缇骑前来逮捕“七君子”时，市民万余人相聚雨中，以颜佩韦、周起元、杨念如、马杰、沈杨五人为首，声称为周顺昌申冤，与缇骑发生争斗，众怒如“山崩潮涌”，“直前奋击”，缇骑皆抱头逃窜，当场就被击毙两人。这就是历史上著名的“开读之变”。在“开读之变”后，苏州市民为了抗议天启无道，还进行罢工和罢市，形成了一场声势浩大的反阉党斗争。同时，往浙江逮捕黄尊素的缇骑也在苏州城下受到袭击，愤怒的市民烧毁了缇骑乘坐的船只，迫使他们泅水过河。缇骑上岸后又遭到农夫们的驱赶。在常州也发生了类似的事件。

东林党人在遭受阉党迫害时都表现出了高风亮节。面对阉党的淫威，他们横眉冷对，坚守着“丹心留在天壤间，没没之生不如死”的价值观念，百折不回。最早受到阉党迫害致死的是工部郎中万燝。他受廷杖后不久死去，临终前留下遗诗一首，其诗云：“自古忠臣冷铁肠，寒生六月可飞霜。漫言沥胆多台谏，自许批鳞一部郎。欲为朝堂扶日月，先从君侧逐豺狼。愿将一缕苌弘血，直上天门诉玉皇。”[2]表现了与阉党势不两立的决心。杨涟曾上疏弹劾魏忠贤二十四罪状，因此在乙丑诏狱中首当其冲。被逮后，他在《旅次朱仙镇时告岳王文穆王文》

[1] 见周顺昌《烬余集》卷四《附录》，清嘉庆虞山张海鹏刊《借月山房汇抄》本。
[2] 樊良枢：《万忠贞公遗集》卷首《行状》。

中表示："涟一身一家其何足道，而国家大体大势所伤实多。"[1]临终前，他在狱中写下《狱中血书》，其中写道："大笑，大笑，还大笑，刀砍东风，与我何有哉！"[2]充分显示了他蔑视权阉，视死如归的精神。另一东林党人汪文言在阉党的严刑拷打之下，备受折磨，"但卒不诬正人一言"[3]。魏大忠在刑讯之日，昂首怒目，直指问刑之明心堂为"昧心堂"。据陈继儒《晚香堂笔记》引《木斋新编》语，顾大章在严刑拷打之下，"切齿不发一声"。遇难日前数日，他右手只存食指、大指，仍奋笔作书："吾故作风翻日月，长留青白照人心。"并告诫家人，以此两句做祠堂的对联。周顺昌本不至于牵连诏狱，在魏大忠被逮时，他不避个人安危，为魏大忠周旋数日。魏大忠临行前，他泪流满面，并以其女许配魏大忠之孙。缇骑"语侵顺昌，顺昌张目叱之"，于是被下诏狱。在狱中，他被拷打得体无完肤，仍"骂不绝口，无一语哀乞"。[4] 其他东林党人也都表现出了铮铮铁骨。高攀龙在逮捕他的缇骑到来之前，自杀而死，体现了与阉党薰莸不同器、邪正不两立的精神。更可贵的是他们在死前还关心着国家的命运。东林党人这种骨气，是中华民族重气节的优良精神的体现。鲁迅先生说："我们自古以来，就有埋头苦干的人，有拼命硬干的人，有为民请命的人，有舍身求法的人，……虽是等于帝王将相作家谱的所谓'正史'，也往往掩不住他们

---

[1] 载金日昇：《颂天胪笔》卷五《赠荫·杨涟》。
[2] 同上。
[3] 黄尊素：《黄忠端公集》卷三，《汪文言传》。
[4] 谷应泰：《明史纪事本末》卷七一《魏忠贤乱政》。

的光耀，这就是中国的脊梁。”[1]东林党人就是这种埋头苦干、拼命硬干和为民请命的人。他们的活动适应了时代的进步潮流，有着较广泛的人民性，在中华民族的历史中留下了光辉灿烂的一页。

救世思想家们倡导的“以理抗势”精神，在历史上虽然有着积极的进步意义，也给后人留下了深刻的历史教训。因为“以理抗势”精神的核心，是以学术批导政治，用伦理转化政治，但在专制体制下其作用实在是软弱无力。在“理”与“势”的激烈矛盾冲突中，“以理抗势”者往往都是悲剧性的结局。吕坤就因“以理抗势”触怒神宗和权臣不得不托病辞官，隐居林下二十余年，再不被起用。敢于“以理抗势”的东林党人，其铮铮风骨换来的也不过是“一堂师友，满门热血”而已。

三、晚明改革救世的一次理论总结

明末社会矛盾更加尖锐，政治经济危机也越发严峻。地主阶级的改革派针对时弊，一方面揭露了当时封建社会的腐朽，另一方面又要求社会改革。他们不仅在政治、吏治、科举、田制、赋税、荒政、兵制、边防诸方面提出了各种改革救世的方案，而且有的还亲自发动和参加了社会政治的改革运动。正是这些地主阶级改革派的救世精神和改革措施，使救世思潮在明末清初发展

[1] 鲁迅：《中国人失掉自信力了吗》，《且介亭杂文》，《鲁迅全集》第六卷，人民文学出版社，2005，第122页。

到了鼎盛时期。陈子龙主持编纂的《明经世文编》就是晚明改革救世的一次理论总结。

陈子龙，字卧子，号大樽，南直隶华亭（治今上海市松江区）人。生于明万历三十六年（1608 年），卒于清顺治四年（1647 年）。身处一个翻天覆地的动荡时代，陈子龙早在青年时就立志救世，关心国事，站在时代改革潮流的前面。他曾与松江杜麟征、夏允彝、周立勋、徐孚远等创立“几社”（复社的前身），以恢复振兴东林之学为己任。崇祯十年（1637 年），陈子龙中进士，选任惠州府推官。赴任途中继母去世，遂返故里治丧，休假三年。在这一段岁月里，他和朋友宋征璧、徐孚远、李雯等复社君子共同努力，编印了《明经世文编》。与此同时，他还积极参加了复社反对以温体仁为代表的朝廷腐朽势力的斗争。崇祯十三年（1640 年），陈子龙被选为绍兴府推官，后又代理诸暨县令，代理绍兴知府。明亡前夕，因战功升任兵部给事中。明亡后，他积极参加抗清斗争直到被俘，坚贞不屈，以身殉国，终年 40 岁。

陈子龙一生虽然短促，却充满了一种改革救世的精神。面对严重的社会与民族危机，他“慨然以天下为务”。他主张人生在世，应把自己的“世用之资”毫无保留地发挥出来，匡时救世，建功立业。为了救世，陈子龙提倡经世实学。他认为经世实学的特点，就是综合百家，以资世用。

在政治上，陈子龙抨击君主的骄横和平庸，主张限制君权。既然君主智有不及，“有其权而勿能用”，那就应该把一部分权力分给文臣武将，而不是独揽。君主大权独揽会造成种种恶果。

在《晋论》和《兵垣奏议·直陈祸乱之源疏》[1]中，他考察历史与现实，举出例证：宋朝就是因大权过于集中在皇上手中而亡的；崇祯皇帝也是因为过于集权而导致身亡国灭的。分权的办法是扩大地方政府的权力，实行“分民而治”。“分民而治”的好处在于地方官手握实权，可“因利设教”，使“万端举，百事理”。而今则不然，一切大权集于君主，地方官权小势薄，虽欲有所作为也无法实现。

在《礼论》[2]中，陈子龙呼吁要尊重“凡人”，满足民众的合理欲望。否则，如果统治者只求满足一己之私欲，那么广大的“凡人”便将丧先存在下去的条件，“而乱乃起”。“欲”的基本内容就是衣、食、住的基本生活需求。

在《议财用》[3]中，陈子龙还对明末的社会经济状况进行了考察，提出了相应的救治措施。在研究了明末财政危机后陈子龙尖锐地指出，今日天下最大的忧患在于国家的贫困。明政府正面临着“因费而致贫，因贫而致乱，因乱而益费，因费而益贫”的恶性循环中。社会动乱的症结是“贫”，而造成“贫”的原因在于统治者的奢侈浪费。陈子龙正确观察到了社会危机的症结所在。他在分析农民起义的原因时，得出了“民惟贫而后盗”的结论。陈子龙提出的救世措施就是让人民富足，人民富足了社会就可以安定下来。陈子龙还提出了轻徭薄赋、减轻百姓负担，澄清吏治、扫除贪风，恢复和发展生产等改革方案。

---

[1] 陈子龙：《陈忠裕公全集》卷二二。
[2] 陈子龙：《陈忠裕公全集》卷二一。
[3] 陈子龙：《陈忠裕公全集》卷二二。

陈子龙救世的理论主张，还表现在他与几位同道合作主持编写了《明经世文编》（以下简称《文编》）。陈子龙等编撰《文编》的目的就是为了救世，这是一次改革救世方案的理论总结。《文编》全书508卷，是从明代420多位颇有影响人物的文集、奏疏、尺牍、杂文中选取“关于军国、济于实用”者编辑而成，“志在征实”，故称《经世文编》。它的内容十分丰富，包括时政、弹劾、谏诤、刑法、职官、科举、军务、边防、边情、边墙、兵饷、马政、海防、火器、财政、赋税、徭役、商课、工匠、钱币、盐茶、漕运、屯田、水力、农事、灾荒、贡市、番舶、礼仪、宗室等。

《文编》编撰的背景是：明末社会矛盾已激化而士大夫们仍麻木不仁，文风、学风空疏无用。陈子龙等人首先针对当时“士无实学”的空疏学风进行了批判。在《文编》的序中，他们批判俗儒是古非今，讲形式而不求救世，抱残守缺，沉湎于对训诂、词藻的揣摸之中，而对当前严峻的社会危机麻木不仁，连起码的是非得失都搞不清楚。《文编》的编撰者之一黄澍也针对当时日益严重的社会危机与“士无实学”的尖锐矛盾，批评当时的文人学子面对“南寇北奴，日益滋大”的严重形势，除了咿咿呀呀的章句之学外什么都不懂，做了官的士大夫又只会讲辞藻而不能救世应务，既不了解过去，更不关心现实。《文编》的另两位编撰者徐孚远、宋征璧更是感叹万分，批评士大夫们没有做官以前“半生穷经”，脱离实际；中举以后在家则忙于求田问舍，出仕为官则只顾搞关系做巧宦，对于现实社会面临的种种危机麻木不仁。国家正处在危难之际，怎能依靠这种人？这就是明末“士无实学”的文风、学风，一句话，空疏无用。陈子龙等人批判俗儒“无实学”

是为了要结束过去，开创“通今”“实用”的新风，“义在救时”，挽救明末的社会危机。陈子龙等人在编辑《文编》时，面对明末“内忧外患”的社会现实，在选材的原则上主要看其能否“足以资世用”。陈子龙等人欲通过对此书的编撰、批注与刊刻，使其能够有助于挽救明末的社会危机，宋征璧则强调《文编》要以“实用为准”。《文编》在“以资世用”的选编原则下，特别强调了“明治乱”“重经济”“详军事”等内容。

《文编》的编选者们在选录文章时，确立的一个基本原则就是有助于国家的治乱。他们首先考虑的是入选作品能否说明历史兴衰治乱的道理。在这一标准下，只要“其言足存”，能成一家之言，就“不以人废”，予以入选。在这一编选原则下，《文编》收录了大量的地主阶级改革派对时弊揭露与批判的文章。例如，曹于汴《官缺政弛回禄示儆仰乞圣断以兴圣治疏》[1]，揭露了明中期以来内阁许多部门缺职不补，诸务停废，各衙门形同解体的现状。杨涟在《纠参逆珰疏》[2]中列举了魏忠贤的二十四大奸恶，主张裁抑宦官，对于敢胡作非为、恶贯满盈者，力主严惩。杨涟还力主杀魏忠贤，以快天下人心。杜麟征在《仰体圣明求治之殷详维祖宗立法之善垦纳刍荛以明国体以安人心等事》中抬出了明太祖朱元璋所立的不许宦官干预朝政的成规，主张裁抑打击宦官的势力。《文编》中还收录了许多揭露晚明吏治腐败的文章。针对腐败，救世思想家们提出了辨贤佞、慎擢用、处赃吏以及建立干部人事档案等一系列的救弊措施。

[1] 载《明经世文编》卷四一二。
[2] 载《明经世文编》卷四九六。

《文编》所说的“经济”指经国济民、经邦济世，与今天的“经济”意义有所不同，但其中也含有今天所说的经济方面的内容。《文编》揭露晚明的经济危机表现为土地集中在少数人手中，赋役沉重，民不聊生，全国范围内的农民起义已风起云涌。明中叶以后，土地兼并日趋激烈，皇帝、王公、勋戚、宦官的庄田数量超过了以前的任何时代。弘治时，京畿的皇庄才有 5 座，占地 12 800 余顷[1]，而正德初年就增加了 31 座，共计占地 37 595 顷 46 亩[2]。王公、勋戚、宦官掠夺农民土地成风。弘治二年(1489 年)统计，顺天府的各项庄田共计 332 座，占地 33 000 余顷[3]。到了正德十六年(1521 年)，蔓延至北直隶的庄田已达 200 919 顷 28 亩之多[4]。王公、勋戚兼并土地之风更甚。福王封藩河南，神宗一次就赐给他 2 000 万亩。河南的土地不够，就取山东、湖广的土地补充。地主官绅对土地的兼并也有增无已。林润《申逆罪正典刑以彰天讨疏》[5]披露，严嵩在北京附近有庄田 150 余所，又广置良田美宅于南京、扬州数十所。至于他原籍袁州一府四县的土地，“七在严而三在民。在严者皆膏腴，在民者悉瘠薄”。一般地主豪绅也通过豪夺巧取，“求田问舍无所底止”。江南的缙绅富室占田少者数百亩，多至数千亩乃至万亩。这些情况都是前所未有的。总之，皇帝大量设置庄田和王公、勋戚与地主豪绅勾结侵夺民产，成为明中叶以后土地兼并的显著

[1]《明史》卷七十七《食货一》。
[2] 林俊：《传奉敕谕查勘畿内田地疏》，载《明经世文编》卷八十八。
[3]《明史》卷七十七《食货一》。
[4] 林俊：《传奉敕谕查勘畿内田地疏》，载《明经世文编》卷八十八。
[5] 载《明经世文编》卷三二九。

特点。救世思想家们针对这一弊端，提出了清查皇庄、功臣田土，限制兼并的救世方案，以遏制土地兼并的恶性发展。有的还提出了“田均赋平”和“仿古井田”的改革措施。陈子龙十分赞同这些改革方案。救世思想家们试图以恢复“井田”的改革方案来解决土地兼并的问题，这虽是一种空想，但客观上有助于限制皇室、豪强对土地的兼并，有利于缓解社会的矛盾和保护自耕农的利益。

明中期后，赋税和徭役繁重，原来“永不起科”（即不征税）的土地，景泰时已全部征收赋税。万历四十六年，明政府借口辽东战事紧急开始加派“辽饷”，前后三次增额，共征银 620 万两，相当于全年总赋额的三分之一。天启年间，又有关税、盐课的加派及杂项的增收，三项共加额银 239 万余两。地主豪绅又用各种办法把这些赋税转嫁给农民，迫使贫苦农民抛弃自己的小块土地，沦为地主的佃农、雇工和奴婢，或成为流民、饥民。《文编》对沉重的赋税、徭役给人民带来的负担与痛苦进行了大量的揭露和抨击。如海瑞在《治安疏》中抨击道：“嘉靖者，言家家皆净，而无财用也。”[1]在繁重的赋役和徭役的压迫之下，民间已“十室九空”。针对弊政，救世思想家们提出了“轻徭薄赋”的方案。赵用贤在《议平江南粮役疏》[2]中，以苏州办驿传马匹为例，提出可减免百姓赋税银 21 000 多两。有的还提出了应“节用”、广辟财源，以减轻农民负担，缓解国家财政短缺。救世思想家指出解救国困民穷的弊政关键在于发展生产。因此，他们又提出了“重

[1] 载《明经世文编》卷三〇九。
[2] 载《明经世文编》卷三九七。

农谷”“垦田增产”“兴水利”的政策主张，强调发展农业生产的重要。他们认为农业是国家经济民生的根本，重视农业就要“垦田增产”，垦田增产又需要兴修水利，解决“旱潦无备”等问题。《文编》中经济方面的内容占了很大的比重，涉及理财、钱币、赋役、屯田、农政、救荒、仓储、漕运、驿递、盐课、茶课、商税、市舶、矿政、户政、营造、水利等各个方面。《文编》旨在“救世”，力图从经济方面入手，找到解救现实危机的办法。

在晚明的社会危机中，以民族矛盾所引起的军事危机最为严峻。在东北，以努尔哈赤为首的女真部落崛起，他们频繁地发动战争，侵占了辽东大片土地，大有取代明朝之势，严重地威胁着明王朝的统治，构成了当时的主要危险。在北方，蒙古各部的首领与明政府之间也长期处于对立的状态。蒙古的骑兵在宣化、大同、延绥等地到处抢掠物资，杀掳居民，严重破坏了北方的生产。在南方，葡萄牙、西班牙、荷兰等国殖民者先后入侵，占据了澳门、台湾等地。东南沿海地区则面临倭寇的骚扰。居住在云贵两广地区的苗、瑶、彝、侗、黎、傣各族人民，因与明政府有矛盾也经常发动起义。这必然促使地主阶级的改革派们重视对军事问题的研讨，以寻求对策。他们揭露了明朝军队的腐朽与无能，提出了相应的救弊方案。如徐光启在给辽东经略熊廷弼的信中批评辽东的军事防务“全未足恃，人非其人，器非其器”[1]。“人非其人”是指军队编制中机构庞杂，官多于兵，军官滥竽充数，士兵缺少训练，军队没有战斗力。“器非其器”是指军队

[1] 徐光启：《复熊芝冈经略·守辽》，载《明经世文编》卷四九二。

“粮饷不厚，器械不具”，战马不足。针对这些问题，救世思想家们提出了“裁冗将”“求真才”“积钱粮”“修险隘”“练兵马”“整器械”“开屯田”“收胡马”等救弊措施。其中，“整器械”最为突出。

明后期西方的火炮技术已传入中国，救世思想家对发展西洋火器格外重视。徐光启就认为，战争中武器装备的优劣直接关系到战争的胜负。明军与清军相比，武器装备处于劣势，所以明军要战胜清军就必须改进武器装备，大力发展火器，在装备上优胜于敌方，才能战胜敌人。为此，徐光启请来了西洋火器专家和懂得火器技术的传教士，一起研究火器并制作。他提出用先进的西法、西器来训练装备军队[1]，还和李之藻等人建议朝廷拨款建立专门的火炮部队，用西人对士兵进行技术传授和战法训练。可以说，徐光启是我国重视西方先进火器的第一人，他对明末武器装备的提高和军事技术的发展作出了重要的贡献。救世思想家们针对晚明所面临的严重军事危机提出的上述改革方案是正确的，但明政府腐败无能，各种弊端积重难返，加之统治集团内部党争不已，阻碍了上述方案的实施，使它没有能发挥出应有的作用。虽然明朝在《文编》编成后不久就被农民起义军推翻，清军随后入主中原统治了全中国，上述改革方案也成了历史的陈迹，但《文编》中所蕴含的救世精神却是不朽的，仍将为后来的改革者提供精神的激励和经验。

总之，在“以资世用”编撰原则的指导下，这部 508 卷、洋洋

[1] 徐光启：《西洋神器既见其益宜尽其用疏》，《徐光启集》(上)卷六《守城制器疏稿》，中华书局，1963。

400 万字的巨著记录了有明一代各个时期的政治、军事、经济、文化、民族关系、对外关系等各方面的具体情况和典章制度，真实地反映了明代 279 年的风云变幻、治乱兴衰。它不仅是一部内容翔实的史书，还是一部“治乱攸关”的政书，更是一部集中体现了晚明救世精神的巨著。地主阶级的改革派针对明代社会的积弊和危机，在《文编》中提出了他们的救世方案，力图走出一条振兴明王朝的改革之路，他们的救世精神是应该肯定的。正因为《文编》凸显的是求实救世的精神，故它一刊出便得到了时人的高度评价。许誉卿说此书编者“志在用世”，又称赞此书一出，“洗士大夫经济阔疏之旧耻”[1]。复社领袖张溥则赞叹“伟哉是书！明兴以来未有也”[2]，认为此书对扭转当时空疏、浅陋的学风有着重要意义。新中国成立后，中华书局影印此书出版，吴晗先生作序，也高度评价此书：“《明经世文编》是一部从历史实际出发，总结明朝两百几十年统治经验，企图从中得出教训，用以改变当前现实、经世实用的书。这部书的编辑、出版，对当时的文风、学风也是一个严重的挑战，对稍后的黄宗羲、顾炎武等人讲求经世实用之学，也起了先行者的作用。”《文编》求实救世的精神以及陈子龙等人的编撰功绩，一直得到时人和后世的充分肯定。它的理论意义和历史地位就在于：它是地主阶级改革派的一次救世理论的总结和实践的尝试，并将晚明的救世思想发展到了一个新的阶段。

[1] 许誉卿：《明经世文编・许序》。
[2] 张溥：《明经世文编・张序》。

第二章

救世思潮中的科学成就

晚明的救世思潮在科学领域取得了蔚为壮观的成就，科学成就构成了救世思潮的一个重要方面。其科学救世的内容涉及天文、历法、数学、音律、医学、地理、农业、水利、生物等多种学科，既包括对中国古典科学的总结，也包括对从欧洲输入的“西学”的吸收和改造。这些主张科学救世的思想家，有的本身就是理学家，有的虽不属于理学家的阵营，但都深受理学“格物穷理”学说的影响。

相当长一段时间内，儒家文化被误解为是科学的对立面。造成这种误解的原因是多方面的，其中最重要的原因在于人们对儒家文化缺乏全面的了解。儒家十分注重内在道德的完善，如孔子就把“知”从属于“仁”，认为外在的求知与内在的道德修养和完善相比，后者更为重要，但孔子不否定对外在的世界知识的追求。儒家主张人道与天道的统一（“天人合一”），所以儒家重视“天”，也重视对天道自然的研究。从孔子对古代科技著作（如《夏小正》）以及包含古代科技知识的著作（如《诗经》等）的整理和研究，到思孟学派、荀子以及《易传》建立了阴阳五行自然观、气论自然观和阴阳八卦自然观等，都充分表明了儒家重视对自然和科技的研究。宋代理学确立了儒家的道学传统，较多地发挥了儒家重道的特点，同样也明显具有科学的内涵。宋代理学家在当时中国古代科技发展的背景下，大都能深入学习和研究当时的科技知识。科技的发展以及科学家对自然之理的探讨也是程朱理学“理”的基础。朱熹所讲的“理”，既是形而上的“太极”，又是具体事物，包括自然事物的规律，因而也包括自然规律的知识。朱熹对于儒家“格物致知”的诠释，也使之包含了格自然之物的内涵，赋予了其科学认知的意义。

儒家学者重视科学知识。理学的集大成者朱熹，从其门人所辑录的《朱子语类》来看，他教学生的内容不仅包括经学、史学、文学、乐律等人文知识，而且包括宇宙形成与发展、天文学、地理学、动物学、植物学、医学等自然科学知识。他对沈括的《梦溪笔谈》就钻研尤深，认为关于日月、星辰、宇宙万物之“理”，沈括讲得最有道理。朱熹还把地球的形成看成是一个自然不断演化的过程，他在经过实地观察和深思熟虑后，认识到过去的海洋变成了现在的高山，旧日之土易为今日之石。这一见解，丰富了沈括的海陆变迁学说。中国科技史权威李约瑟博士指出，朱熹的这一见解对古代生物学史和地质学史来说具有“重要意义”[1]。可见朱熹本人对科学活动具有浓厚兴趣，而这与朱熹强调“格物致知”的理论有关。

---

[1] 李约瑟：《中国科学技术史》第五卷《地学》，《中国科学技术史》翻译小组译，科学出版社，1976，第268页。

朱熹理学一方面强调诚意、正心、修身的道德主体修养，另一方面也强调即物穷理，重视对外在客观事物的认识与研究。朱熹主张对外在自然界的一草一木都不要放过，而要即物去求其理，这就会促使人们走出书斋，开阔视野，重实践，尚实证，去探索自然界的奥秘。在这一思想中，还包含重视理性思维和辩证思维的科学内容。这一切都深深地影响了晚明的科学家。随着“西学东渐”，传统的“性理之学”“格物之学”又转向发展为“物理之学”“质测之学”，如徐光启在《译〈几何原本〉引》中就把西方的自然科学之书称为“审究物理之书”，强调“格物穷理”，认为“儒者之学，亟致其知，致其知，当由明达物理耳”，促进了晚明科学思潮的兴起。这一时期涌现了一大批像方以智、李时珍、徐霞客、徐光启、宋应星这样从理学中分化出来的从事自然科学研究的科学家。这绝非偶然，既是由于传统文化的因素，也是由于外来文化的刺激和时代的需要。

一、强调会通中西之学

“会通”语出《易・系辞上》：“圣人有以见天下之动，而观其会通。”孔颖达疏：“观看其物之会合变通。”这就是说，主体能对各种学说融会贯通，吸收各家之长，从而能加深对客观对象及其规律的认识。中西会通则是指：17 世纪以来，随着西方传教士来华，西方的近代科学与文化也零碎地传入中国，作为知识分子中先进者的救世思想家们，对待西方传入的科学与文化主张加以改造、吸收，折衷会决，既不一概否定，也不轻信盲从。在这一方面，以方以智和徐光启为代表性人物。

方以智，字密之，号曼公，南直隶桐城(今安徽桐城市)人。生于明万历三十九年(1611 年)，卒于清康熙十年(1671 年)。他的祖辈都直接或间接与明季东林党有关。他从小就培育成了关心时世的精神，年轻时就具有强烈的救世意识。他在流寓南京时，深刻体会到社会危机的严重，曾凭着书生意气，自负要提三尺剑，纠集志士，改造现实的黑暗社会。方以智具有着非凡的救世抱负，曾撰写《拟求贤诏》《拟上求治疏》《拟上求读书见人疏》，建议皇帝选贤用能，革除弊政。

方以智出生于官宦世家、儒学世家，其科学救世思想深受中国传统理学格物穷理说的影响，并将之进一步发展为“质测之学”(接近于今天的自然科学)。他的曾祖父方学渐崇尚理学，自成体系，著有《易蠡》《性善绎》等数十万言。他受家学渊源的影响，对程朱理学基本上持肯定态度，尤其是对朱熹的“格物穷理”学说称道有加，对朱熹政治理论中“公”“明”的主张也深表赞同。对朱熹倡导的理学修养方法是接受的，并加以认真实践。对朱熹的“道心统人心”说，他加以肯定。对于西学，方以智也倾注了极大的热情。意大利传教士毕方济于万历四十一年(1613 年)来华，崇祯七年至十一年(1634—1638 年)活动于南京，方以智曾登门问学，向他询问“历算奇器”和天文知识，并赠诗：“先生何处至，长揖若神仙。言语能通俗，衣冠更异禅。不知几万里，尝说数千年。我愿南方苦，相从好问天。”[1]方以智和德国传教士

[1] 方以智：《方子流寓草》卷四，《赠毕今梁》。

汤若望也有交往，同他研讨西方医学和天文知识。对于传教士的著作和译著，凡是能得到的，方以智都留心研读。方以智不仅本人结交传教士和研读西书，而且还让次子方中通交纳波兰传教士穆尼阁，与之游学京师，学习数学等科学知识。

方以智的科学救世思想，具体表现在对中西学的会通上。他在理学格物穷理说的基础上，又对从欧洲输入的“西学”加以吸收改造，会通中西，为我所用。他借孔子向东夷郯子问学的故事主张对外来文化要借鉴吸收（“借泰西为问郯”）。据《左传·昭公十七年》记载，东夷郯子朝鲁时，孔子曾向他问学，并深有体会地感叹道：“天子失官，学在四夷，犹信。”用以说明中国传统的科学文化知识已落后于西方，就应该像孔子问学郯子那样吸收和借用西学的长处。在会通中西学的基础上，他将西方传入的自然科学与朱熹理学的“格物穷理”说相结合，创立了他的“质测通几之学”。他认为天下事物皆有其理，研究“物理”之学即是“质测之学”。他说：“物有其故，实考究之，大而元会，小而草木蠢蠕，类其性情，征其好恶，推其常变，是曰质测。”[1]“几”指事物变化的内在必然性或根据，“通几”就是探究天地万物运动变化的“至理”：“寂感之蕴，深究其所自来，是曰通几。”一言以概之，“质测通几之学”研究的对象是无所不包的客观物质世界，研究的目的是把握规律。方以智的著述很多，《桐城耆旧传》说他：“凡天人、礼乐、律数、声音、文字、书画、医药，下逮琴剑技勇，无不析其旨趣。著书数十万言，名流海外。”[2]其中代表他“质测

[1] 方以智：《〈物理小识〉自序》。
[2] 马其昶：《桐城耆旧传》卷六，《方密之先生传》。

通几之学”成就的主要有《通雅》和《物理小识》。《通雅》共 52 卷(另卷首 3 卷),全书分疑始、释诂、天文、地舆、身体、称谓、姓名、官制、事制、礼仪、乐曲、乐舞、器用、衣服、宫室、饮食、算数、植物、动物、金石、谚原、切韵声原、脉考、古方解等 24 门,举凡天地人身之故,辄通考旁征而会通之。《物理小识》共 12 卷,全书分天、历、风雷雨旸、地、占候、人身、医药、饮食、衣服、金石、器用、草木、鸟兽、鬼神方术、异事等 15 类。这两部书包括了天文、地理、算学、动植物、矿物、医学、声音文字、文学艺术等多方面的知识,既记录了我国劳动人民许多先进的生产技术和经验,也介绍了当时传入中国的一些西方科学知识。《物理小识》一书有 50 余处引文来自意大利传教士艾儒略的《职方外纪》[1],成为当时具有时代特色的科学成就的汇集,也是方以智批判性地吸收西学、会通中西文化的代表作。

方以智对中西学的会通主要表现在以下几个方面。

第一,批判西方上帝创世说,吸收其天文舆地知识。传教士所传播的西方天文学,本质上是宣扬经院哲学中关于上帝(天主)创世的说教。如汤若望宣传说,“上帝”是一个“至纯至灵”“神功浩大”的“宰制”者,是“太极阴阳并受其造”的“大造之主”。方以智基于他对西学“拙于言通几”的认识,批评了上帝造物的

[1]“据美国裴德生教授统计,《物理小识》中约有百分之五的篇幅,其资料是从当时传教士著作中援引的。《通雅》中对西学资料也有零星援引。艾儒略(1582—1649,意大利人,1613,万历四十一年来华)著有《西学凡》及《职方外纪》等书。《职方外纪》记世界各洲地理、物产。经裴德生统计,《物理小识》一书有五十余处引文来自《职方外纪》。”(冒怀辛:《方以智的生平与学术贡献——〈方以智全书〉前言》,载侯外庐主编《方以智全书》第一册《通雅》,上海古籍出版社,1988,第 77 页)

神学迷信。他指出，所谓的“大造之主”，不过是运转不已的自然天体而已。对西方传入的地心说，他未予以采纳，而是坚持了中国古代的地动说：“地恒动不止，如人在舟坐，舟行而人不觉。”[1]他在批判西学中神学迷信的同时，又利用西学的天文学成就纠正了中国传统天文学的某些错误观点。当时传教士传到中国的天文学，虽然对哥白尼的“天体运行说”讳莫如深，大力宣传与天主教义有利的托勒密的“地心说”，但也介绍了丹麦天文学家第谷的宇宙体系和伽利略、开普勒等人所观测到的天文数据和一些科研成果。唐代的僧人一行曾提出“两戒”说（“戒”通“界”）。他以北斗和南极干支分野，把中国边缘划分成两条界线，认为界外即蛮夷之都。方以智根据利玛窦的《星土分野图》指出了一行的错误。在地舆学方面，方以智也进行了有分析、有批判的吸收。他以瓜喻地球，以瓜蒂和瓜脐分别指代北南二极，以腰轮一周喻赤道，与黄道相交[2]。他说“地形”像胡桃肉，“凸山凹海”[3]。他还指出五大洲分布于圜球之上，气候各不相同，近日者暖，远日者寒。这些说法通俗易懂，对普及西方的天文科学知识，无疑有着积极的作用。

第二，扬弃上帝创人说，吸收其人体解剖和生理卫生知识。传教士宣扬上帝创造世界，当然也宣扬人是上帝的造物。方以智则认为人是秉自然之气而形成的，并非什么天主所造。这就否定了西方传教士所宣扬的上帝造人说。在论证人体的构造方

[1] 方以智：《物理小识》卷二，《地类・地游地动也》。
[2] 方以智：《物理小识》卷一，《历类・黄赤道》。
[3] 方以智：《物理小识》卷一，《历类・圜体》。

面，他又吸收并引用了汤若望《主制群征》一书中介绍的生理解剖方面的知识，如人身之骨骼、肌肉结构、人身血气循环之经络系统等。他还结合《黄帝内经》中阴阳五行之说和气功、针灸学，来论证汤若望提出的“心、脑与肝”是人身内“三贵”的观点[1]。他认为人之“灵台”不是心脏，而是“脑髓”[2]，“人之智愚，系脑之清浊”[3]。他还明确地表示：汤若望“以肝、心、脑筋立论，是《灵》《素》所未发”[4]。在这里，方以智认为大脑是人身之思维器官的观点正是接受了西学人体解剖学的影响而形成的。但对汤若望由之而引发出的上帝创造人身、灵魂的臆测，则弃而不论。

第三，对西方历算奇器的吸收。方以智在《通雅》和《物理小识》中对中西历法进行了比较研究，对西方的奇器技巧也每每给予肯定性的介绍和评价。如他在《通雅》卷十一《天文·历测》中，历数汉晋以来诸历中关于“岁差”的测算，通过比较鉴别，认为中历不及西历精确，原因之一是“测验无符者”。西历精确、可靠，是因为西历采用了新的测量技术和测量手段，如数学工具和望远镜等观测工具。相比之下，中历的制定者常常凭直觉去推断，难以取到确切的证据。如中国古代对“云汉”的认识，从先秦至魏晋，有认为是“天河”者，有认为是“水气”者，其说不一，甚至还衍生出许多的神话传说。所以，方以智主张吸取西历的成果，以弥补中历的不足。对于西方的先进技艺，保守的学者斥之为

[1] 方以智：《物理小识》卷三《人身类·身内三贵之论》。
[2] 方以智：《物理小识》卷三《人身类·人身营魄变化》。
[3] 方以智：《物理小识》卷三《人身类·身内三贵之论》。
[4] 方以智：《物理小识》卷三《人身类·血养筋连之故》。

“奇技淫巧”，妄加排斥。方以智则不同，他对其所能接触到的奇器往往给予肯定，并向国人介绍。如他介绍了地球仪、自鸣钟、测量器、船舶、火炮等先进的仪器和设备，以及如化学、水利、冶炼、造船、制琉璃、蒸花露等先进的工艺和技术。这对于开拓时人的视野，加强人们对西学的了解，推动中西文化的交流，起到了重要的作用。

第四，借鉴西学改革汉字音韵。方以智通过对纷杂庞异的古字、古音的会通考释，率先提出了以西学为鉴，对我国的文字音韵进行改革的创见。他认为，汉字繁复的特点不利于中国文化的保存和传播，阻碍中西文化的交流。因此，他极力主张进行改革，以救此弊。他非常欣赏西方文字的简明易学，认为中西文字声韵可以会通。法国传教士金尼阁于万历三十八年（1610年）来华，他在《西儒耳目资》一书中以拉丁文对汉字进行了分类，方以智对此十分称赞。受其启发，方以智仿西文列汉字成字母，依音韵变化，列《旋韵图》。这是一次极有意义的尝试。方以智欣赏西方的拼音文字，希望中国有朝一日也能文字拼音化。他的这一理想，虽说到了近代以后才开始融入现代化的过程中，但其理论价值却是十分可贵的。

方以智会通中西之学工作是在哲学理论的指导下进行的。在《〈物理小识〉自序》中，方以智提出，天下的学问知识，任其繁复，大体上不出“质论”和“通论”。所谓“质论”和“通论”，是就“质测”和“通几”而言。“质测”之学研究“物理”，包括“象数、律历、声音、医药之说”，相当于今天所说的自然科学；“通几”之学研究“所以为物之至理也”，即研究“物理”之上最普遍、最根本的规律，相当于今天所说的哲学。方以智认为，这二者之间有着一种本质上的联系，它表现为："至理"寓于"物理"之中，一般存在于个别之内。那种否认具体的质测之学，仅凭主观想象去创造什么体系、规律，以显示自己学问宏大精深的人，不过是脱离实际的空谈家。反过来，一般又可以指导个别，二者是相辅相成的。两者相较，他更重视"质测之学"，认为那是基础。在这一思想的指导下，他提出中西之学各有优点，也各有缺点。西学是自然科学（"质测"）发达，但基督教神学（"通几"）却不正确，用方以智的话说是"详于质测而拙于言通几"；中学（即儒学）则是哲学理论发达，但自然科学赶不上西学。既然西学不足恃，世儒又好名空疏，最好的办法就是将中西之学融合起来。方以智非常自信，他认为这一"合内外，贯一多"的历史重任理所当然地就落在了他的肩上[1]。基于这种自信，他博采中外，融汇诸家，建立了他庞大的科学救世思想体系。

与方以智将西方科学与中国哲学相结合来会通中西之学不同，徐光启从他的科学活动中提炼出了"会通以求超胜"的"实用"之学。

徐光启，字子先，号玄扈，南直隶上海（治今上海市黄浦区老城厢）人。生于明嘉靖四十一年（1562 年），卒于崇祯六年（1633 年），享年 72 岁，谥文定。徐光启的一生可分为前后两个时期。前期，他于万历九年中秀才（20 岁），二十五年中举人（36 岁），三

[1] 愚者若得世资，当建草堂，养天下之贤才，删古今之书而统类之。经解、性理、物理、文章、经济、小学、方伎、律历、医药之故，各用其所长，各精其极致，编其要而详其事，百卷可举。（方以智：《滕寓信笔》，载《桐城方氏七代遗书》）

十二年中进士(43 岁),为考科举功名共用去 23 年的时间。这一时期,他的著作大都与科举有关。这些著作除《毛诗六帖》外,其余都亡佚了。徐光启未中进士时,曾辗转于全国各地苦读。在破万卷书、行万里路之后,他深知当时陆王心学末流的空疏与无用。因此,在中进士被选为翰林院庶吉士以后,他就转向了科学救世之学,直至去世。从事科学救世的活动,成了徐光启后半生的主要经历。万历三十四年(1606 年)秋,徐光启与传教士利玛窦合作,开始翻译西方数学名著《几何原本》。次年春,译前六卷并刊刻出版。同时他还翻译《测量法义》等书。这是西方科学著作首次被译成中文。在因父丧回上海守制的三年(1607—1610 年)里,徐光启除对这两部书进行再次校改之外,还在上海进行了农田实验。丧期结束回京后,徐光启潜心于天文、数学、农学、水利等方面的研究、翻译和写作,与传教士熊三拔合作翻译了《泰西水法》,为李之藻编译的《同文算指》(介绍西方算术知识的书籍)、熊三拔所著的天文仪器书《简平仪说》写了序言。其中,徐光启写入了不少自己对传入的西方科技知识的看法。万历四十一年至四十六年,因与同僚不和,有两年多的时间,他在天津购置土地试种水稻、花卉、药材等。其间,他写成了《农政全书》纲目以及《类缠规则》。万历四十八年以后,他一方面进行农事实验,写作《农政全书》,另一方面把精力集中在修订历法上,完成《崇祯历书》。此时的徐光启已 70 岁了,但研究热情不减当年,仍孜孜不倦地致力于学习当时最先进的西方天文历法,亲自实践,目测笔算,融会中西,一直到他生命的最后一息。

在众多的科学救世学者中,徐光启是受传教士与西学影响最深的一位。万历二十一年(1593 年)徐光启受聘去韶州(治今广东韶关)任教。万历二十三年,他在韶州结识了意大利传教士郭居静(原名 Lazarus Cattaneo,万历二十二年来华),这是徐光启与传教士的首次接触。万历二十八年,他在南京结识了利玛窦。万历三十一年,徐光启在南京接受洗礼,加入天主教会,教名保禄。入教为他学习西方科学知识提供了极大的方便。正是在翻译西学和修订历法的过程中,他形成了"会通以求超胜"[1]的见解。对于当时西学的传入,徐光启持肯定的态度。在《译〈几何原本〉引》中,他提出"先正之言"就是"一物不知,儒者之耻。"在《〈泰西水法〉序》中,他提出西学中的科学技术是一种"实学",是一种"格物之学","用之无不尽巧极妙者",完全可以充实中国传统的儒学和佛学。为此,他与李之藻等人曾设计过一个宏伟的科学发展规划,拟在 10 年内将传教士带到中国的图书择其"有益世用者,渐次广译"。根据"度数旁通十事"[2]的构思,他计划首先以西学改造中国的天文历法,然后再改造气象学、水利工程、地图学、生物学、医学、会计学、建筑学、机械工程学、艺术、音乐、军事学、哲学与逻辑学等,努力寻找"富国强兵"之术。会通中西,积极吸收并传播西方的科学技术,构成了徐光启科学救世的主要内容。

徐光启对中西之学的会通集中体现在他主持编制的《崇祯历书》和编译的《几何原本》上。

---

[1] "臣等愚心,以为欲求超胜,必须会通;会通之前,先须翻译……翻译既有端绪,然后令甄明《大统》、深知法意者,参详考定,镕彼方材质,入《大统》之型模。"(徐光启:《历书总目表》,《徐光启集》卷八《治历疏稿三》)

[2] 徐光启:《条议历法修正岁差疏》,《徐光启集》卷七《治历疏稿一》。

编制历书在中国古代是关系到“授民以时”的大事。研究和编制历法,受到中国古代历代王朝的重视。明代使用的《大统历》实际上沿用了元代的《授时历》,施行300余年,已严重不准,并于16世纪末17世纪初发生了很大的差误。万历三十八年,朝廷决定由徐光启、李之藻和熊三拔等人负责翻译西洋历法,崇祯元年(1628年),徐光启受命与传教士龙华民、汤若望一起监修历事,参照西洋历法,精心测验,修正《大统历》。新历书“辩时差、里差之法,最为详密”[1],遂被朝廷采用。

《崇祯历书》共46种,137卷,此书倾注了徐光启晚年的全部心血。该书介绍和采用了精确的丹麦天文学家第谷的宇宙体系(以地球为中心,日、月及诸恒星均绕地运动,而五星则绕日运动),又保留了中国古代历法的优点。此外,徐光启还引进了大地为球形的思想,介绍了大地经纬度的计算。他根据第谷星表和中国传统星表绘制了第一个全天性星图,该图成为清代星表的基础。在计算方法上,徐光启引进了球面和平面三角学的准确公式;区别地球近(远)日点与冬至(夏至)点的不同;做了视差、蒙气差和时差的数值修正;等等。《崇祯历书》相对于《大统历》来说更精确,尤其是对日月食的计算。《崇祯历书》在清顺治年间由汤若望删削整理并更名为《西洋新法历书》,开始在社会上普遍传播,这说明西方的宇宙观念已经被中国人普遍接纳了。

《几何原本》是古希腊数学家欧几里得总结前人的成果,于公元前3世纪编纂成书的。这部古典数学名著,以严密的逻辑

[1]《明史》卷二五一,《徐光启传》。

推理形式，由公理、公设、定义出发，把古代几何学知识整理成前后秩序井然并由一系列定理来记述的完整体系。《几何原本》经历代（特别是中世纪阿拉伯）数学家们的注释，再传入欧洲，对文艺复兴以后西方近代数学的兴起给予了很大的影响。和科学实验一道，《几何原本》所代表的逻辑推理方法，曾被许多学者看成是世界近代科学产生、发展所必不可少的前提。换言之，《几何原本》的重要意义不单是数学方面的，更是逻辑推理思想和方法方面的。徐光启对此已有所认识，他赞赏新传入的欧几里得几何学，推崇其中严密的逻辑推理，他在该书序言中强调学习此书可以“练其精心”，“次其定法，发其巧思”，“百年之后必人人习之”。不出他所料，以后的长时期内，《几何原本》一版再版，成为经典著作。利玛窦和徐光启首创的几何学名词术语，如点、线、直线、平面、曲线、四边形、多边形、平行线、对角线、直角、钝角等，一直沿用至今。中国古代数学和其他学科一样，源于先秦，至两汉形成体系，至宋元达到高峰。宋元时期出现了秦九韶、杨辉、李冶、朱世杰四位大家，在高次内插法、高次方程的数值解法、多元高次方程组的解法、高阶等差级数求和等方面的成果，都比西方早数百年。但进入明朝以后，这些成果几乎都后继无人，呈逐渐衰退之势。徐光启认为，导致这一现象的原因是当时一些“名理之儒”轻视以至蔑视“天下之实事”，要改变中国数学落后于西方的现状，就需要学习、借鉴西方的数学，还需要将数学联系实际，加以发展[1]。由此，他提出了“度数之学”的观念，

[1] 徐光启：《刻〈同文算指〉序》，《徐光启集》卷二《序跋》。

即他所说的“度数旁通十事”[1]，这“十事”包括了气象、水利、音律、军事、财会、建筑、机器制造、地图测量、医药、钟表计时等各个方面，把数学的应用讲述得十分完备。此外，徐光启还撰写了《测量法义》《测量异同》《勾股义》等，首先把“几何”一词作为数学专业名词来使用，这些著作也都体现了会通中西的科学精神。

二、重实地考察和实验的科学新风

晚明救世科学思想家中，重实地考察的科学家可以李时珍和徐霞客为代表。

李时珍，字东壁，湖广蕲州（治今湖北蕲春县西南蕲州镇）人。生于明正德十三年（1518 年），卒于明万历二十一年（1593 年）。李时珍出身于蕲州一个世医之家，祖父和父亲都善操医术。李时珍 14 岁时，即明嘉靖十年（1531 年），便中秀才。其父望其经举子进仕途，以显耀门庭。但他“三试于乡”，均落第。最后赴武昌考试后，积劳成疾，幸得其父救治才转危为安，这成为他弃儒从医的契机。李时珍决意从医后，师从蕲州著名理学家顾问（字子承，号日岩），一边学习理学，一边钻研医理。时值蕲州水灾，李时珍目睹了灾后瘟疫流行的惨状，他悲天悯人，决心救死扶伤，从此走上了行医救世的道路。由于他医术精湛，医名遍闻大江南北。嘉靖三十年，他被楚王聘为王府奉祠，掌管良医所。不久又被楚王荐于朝廷，授太医院判。一年后，他托病告

[1] 徐光启：《条议历法修正岁差疏》，《徐光启集》卷七《治历疏稿一》。

归，着手《本草纲目》的编撰工作。李时珍是我国著名的医药学家，也是当时世界上最伟大的科学家之一，他因编著《本草纲目》而名垂青史，享誉世界。

朱熹的理学思想给了李时珍很深的影响。他的《本草纲目》就是仿朱熹《通鉴纲目》以纲挈目、纲举目张的方法编写的。朱熹所倡导的"格物穷理"学说，更是李时珍研究本草、从事医学实践的指导思想。他在《本草纲目·凡例》中强调：本草"虽曰医家药品，其考释性理，实吾儒格物之学"。李时珍还进一步提出了"医者贵在格物"的命题，强调医者要"考释性理""贵在格物"，在医学上要根据丰富的第一手资料和大量的文献资料考察药物的性质，弄清其变化的规律。朱熹推崇《周易》，著有《周易本义》。这对李时珍有很大影响。李时珍把《易传》所揭示的阴阳对立统一规律运用到医药学上，以此来分析病理、药理和指导医疗实践。他认为，"调和阴阳"，人体就会健康；违背了阴阳相反相成的规律，"二气淆乱"，就要生病。而得了那种"霍乱呕吐之病"，用"阴阳水"调治，就可以"分其阴阳"而使之恢复平衡，健康痊愈。总之，一部《本草纲目》，处处闪耀着"格物致知""即物穷理"的理性主义认识论的光辉。

正是在"格物穷理"思想的指导下，李时珍在医药科学上取得了巨大成就。在理论方面，李时珍首创了"脑为元神府"说，在我国历史上第一次明确提出了脑是思维的器官，纠正了传统的"心之官则思"的错误。他还开创了"肾间命门"说，改传统的"命门即肾"为命门位于"两肾之间"。这是中医命门学说的一大转折，李时珍由此推断"人有胆石症"。此外，他还首创用冰外敷降温，创蒸汽消毒法预防瘟疫。李时珍在医药学上的另一巨大成就表现在《本草纲目》的编撰上。《本草纲目》分为 16 部、52 卷，字数多达 190 万字，共收 1 892 种药物，其中有 374 种是李时珍新增的。此书纠正了古代本草书籍内的许多错误。例如，天南星和虎掌是一种植物，却被误为两种药；葳蕤和女萎本是两种植物，却被混为一谈。旧本草还误把虫类列为木类；把有毒性的水银说成无毒，说服了可以成仙；等等。据李明珍自己统计，《本草纲目》引用资料多达 800 余种。其中列为书目的有历代诸家本草 41 种，古今医家著作 277 种，经史百家 440 种。《本草纲目》还有药方一万多个、附图一千多幅，是他前后呕心沥血 27 年，三易其稿才完成的。时人王世贞对《本草纲目》高度评价，并为之作序，他称李时珍"真北斗以南一人"，赞《本草纲目》"实性理之精微、格物之通典、帝王之秘录、臣民之重宝也"。这一评价相当有见地，它指出了《本草纲目》不仅是一部药物学著作，还是一部富含哲理的书（"性理之学"），更是一部集植物学、动物学、矿物学、天文学、物候学、农学等诸多知识的百科全书。此书确立了新的药物分类体系，集历代本草学之大成，全面而系统地总结了明朝（16 世纪）以前的药物学的巨大成就，成为后世本草学的典范。在《本草纲目》的影响下，各种研习本草的著作相继问世[1]。

---

[1] 如张三锡《本草选》（1609 年）、倪朱谟《本草汇言》（1624 年）、赵学敏《本草纲目拾遗》（1658 年）、林起龙《本草纲目必读》（1667 年）、王翃《东皋握灵本草》（1683 年）、王逊《药性纂要》（1686 年）、汪昂《本草备要》（1694 年）、张璐《本经逢原》（1695 年）、蔡烈先《本草万方针线》（1712 年）、年希尧《本草类方》（1735 年）、林玉友《本草辑要》（1790 年）、曹绳彦《本草纲目万方类编》（1800 年）、吴其濬《植物名实图考》（1848 年）。当代则有《本草纲目简编》（1978 年）、《本草纲目附方类选编》（1982 年）等。

《本草纲目》还传播到了亚洲其他地区、欧洲和美洲，在日本几乎支配了整个江户时代(1603—1865年)的本草研究，至今仍有着实用和科学价值。李约瑟也给予其极高评价："无疑地，明代最伟大的科学成就就是李时珍的《本草纲目》"，"能在科学上获得如此辉煌的成就，这对任何人来说都是难能可贵的"[1]。

《本草纲目》的重要贡献之一，首先表现在药物分类方面，它打破了沿袭一千多年的上、中、下三品分类法，创立了"振纲分目""纲目分明"的药物分类新体系。约成书于西汉末年的《神农本草经》，是我国现存最早的药物学专著。该书载药365种，首创三品药物分类法，即根据药品之良毒，将其按君、臣、佐使分为上、中、下三品。上品120种为君，毒性小或无毒，用于滋补强壮；中品120种为臣，有毒、无毒都有，既可滋补强壮，又可攻治疾病；下品125种为佐使，一般都有毒性，专门用来攻治疾病，不可久服。这种分类方法虽然大致是按药物的功能来区分的，但比较简略，也不够科学。李时珍弃三品分类法，立部类纲目新法。他按自然属性，把全部药物重新编为三界十六部(矿物药物分为水、火、土、金，石五部；植物药物分为草、谷、菜、果、木五部；动物药物分为虫、鳞、介、禽、兽、人六部)以振大纲，再在部下分类以张其目，类下析族，以同族为邻，聚族而列，做到了"物以类从，目随纲举""博而不繁，详而有要"。如此构成的逐级分类的纲目系统，比起旧的三品分类法来，不但分类更为细致，而且也更加科学，是中药分类学上的一大进步。在全书的编排上，先是

[1] 李约瑟：《中国科学技术史》第1卷《导论》，科学出版社，1990，第151页。

矿物，再是植物，最后是动物。在每一部中，也大致先简单、后复杂，体现了自然界由无机到有机、由低级到高级的发展过程。因此，这一分类系统与自然界的发展规律是相吻合的。按上述的分类方法，先是无机物，后是植物；先是低级植物，后是高级植物，即“从微至巨”；在动物中，从虫到兽，从无脊椎到有脊椎，从低级动物到高级动物。这样的排列次序明显地有着生物进化的思想。

《本草纲目》在文献的搜集上，注重严肃的实证精神。李时珍对书中所有药物及其方剂均注明资料来源。他不但在序例中提出采集某书多少种药，而且在以后诸卷的各部内，又说明该部在某书中采集了多少，叙述到具体药物时，又再次说明该药物的来源。这种尊重他人劳动、为读者深入研究提供方便的学术态度，反映出了李时珍认真求实、一丝不苟的实证精神。

《本草纲目》突出反映了实用精神。李时珍在编写《本草纲目》时，特别注重实用。他在书的开头开辟了“百病主治药”一栏，把常见病分成 177 类，详细记述了每一类病的治疗方法，并且列出足够的药物供开方的时候参考。同时，在每种药物的后面也都有附方。为了形象地说明各种药物的形态，避免采集的时候发生差错，防止混用、误差，李时珍在书中还安排了附图。这种以病带药、以药带方、图文并茂的编写方法，给读者以很大的方便，临床实用价值也很大。在药物的解说方面，李时珍采取的方法是：每种药物标一个总名，作为该种药物的“纲”；下列“目”，包括“释名”（解释药物名称来源的依据）、“集解”（说明产地、形态和采集方法等）、“修治”（阐述炮炙方法）、“气味”（说明药物性质)、“主治”(阐述药物功用)、“发明”(记述前人和他自己使用这种药的临床经验及对药理的探讨),有些药物还设有“辨疑”“正误”栏,以纠正过去本草的错误;最后是“附方”,说明这种药物在临床上的实际应用,供读者对症下药。这种记述方法支脉分明,便于检索,也就更加切合实用以达到医学救世的目的。

李时珍上述成就的取得,得益于他长期坚持实地考察。在编写《本草纲目》时,李时珍并不局限于书本资料的整理,而是深入实际,不断搜集具有实用价值、还未被文献所记载的新资料。他亲自到过许多地方去进行科学考察,足迹遍布今天的湖南、湖北、安徽、江苏、河南、河北、山东、福建,还去过太和山(今武当山)。他还深入穷乡僻壤、荒山野畔,跋山涉水,历尽艰难,多次冒着生命危险去实地考察,访采见闻,采集药物标本。他在故乡蕲州的山林湖泊中观察各种动物、植物,仔细研究它们的形态变化与生长规律,制成药物标本,或移植于苗圃。他还多次登武当山考察曼陀罗和“仙果”榔梅。他采访渔民,了解鱼的生活习性和捕捞方法。他还亲自服姜,以证实久食害眼病。他不断地对当地的农民、渔民、樵夫开展广泛调查,了解各种药物的特质与作用。他还在蕲州的药市上向各地的药商了解各种药物的产地、生态特征、生长规律、采集季节、品种鉴别、质量评估、治疗效果等方面的知识。《本草纲目》所收药方既有古代经典方书中所载的经方和金元以后流行方书中所载的时方;也有广泛流传于民间的常用单方和临床应用具有特效的验方(包括民间祖传的秘方)。这充分证明李时珍的医学成就是与他“访采四方”重实地考察和实验分不开的。如五倍子,宋代《开宝本草》收入草部,

《嘉祐本草》收入木部。李时珍经过认真研究，指出它“生于肤木之上”，“乃虫所造”，便移入虫部。他还对五倍子的生长过程、形态、结构、采取时间、炮制方法，都仔细观察，了若指掌。不经过认真的实地调查，是绝对得不出五倍子应归入虫部的正确结论的。对于一些难以区别的植物性药物，他亲自采集，仔细甄别。如对苹、荇的区分，以往有说法认为：开白花者为苹，开黄花者为荇；叶大者是苹，叶小者是荇。李时珍在实际考察的基础上指出以上说法是错误的，得出了正确的结论[1]。他还通过解剖实验的方法来纠正古人的错误。例如，陶弘景以为穿山甲（鲮鲤）水陆两栖，白天到岸上装死，张开鳞甲引蚂蚁爬进去，然后闭合鳞甲潜入水中，再张开鳞甲让蚂蚁浮出接而食之。为弄清真相，李时珍对穿山甲做了解剖实验，发现陶弘景“诱蚁入甲”的说法是错误的，《本草纲目・鳞部・鲮鲤》确认穿山甲“腹内脏腑俱全，而胃独大，常吐舌诱蚁食之。曾剖其胃，约蚁升许也”，与现代生物学的结论一致。

总之，李时珍在从事科学活动中，对每种药物的形态、气味、功能、特性、主治，无不经过实地考察或亲自试验，然后慎重定论。

晚明时期，重视向外考察“格物致知”的科学家还有徐霞客。徐霞客，本名弘祖，字振之，南直隶江阴县（今江苏江阴市）人。生于明万历十四年（1586 年），卒于崇祯十四年（1641 年）。他的好友黄道周为他取号霞逸，陈继儒为其取号霞客，后以霞客闻名

---

[1]《本草纲目・草部第十九卷・苹》：“其叶径一二寸，有一缺而形圆如马蹄者，莼也。似莼而稍尖长者，荇也。其花并有黄白二色。叶径四五寸如小荷叶而黄花，结实如小角黍者，萍蓬草也。楚王所得萍实，乃此萍之实也。四叶合成一叶，如田字形者，苹也。如此分别，自然明白。”

天下。徐霞客是我国古代最伟大的旅行家和地理学家。《徐霞客游记》一书，忠实地记载了他的旅行考察活动。就其毕生从事旅游，且就游之广、路之远、时之长、游记篇幅之巨和内容之丰富而言，徐霞客不愧为我国历史上一位伟大的旅行家，其《游记》更是我国文化史上的一部宏伟巨著。明末清初的著名学者、散文家、诗人钱谦益评价："徐霞客千古奇人，《游记》乃千古奇书。"理学名臣黄道周则评价徐霞客是"古今第一奇人。"[1]这些评价是十分恰当的。

从少年时起，徐霞客就喜欢阅读史地与探险游记一类的书籍。万历三十五年，徐霞客 20 岁时，开始了一生中的第一次旅行生活。这一年，他游览了家乡附近的太湖。万历三十七年，他北上游览山东泰山、直隶北京。万历四十一年，他游览了浙江洛迦山、天台山、雁荡山。万历四十四年，他南游福建武夷山。万历四十六年，他登上了福建仙游县九鲤湖。天启三年，他登河南嵩山、陕西华山。崇祯元年，他游福建，直至广东罗浮。崇祯二年，北上游北京即盘山。崇祯三年，又游福建。崇祯五年，再次游浙江天台山、雁荡山，并与黄道周泛舟洞庭。崇祯六年，又北上京都，辗转山西五台。归里后，又三次入福建。几年之间，忽南忽北行程不下万里。令人为之惊叹的是，从崇祯九年到十三年，即从他 51 岁到去世前止，徐霞客连续五年过着旅行的生活。这是他一生中最后的、时间最长、旅途最远的一次旅行。他先坐船至浙江，游杭州、金华，十月转江西。次年正月抵湖南境，四月

[1] 徐弘祖：《徐霞客游记》，卷十下附编，《题赠 · 书牍》，上海古籍出版社，2011，第 1186、1162 页。

于衡州登舟，沿湘江下广西。闰四月至桂林，遍访城外名山奇洞。崇祯十一年三月，出广西入贵州，又抵云南，在云南鸡足山度除夕。崇祯十二年，由鸡足山启程，直抵腾越（治今腾冲市），然后返回鸡足山。因此前在广西旅游时，足部患病，至是年抵鸡足时，病情加重，崇祯十三年正月至六月，由云南丽江太守派人护送返归故里。崇祯十四年正月，徐霞客病卒，三月葬于江阴马湾。在我国历史上，做过长途旅行、克服千难万险并做出贡献的不乏其人。如张骞、郑和奉命出使；法显、玄奘为宗教的虔诚信念所驱；而不负任何政治和宗教信念，只是为追求科学真理而从事地理考察的，也只有徐霞客一人而已。

在旅途生活的长年岁月里，徐霞客白天跨步于激流悬崖，晚上又入神于文字记述。无论行程之后多么疲乏，无论寄居的条件是多么艰苦，他总要将当日所见所闻、体察心得一一记录下来。他用一生的心血走笔成书，遂成千古不朽的《徐霞客游记》。现今所见到的《游记》共 10 卷，60 余万字，以日记体裁记录了徐霞客的毕生行踪和考察结果。它既是我国历史上一部罕见的文学游记，又是我国历史上一部伟大的地理学著作。《徐霞客游记》体现了一种重实证的地理科学思想。徐霞客不囿于书本上的记载，对他有怀疑的地理事物一一进行考察，以纠正历代志书和经籍上的差错。他每到一处，就收集地方图志，认真研究，找出疑窦，然后再有目的地去实地考察。他多次到雁荡山考察，证明山顶虽有雁湖，但雁湖诸水“皆与大龙湫风马牛无及云”[1]，匡正

[1] 徐弘祖：《徐霞客游记》卷一下，《游雁宕山日记（后）》，第 77 页。

了志书所说龙湫之水源于雁湖之说。在攀登安徽黄山之后，他指出莲花峰“独出诸峰上”[1]，纠正了历来认为天都峰居各峰之首的错误认识。晚年他多次实地考察西南水系，大胆否定了《禹贡》所云的“岷山导江”之说，证明长江导源于金沙江，金沙江才是长江的上游，纠正了1000年来以岷江为上游的传统说法[2]。又如他在云南曲靖，考察了白石江的真实面貌，发现与史书记载大相径庭：它原是一条源短流微的小河，“与坳堂无异”，但史书在描述沐英曲靖之捷时却将该战役夸大成“冒雾涉江，自上流渡而夹攻之”。根据实地考察，他得出结论：“征事考实，书之不足尽信如此。”[3]他疑经典、疑图志、疑圣言、疑笔记、疑碑图，充分表现了一位科学家敢于冲破思想牢笼、求取真知的科学精神。正因为如此，他的《游记》才被时人称之为“奇书”。钱谦益绛云楼失火，失去藏书万卷，心灰意冷，却仍牵挂《游记》：“唯念霞客先生游览诸记，此世间真文字、大文字、奇文字，不当令泯灭不传。”[4]

《徐霞客游记》第一卷的十七篇主要记述了他50岁之前的旅行见闻，第二卷到第十卷记述了他的西南之行。整部游记详尽地记录了他毕生大部分行旅所至，包括的内容十分广泛：从自然景致、山川源流、地质地貌的考察，到岩石、洞壑、瀑布、火山、温泉的搜奇寻胜；从生活情趣的抒写，到村落、货币的评述；从人情风俗和边陲战事的描述到动物、植物生态品种的比较，应

---

[1] 徐弘祖：《徐霞客游记》卷一上，《游黄山日记(后)》，第32页。
[2] 徐弘祖：《徐霞客游记》卷十下，《溯江纪源》，第1128页。
[3] 同上书，卷五下《滇游日记三》，第730页。
[4] 同上书，卷十下附编，《题赠·书牍》，第1186页。

有尽有。读之起伏跌宕、令人目不暇接。《徐霞客游记》中最为重要的、使他在科学史上留下英名的，是他对西南地区岩溶地貌广泛深入的考察记述。

我国西南各省有世界上分布最大的岩溶地貌区域。徐霞客对这一地区的考察历时 4 年，在厘定地形的类型和名称、对洞穴的探察和描述、对形成岩溶地形的原因分析等方面，都达到了我国封建时代同一课题的最高峰。岩溶地貌主要发育于石灰岩地区，石灰岩对机械侵蚀和物理化学作用的抵抗力很强，但很容易为水所淋溶。溶解作用沿着石灰的节理而进行，形成各种岩溶地貌，如石芽、石笋、溶沟、漏斗、洼地、伏流、地下河、钟乳石、溶洞、天生桥、峰林、孤峰等。对诸多的地貌，他不仅以简洁的文字描述其瑰丽雄奇的景观，而且分析其成因，考察其方位，研究其结构，进行科学的类比。如在广西境内旅行考察后，他指出漓江谷地完全是石峰地形，而柳江沿岸则为土石相间的孤峰地貌，这与典型的峰林景色的漓江谷地有显著的差别。在岩溶地貌中，常有地下裂缝、空洞或地面崩陷，从而形成洼地。有的洼地因积水而成潭或池。因水流的溶蚀作用，洼地又向其四周和底部加深，致使与地下暗流相通，形成了溶水洞。徐霞客吸收民间用词，订正了前人有关地貌类型及其名称的混乱。他以“石山”“石山区”表示峰林地形和石灰岩山形地带；以“石脊”“石齿”表示峰林中的石芽、石沟；又根据落水洞的大小和漏斗洼地的特点，将漏陷地形分为眢井、天池、盘洼或环洼；等等。洞穴的发育是岩溶地貌的一大特色，徐霞客考察了 100 余个西南地区的洞穴，仔细观察了它们的特点、内部结构，并一一作了记录。他查看桂林七星岩洞穴系统是由 2 个大洞、15 个小洞和 6 个洞天组成，徐霞客不仅描述了这些洞穴的壮丽奇景，记下了各种洞穴的特征，还研究了其结构、目测步量其方位大小。徐霞客还正确地分析了流水在岩溶地貌形成过程中的重要作用。在考察了广西上林（治今上林县东北）佛子岭西北岩洞之后，他确证洞内的空穴是由于“水坠穴”而形成的。对于佛子岭南岩洞内的石壁纹路，他认为是由于当年大水激流势壮，长期与洞磨砺所形成。[1] 此外，他还清楚地观察并说明了云南保山玛瑙山水帘洞钟乳石的成因，认为钟乳石是“崖间有悬干虬枝为水所淋漓者，其外皆结肤为石，盖石膏日久凝胎而成”[2]。他的这些结论和近代科学理论是吻合的。《徐霞客游记》全书共 60 万字，而关于岩溶地貌的考察和论述将近 10 万字，可以说是中国历史上最完整的关于岩溶地貌的实地考察记述。关于岩溶地貌，北宋沈括的《梦溪笔谈》和南宋范成大的《桂海虞衡志》等书中虽有记述，但远不及徐霞客论述之广泛和深入。就世界范围而论，直到 18 世纪中叶，欧洲才出现了个别洞穴被发现的报道。1744 年，爱士培尔进行了欧洲最早的岩溶地貌的考察。1845 年，德国旅行家琼休赫恩描述了爪哇的峰林地形，但他没有说明这些峰林是岩溶作用造成的。一直到了 1893 年，欧洲才有奥地利人斯维奇的《岩溶现象》一书问世。就时间来说，徐霞客对岩溶地貌的考察和记述比欧洲人要早一二百年；就考察的广泛、内容的丰富、记载的真实、分析的深入来说，徐霞客在这些方面均属世界前列。这自然赢

[1] 徐弘祖：《徐霞客游记》卷四上，《粤西游日记四》，第 548 页。
[2] 徐弘祖：《徐霞客游记》卷九下，《滇游日记十一》，第 1045 页。

得了后人的高度评价，如李约瑟评价徐霞客说："他的游记读来并不像是17世纪的学者所写的东西，倒像是一位20世纪的野外勘测家所写的考察记录。他不但在分析各种地貌上具有惊人的能力，而且能够很有系统地使用各种专门术语，如梯、坪等，这些专门术语扩大了普通术语的含义。对于每一种东西，他都用步或里把它的大小尺寸详细地标记出来，而不使用含糊的语句。"[1]徐霞客无愧于世界岩溶地貌学的先驱，《徐霞客游记》无愧于是世界上最早的关于岩溶地貌的系统的科学文献。

徐霞客能取得这些成就，完全得益于他的重实地考察、不畏艰难困苦的科学精神。我们现在读《徐霞客游记》，仍不时会读到他对旅途艰险的具体描述。如他游浙江雁荡山，在悬崖处用脚布当吊绳，乘空上下数里远。他游河南嵩山，在陡峭石峡中仰天滑溜十里路。在考察潇江发源地三分石途中，为爬上尖峭的三分石，他学猿猴攀竹丛，悬空而行。为访广西融县（治今融水自治县）铁旗岩，他冒雨登山，"左右觅路不得，为往返者数四"[2]；在寻找龙岩时，又困于石坳之中，"陷身没顶，手足莫施"[3]，穿越荆棘才得以脱身。他游湖南茶陵麻叶洞更是富有传奇色彩。当地人认为洞内有神龙、精怪，无人敢为他带路。后虽以重金聘到一人，但当那人知道徐霞客为读书人而非能镇妖的道士时，也打了退堂鼓。不得已，徐霞客只好"蛇伏以进，背磨腰贴"[4]才得以进入。至于遇盗窃、绝钱粮、宿霜露、忍饥寒，更

[1] 李约瑟：《中国科学技术史》第5卷，科学出版社，1976，第62页。
[2] 徐弘祖：《徐霞客游记》卷三下，《粤西游日记二》，第391页。
[3] 同上书，第393页。
[4] 徐弘祖：《徐霞客游记》卷二下，《楚游日记》，第185页。

是不知其数。最为惊心动魄的是，当他来到云南腾越游打鹰山与南香甸时，途经巀嵲(jié niè)峰，见层岩之上有一洞穴，在无路可走的情况下，他冒险攀登而上。徐霞客说他攀登此山，“生平所历危境，无逾于此”[1]，一出洞下山，仿佛是死而复生。下山后，徐霞客发现自己随身携带的银钱全在爬山时掉落山涧，他只好在街上变卖自己的衣物，换了一顿饱饭，然后又乘夜色继续爬另一山洞。

《徐霞客游记》所包含的内容及其所取得的成就，远不止这些。他之所以能取得这些辉煌的成就，得益于他坚持实地考察、以外在的大自然作为考察研究对象的研究方法。

重视实验和运用数理方法从事科学研究，是近代科学发展的一个重要特点。古代科学虽然已有了实验的萌芽，但对从事科学活动的人们来说，主要还是依靠观察。人类真正立足于实验方法进行科学研究，是从16、17世纪开始的。西方近代科学思想的奠基者培根与伽利略，都十分强调实验在科学研究中的重要性。培根认为，要真正解释自然界的奥秘，就要正确地进行科学实验。伽利略不仅要求用实验来发现真理，还强调实验对检验理论的作用。他本人就是从在比萨斜塔上所做的不同重量物体下落的实验出发，否定了亚里士多德的物体下落速度与物体本身重量成正比的传统观点。中国古代虽然没有产生出像西方那样系统的近代科学，但晚明的一些科学救世思想家们已在不同程度上注意到了实验方法的重要。他们以自己科学上的业

[1] 徐弘祖：《徐霞客游记》卷十上，《滇游日记九》，第991页。

绩,从不同层面上接近了近代科学的殿堂。

方以智在强调对中西之学的会通时,就十分强调重实验的科学精神。他从求实的精神出发,他反对不重实验、穿凿附会、脱离实际的空疏学风。他著《通雅》就是要"辨当名物,征引以证其义"[1],以求实作为基本精神的。他的《物理小识》以笔记形式来综合前人科学成果,把前人科学成果收集起来,加以评论。书中保留了大量的由他亲自验证过的科学史料。如他曾根据实际观察,发现了色散现象:"凡宝石面凸,则光成一条,有数棱则必有一面五色。如蛾眉放光石六面也,水晶压纸三面也。烧料三面水晶,亦五色。"[2]光透过棱镜而发生色散现象,这一发现使人类从对光的神秘认识中解放了出来,意义重大。现代光有波动学说及光谱应用,都是衍于光的色散现象。方以智虽然将七色观察为五色,但在世界科技史上却是最早发现光的色散现象的。方以智还做过共振实验,证实了一个发声体的振动会引起另一频率相同的发声体的振动。这些成就的取得,是他重实证和实验科学的结果。他还从理论上概括说他的"质测之学"是研究大至天地宇宙、小至草木昆虫的结构与性质及其演化规律的,其研究的方法就是"实考究之",既包括对客观世界的实地考察,也包括在人为条件下凭借技术手段所做的科学实验。他把自己的"质测之学"归结为是实验之学,准确地体现了注重实际验证的近代科学的特征。

徐光启为了富国强兵,为了求得农业科学上的真知,也花费

---

[1] 方以智:《通雅·凡例》。
[2] 方以智:《物理小识》卷八《器用类·阳燧倒影》。

了大量的时间和精力从事科学实验。他在回家守制的三年中进行了农田试验，试种并推广了甘薯的种植，撰写了《甘薯疏》。在服丧期满北上服官的岁月里，他试图把南方的一些高产的经济作物如水稻、花卉、药材等移种到北方地区。万历四十一年至四十六年(1613—1618 年)，他有两年多的时间在天津从事农事试验，尝试在北方种稻，经过了一次失败后终获成功。也正是在科学实验的基础上，他完成了《农政全书》的编撰。《农政全书》共 60 卷，70 余万字。内容分为农本、田制、农事、水利、农器、树艺、蚕桑、蚕桑广类、种植、牧养、制造、荒政 12 门。书中的大部分篇幅是分类汇辑的 299 种明代及以前的各种文献，徐光启在书中以夹注、补充或评论的方式，把自己的科学实验的成果记录下来，并指出古文献中的不足之处，多达 6 万余字。此书在徐光启死后由陈子龙修改增删后出版。陈子龙在《农政全书・凡例》中评价此书“杂采众家，兼出独见”，称徐光启“生平所学，博究天人，而皆主于实用。至于农事，尤所用心”。他描述徐光启从事农业实验和编撰此书的情景说:“尝躬执耒耜之器，亲尝草木之味，随时采集，兼之访问，缀而成书。”这部著作是徐光启最主要的代表作，是他一生从事农业科学实验的结晶，也是中国古代农业科学史上最为完备的总结性的农业科学的著作。

《农政全书》在农业科学的实验上取得了重要成就。通过实验，徐光启证明了在北方也可以种植水稻，在南方也可以种植甘薯，破除了传统农学中的唯风土论。古代农书强调“风土说”，认为作物的生长需要“合天时、地脉、物性之宜”，这种观念后来就发展成为唯风土论。“风”表示气候条件，“土”表示土壤地理条件。

徐光启认为风土说主张因地制宜种植农作物有一定的道理，但认为这一结论永世不变则是不正确的。徐光启举出不少例证，说明农作物生长的条件也是可以发生变化的，所以不能绝对化，而应变通。例如，安石榴、海棠等中国本来没有，就是由外国传入的。又如，生姜、荸荠之类原来只生长在南方，但移植到北方后也能茂盛生长。他得出结论：一种农作物是否能在不同地区种植，应当通过实验结果来判定。徐光启承认风土说但又不唯风土是从，强调通过实验做结论，客观上推进了农业技术的发展。通过实验，徐光启还纠正了过去许多的错误认识。例如，对《唐新修本草》注中有芜菁南移种植二年后变成菘菜的说法，徐光启以自己在家乡种植芜菁的实验结果否定了这一结论。他提出了棉、豆、油菜等旱作技术的改进意见，提高了南方旱作的技术。对长江三角洲地区的棉田耕种管理，他总结出了“精拣核，早下种，深根短干，稀棵肥壅”[1]的十四字诀。通过实验，他总结了蝗虫发生的规律和治蝗的方法。由此可见，徐光启是以科学实验的事实来破除前人的成说的。徐光启重实验的科学精神不仅反映在农业方面，也反映在其他方面。如在手工业方面，他曾设想把制盐时所用的煎熬法改为日晒法，使日晒法从福建推广到江浙和两淮。凡此种种，都表明了他对科学实验的高度重视。

晚明的宋应星和朱载堉也充满着强调实验的科学精神。

宋应星，字长庚，江西奉新人。生于明万历十五年（1587年），卒于清康熙初年。宋应星推崇张载的关学。万历三十五年

[1] 徐光启：《农政全书》卷三十五《蚕桑广类·木棉》。

后，他连续五次赴京会试均不第。崇祯七年(1634 年)，宋应星始出任本省袁州分宜教谕，教县学生员 4 年。在此期间，他撰写并出版了他的几乎全部著作。崇祯十一年，升任福建汀州府(治今长汀县)推官，两年后辞官归家。崇祯十六年，升任南直隶亳州知州。翌年，清军入京灭明，他归家隐居，直至去世。宋应星的传世著作主要有《野议》《思怜诗》《天工开物》《论气》《谈天》。其中影响最大的属《天工开物》，正是这部书使宋应星成了享誉五洲的文化名人。《天工开物》是一部综合技术书，在海内外都产生了广泛的影响。

"天工"一词始出于《尚书·皋陶谟》中的"无旷庶官，天工人其代之"之句，"开物"一词原出自《周易·系辞上》"夫《易》，开物成务，冒天下之道，如斯而已者也"之句，宋应星将"天工"和"开物"合成"天工开物"一语，体现了他的自然哲学观，意思是说："天工"自然的造化施惠于人，还必须依靠人工的力量去开发利用即"开物"，即"天工人其代之"，两者缺一不可。例如，他在《天工开物》卷十四《五金》中讲述用分金炉去除伪银中所含铜、铅杂质的工艺过程后说："人工、天工亦见一斑。"

《天工开物》分 18 卷，约 4 万字，另有附图 120 张。全书体例依据"贵五谷，贱金玉"的编撰原则分为上、中、下三部：上部六卷《乃粒》《乃服》《彰施》《粹精》《作咸》《甘嗜》分别记述了农作物的耕作技术，衣物的纺织和染色技术，谷物、食盐、食糖的加工和生产技术；中部七卷《陶埏》《冶铸》《舟车》《锤锻》《燔石》《膏液》《杀青》分别记述了砖瓦制作、陶瓷烧制、金属铸造和锻造、船车制造、挖煤和烧石灰、榨油、造纸等技术；下部五卷《五金》《佳兵》《丹青》《曲蘖》《珠玉》分别记述了金属采炼、兵器制造、颜料、酿造、珠玉采琢。《天工开物》记载了明代各方面的技术成就，是中国科学技术史上的重要文献，它囊括了我国绝大多数重要的农业和手工业部门的生产技术，也是我国历史上第一部从科学技术的角度对农业和手工业进行总结和研究的技术百科全书，充满着“穷究试验”[1]“皆须试见而后详之”[2]的科学精神和方法。其中所记载的不少工艺一直使用到近现代，如著名的王麻子、张小泉剪刀就使用了传统的“夹钢”“贴钢”技术。正是基于“穷究试验”的精神，宋应星对樟树子、莱菔子、黄豆、棉花子、桐子仁、蓖麻子、大麻仁、胡麻等 15 种油料作物每石的出油率一一做了实验和说明。对狼粪烟白天黑、晚上红且能迎风直上的传闻，以及江豚灰逆风炽燃的说法，他都做实验予以验证。在杂交培育家蚕良种方面，他通过实验提出将早种蚕和晚种蚕杂交可以培育出比原来大而重、产量高的新品种。他还主张把白蚕雄蛾与黄茧雌蛾杂交，则其后代杂种可变色成为褐茧蚕，吐出来的丝不仅拉力强还能染成各种颜色，满足人们对不同色泽的需求。宋应星的这一实验已涉及进化论中生物变异、遗传和选择的核心原理。达尔文也曾读过《天工开物》中的养蚕部分，他说：“关于中国古代养蚕的情形，见于斯塔尼司拉斯 · 朱里恩(Stanislas Julien)的权威著作。”[3]宋应星还发现有些水稻因干旱可逐步

---

[1] 宋应星：《天工开物》卷十二《膏液 · 油品》。

[2] 宋应星：《天工开物》卷十五《佳兵 · 火药料》。

[3] 达尔文：《动物和植物在家养下的变异》，方宗熙等译，科学出版社，1957，第 220 页。斯塔尼司拉斯 · 朱里恩即儒莲，法国汉学家，翻译了诸多中国典籍。此处的“权威著作”即指儒莲翻译的《天工开物》。

变异成抗旱性的旱稻，即使在高山地区也可插秧，进而提出了稻种可通过人工选育而发生变异的理论。宋应星还十分注重数量关系以及由量变引起的质变，并对此有所论述。如他提出，在烧青砖焙烧时必须把握好火候，火力弱，砖就没有光泽；火力再弱，就烧成嫩火砖；火力若过，砖就会出现裂纹。生铁淋口技术是一项先进的金属加工工艺，宋应星通过实验发现一把一斤重的铁锄应淋三钱生铁为适量，淋少了不够坚硬，淋多了又太硬易折断。宋代科学家沈括在《梦溪笔谈》卷三《辨证一》中曾谈到这种钢铁的机械加工与热处理技术，但未曾谈及数量多寡对质量的影响。在论述船舶的制造时，宋应星提出，风帆的尺寸要跟船身的阔度相当，大了有危险，小了风力不足；船舵要跟船底取平，长一寸或短一寸都会造成行驶困难。近代学者丁文江为宋应星立传，评论宋应星“先生之学，其精神与近世科学方法相暗合”[1]。

正是基于这一“穷究试验”的精神，宋应星把许多工艺技术流程记载了下来，其中有些属于中国历史的首次记述，如用石灰改良冷浸田、施用磷肥（禽兽骨灰）、蚕蛾杂交育种、砒石作为农药拌种杀虫、金属锌的冶炼、生熟炼铁炉等。又如，中国虽是世界上最早制成铅锌合金并提炼出金属锌的国家，但在宋应星以前尚无详细的记载。宋应星不仅最早、最详细地记录了锌的提炼过程，还提供了一幅锌的提炼生产过程图。他探讨了金、银、铜之间的比重问题，确定了等体积下三者重量的比例关系：如铜每立方寸重1两，则银每立方寸重 1.3 两；如银每立方寸重 1

[1] 丁文江：《奉新宋长庚先生传》，《天工开物》附录，岳麓书社，2002，第419页。

两,则金每立方寸重 1.2 两。这说明宋应星已有了现代物理学中的比重观念。宋应星在科学研究中力图运用定量方法,如在叙述生产过程时特别关注原料的消耗、成品回收率等方面的数量关系,已有着明确的量的观念;如他分析秧苗移栽时指出秧田与本田的比例应是 1∶25;对各种油料的出油率也作了明确的说明。丁文江认为《天工开物》的一个重要特点就是注重统计。《天工开物》所载的各种技术中有不少在当时的世界上居于领先地位,不但为中国许多著作所引述,而且流传到亚、欧、美等洲诸国,在国际上获得了很高的评价。日本学者薮内清就称誉《天工开物》是"中国技术书的代表作",认为"这部书网罗了重要产业的各个部门","把各个产业部门的生产过程非常忠实地写了下来"。他说:"我们要想了解中国技术的时候,它就成为必须的参考书籍。"[1]他还高度评价《天工开物》不但在中国是独一无二的,就是在 17 世纪以前也没有任何可与之相比的欧洲著作。它首先流传到日本,在德川时代已经成为普遍阅读的中国书籍之一,18 世纪时在日本还形成了"开物之学"。同一时期,《天工开物》传到了欧洲,"欧洲的学者布莱资斯奈德在他的《中国植物》一书中,已经注意了这部书"[2]。法国人在技术上首次用竹纤维造纸就是受了《天工开物》的启发。儒莲在 1869 年以《中华帝国工业之今昔》为题,把该书中的《作咸》《陶埏》《五金》《燔石》《冶铸》《杀青》等卷译成法文,收录了一些插图并在巴

[1] 薮内清:《天工开物的刊行和它的影响》,载薮内清等《天工开物研究论文集》,商务印书馆,1951,第 12 页。

[2] 同上书,第 33 页。

黎出版。欧洲尚无能与《天工开物》相媲美的百科全书式的著作，说明这一时期的中国在科学技术上要领先于西方。20 世纪以来，李约瑟更是将《天工开物》赞誉为是当时“重要的技术著作”[1]。

总之，《天工开物》是了解中国 17 世纪以前的农业与手工业技术的重要科学文献，是当时世界上综合技术类书籍的代表作，在中国科技史上具有着重要的历史地位。

朱载堉(yù)，字伯勤，号句曲山人，河南河内(治今沁阳)人。生于嘉靖十五年(1536 年)，卒于万历三十九年(1611 年)。他是朱元璋的九世孙，是明仁宗朱高炽庶子郑靖王的后代。其父朱厚烷嗣郑王，他被册封为郑世子。朱载堉自幼聪慧过人，爱好数学音乐。在朱厚烷获罪削爵而被禁锢于安徽凤阳祖居时，他发愤攻读 19 年，开始著书立说。朱厚烷复爵后，朱载堉在其父的指导下继续研究乐律，并在律吕、数学、天文历法方面受到其外舅祖何塘的影响。万历十九年，朱厚烷卒，他本应继承王位，却辞爵让国，潜心于学术研究。在哲学思想上，他服膺当代的理学家王廷相。朱载堉一生著述甚多，据他自述，自嘉靖四十五年(1566 年)至万历九年(1581 年)的 15 年间，他写成了《律历融通》《律学新说》《算学新说》《律吕精义》等书的初稿，完成了他称之为“新法密率”(即十二平均律)的数理理论的创建性工作。万历九年之后，朱载堉将上述著作逐一修订。万历二十三年之前，他又完成了《圣寿万年历》和《万年历备考》。从万历二十三年到

[1] 李约瑟：《中国科学技术史》第 1 卷，科学出版社、上海古籍出版社，1990，第 151 页。

三十四年(1595—1606 年)的 11 年间,朱载堉全力从事上述著作的雕版印刷,编成了我们今天能看到的《乐律全书》。之外,未收入《乐律全书》的其他著作还有《瑟谱》《律吕正论》《醒世词》《圜方句股图解》等。

朱载堉在科学上的杰出贡献是首创了十二平均律,彻底解决了音乐史上的旋宫转调问题。音律学在我国历来都受到极大的重视,二十四史中关于“律”的记载十分丰富,为音律学的发展留下了宝贵的材料。朱载堉以前,历代长期沿用的是三分损益法,记载见于《管子・地员》篇中。三分损益法是以一条被定为基音的弦(或管)的长度为准,把它三等分,然后再去一分(损一,即乘以 2/3)或加一分(益一,即乘以 4/3),以定另一个律的长度。依次类推,直到在弦(或管)上得出比基音略高一倍或略低一倍的音为止。按照三分损益法的计算结果,十二律中相邻两律间的频率差不完全相等,所以称为十二不平均律,这既不适宜进行变调,也不便于演奏和声。演唱或演奏若有变调的要求,乐器也立即随之更换,也就是说,具有固定音高的乐器只能适用于和它们具有相同音程的音阶,无法进行变调。音乐艺术的发展,要求人们对音律加以调整和改造。汉代的京房和南朝刘宋的何承天,为消除三分损益法这一缺点也曾作过努力,但并未获得满意的解决。朱载堉在总结前人千百年来在音律研究得失的基础上,运用精密的计算方法,发明了十二平均律,解决了这一难题。据《律学新说》卷一,十二平均律是用等比级数的方法平均分配倍频程的距离,把八度分为十二个不完全相等的半音的律制,即在一个八度音阶之内分十二等分,就可以旋宫转调,使得十二律中相邻两律间的频率差完全相等。各律从低到高依次为：黄钟、大吕、太簇、夹钟、姑洗、仲吕、蕤宾、林钟、夷则、南吕、无射、应钟。任意两个相邻的两个半音的音程值为 2 的 12 次方根。十二平均律彻底解决了“旋相为宫”的问题，是音乐史上的一件了不起的发明。朱载堉发明出的十二平均律的关键数据——“2 开 12 次方”被传教士通过丝绸之路带到了西方。“朱载堉的发明约比欧洲的音乐理论家梅尔生（Marin Mersenne，1588—1648 年）的同样发明早半个世纪。朱载堉和他的发现在 19 世纪得到了德国物理学家赫姆霍茨（H. L. F. Helmholtz，1821—1894 年）的高度评价。”[1]十二平均律制为乐器制造与音乐实践提供了律学上的数据，现代乐器的制造都是用十二平均律来定音的。英国科学史家李约瑟博士高度评价朱载堉的这一研究成果：“1610 年前后，他出版了《乐律全书》，但他早在 1584 年就已证明，平均律音阶的音程可以取为 2 的十二次方根”，这要早于西方“数十年。”[2]

朱载堉所取得的这些辉煌成就，完全来自他所从事的大量科学实验。他要分辨“新律”（十二平均律）与“旧律”（三分损益法）“孰真孰伪”，就需要进行“试验”。实验的方法，一是“累黍造尺，依尺造律，吹之试验”[3]；二是“吹笙定琴，用琴定瑟，弹之试验”[4]。朱载堉做了大量实验，如管口校正实验、和声实验、累

[1] 杜石然等：《中国科学技术史稿》（下册），科学出版社，1982，第 160 页。
[2] 李约瑟：《中国科学技术史》第 1 卷，科学出版社、上海古籍出版社，1990，第 151 页。
[3] 朱载堉：《律吕精义 · 内篇》卷五，《新旧律试验第七》。
[4] 同上。

黍实验、度量实验等，并一一记载于书中。对于前人的经验，他不盲目相信，而是通过实验来加以证实；对于自己的研究成果，他也是以实验来验证。为了制造出按十二平均律原理制作的三十六根律管，他亲自采集加工竹管并确定每一律吹口的规范。在"吹之试验"时，还要"选精于点笙之人"[1]，反复进行五度和声实验，以检验十二平均律的五度是否相协来判断该律制本身的真伪。在实验时吹气要适当，朱载堉对此也积累了不少实践经验。他提到："吹时不可性急，急乃焦声，非自然声也。"[2]吹气时"启唇少许，吐微气以吹之，令气悠悠入于管中，则其正音乃发"[3]。为了"吹之试验"时保证标准音高的绝对正确，事前一定要反复进行探索和实验。他不仅遍查古籍，还跋山涉水，到山区收集各种黍，比较其大小，选种、种植，然后再选取合适的黍粒并按黍排定律尺。反复实验后，他才找到了累黍定律、累黍定尺的合理方法。

朱载堉还以吹律实验推翻了千年以来的一个经典定论，即"（律管）长短虽异，围径皆同"[4]。他首先观察决定弦线及簧管发音的几个要素：弦长及其粗细、管长和簧片厚度，进而指出影响律管发音的不仅有管的长短，还有管的内径大小。经过一系列的律管实验，他终于发现：在管径相同的情况下，所有半律管将降低半音。要使律管依照十二平均律发音，其相邻的两根律管的管径之比为 24∶2。按照他的方法，八度内十三根律管的

[1] 朱载堉：《律吕精义·内篇》卷五，《新旧律试验第七》。
[2] 同上
[3] 朱载堉：《律学新说》卷一，《吹律第八》。
[4] 朱载堉：《律吕精义·内篇》卷二，《不取围径皆同第五之上》。

管径构成了以 $24\sqrt{2}$ 为公比数的等比数列。通过实验，朱载堉发现了一套系统的律管管口校正方法，其方法和理论走在世界音乐的前列。朱载堉还亲自动手制作了铜质律管，并在《律学新说》卷一的《造律第七》中记下了制作的全过程，包括制作沙模、焙干、浇铸、钻孔、抛光、截断以至修整等有关技术问题的解决，其详细和周密的程度类似近代工艺的流程报告书。

十二平均律传入西方后，引起了欧洲音乐界的强烈反响。“近半个多世纪来，有不少人提出，欧洲的十二平均律是由于受到了朱载堉的音律理论的启示。”[1]李约瑟也持这一看法：“朱载堉发明了欧洲后来才知道的平均律公式。注意到下面这一点尤为重要，即，与中国思想曾有接触的旅行家，只要记住很少一点点，就能把这种思想传播给欧洲的数学家和音乐家。这样一位旅行家只须说：‘我知道中国人用平均律非常准确地给琴调音。他们只要将第一个音的弦长除以 $\sqrt[12]{2}$ ，就得到了第二个音的弦长，然后再除以 $\sqrt[12]{2}$ 就得到了第三个音的弦长，如此等等，直至得到完全八度的第十三个音的弦长。’传播这一重要思想，无需书本，只要一句话。”[2]《布鲁塞尔皇家音乐年鉴》载，在朱载堉去世三百年后，比利时声乐家、布鲁塞尔乐器博物馆长马容在按照朱载堉的数据制作律管成功后曾赞美道：“在管径大小这一点上，中国的乐律比我们更进步了，我们在这方面，简直一点

---

[1] 戴念祖：《朱载堉——明代的科学和艺术巨星》，人民出版社，1986，第 125 页。戴在该书《朱载堉的音律理论在国内外的影响》一节中对十二平均律经传教士传入到欧洲的路径和时间有详细的考证研究，读者可参看。

[2] 李约瑟：《中国科学技术史》第 4 卷第 1 分册，科学出版社，2003，第 211 页。

还没有讲到。王子载堉虽然没有解释他的学理，只把数字给了我们，我们却不难推想而知。而且我们已照样制作了律管，实验所得的结果，可以证明这一学理的精确。”为此，李约瑟说：“朱载堉的平均律的系统阐述，可以公正地被认为是中国两千年声学实验和研究的最高成就。”[1]这些评价都不为过。

朱载堉的成就不只是在音乐学与音律学这两门艺术科学上。他在天文、历法、数学、物理学等自然科学领域，也都有着卓越的建树。

三、推崇数理逻辑的研究方法

晚明的救世科学家在从事科学研究时，也已开始注意把科学知识数学化，以“数”作为探求自然和客观事物规律“理”的基础。对数理方法的推崇，构成了晚明科学救世思想的一大特色。

我们先看徐光启。徐光启十分强调数学在科学研究中的作用，认为数学是形与数的科学，和国计民生的种种“实事”“民事”密切相关，掌握了数学工具就可以旁通万物。随着“西学东渐”，徐光启提出西方科学发达就是以数学作为基石的，是通过把握事物的数量关系来发现自然界的客观规律的。数学是一把打开科学宫殿大门的钥匙。他在《条议历法修正岁差疏》提出了“度数旁通十事”，认为无论是预知“晴雨水旱”、“测量水地”、“考证

---

[1] 李约瑟：《中国科学技术史》第4卷第1分册，科学出版社，2003，第211页。

音律"、制造兵器及建筑城池、"理财"、"营建屋宇桥梁"、"造作机器"、测绘地图、医病用药、"造作钟漏以知时刻分秒"这些有关国计民生的实事都需要运用数学来解决。他强调西方科学之所以比中国先进就是因为它们有一个以形式逻辑公理系统的数学作为基础。有鉴于此,他花费了许多的精力翻译欧几里得的《几何原本》,其目的就是"开济之士,究心实理……咸精其能,上为国家立功主事"[1]。他强调"凡物有形有质,莫不资于度数"[2],认为只要掌握了数学这一"金针"[3],就可以由"数"达"理",步入科学殿堂,"渐次推广,更有百千有用之学出焉"[4]。徐光启认为中国科学之所以落后,西方科学之所以先进,最根本的原因是中国缺乏"由数达理"的思维方式(即由把握事物的数量关系来发现自然界规律的思维方法),即在方法上只注重了"法"而忽略了"义"[5]。徐光启所说的"法"指根据经验对数据进行运算的方法,"义"指数学原理的逻辑论证。徐光启运用这一数理的方法对历史和现实的人口资料进行分析,发现"生人之率,大抵三十年而加一倍,自非有大兵革,则不得减"[6],由此推论"承平久,生聚多,人多而又不能生谷"[7],揭示了人口成倍增长势必造成物质生活资料匮乏这一"马尔萨斯陷阱"。早在三百多年

[1] 利玛窦:《几何原本》卷首,《译〈几何原本〉引》。
[2] 徐光启:《条议历法修正岁差疏》,《徐光启集》卷七《治历疏稿一》。
[3] 徐光启:《〈几何原本〉杂议》,《徐光启集》卷二《序跋》。
[4] 徐光启:《致老亲家书》,《徐光启集》卷十一《书牍二》。
[5] 以勾股定理为例:旧《九章》中亦有之,第能言其法,不能言其义也。所立诸法,芜陋不堪读。(徐光启:《勾股义绪言》,《徐光启集》卷二《序跋》)
[6] 徐光启:《农政全书》卷四《田制·玄扈先生井田考》。
[7] 徐光启:《钦奉明旨条画屯田疏》,《徐光启集》卷五《屯田疏稿》。

前，徐光启对数理方法的重要就有如此深刻的认识，十分难能可贵。如果说，徐光启是在“西学东渐”中西文化的会通中认识到了数理方法的重要，那么，朱载堉则是在完全同外界隔绝的情况下独自探索到了数理方法在科学研究中的作用。他十分重视“数”在科学研究中的作用，强调“凡天地造化，莫能逃其数”[1]。数理分析的方法在朱载堉漫长的科学生涯中始终占据着重要的位置。在朱载堉看来，“数”就是具体的数字，就是“自然之用也，其用无穷而无所不通”[2]，他根据客观世界的有常（有规律）运动和无常（无规律）运动，把数分为“常数”与“变数”两类。朱载堉成功地把这一数学方法运用于乐律学的研究，发现了十二平均律。在物理学方面，他比较精确地测定了水银的密度，还比前人更加准确地测定了地磁偏角。这一系列成就的取得，都是同他重视数学在探索自然界客观规律中的主导作用的思维方法联系在一起的。他在《进历书奏疏》中明确强调：“天运无端，惟数可以测其机；天道至玄，因数可以见其妙。”[3]宇宙天体及万物的运动都逃不脱数学可对它进行正确描述的这一规律。

在西方，以“数”表达“自然科学”曾经是文艺复兴后期科学家们的追求和理想。直到启蒙运动，牛顿才完全使这一理想变成了现实，这一成果反映在牛顿的《自然哲学的数学原理》一书中。朱载堉的全部科学和艺术活动表明，他不仅把数学作为科

[1] 朱载堉：《律历融通》卷四《黄钟历议下・交会》。
[2] 朱载堉：《律历融通》卷三《黄钟历议上・律元》。
[3] 朱载堉：《圣寿万年历》卷首。

学研究的演算工具，而且将数学总结出的规律作为探求自然的认识基础和方法。早于牛顿一个世纪的朱载堉，在科学思想上的突破、数理理论上的创造、方法论上的变化以及对自然科学“数学化”的认识，标志着我国近代科学萌芽的出现，也构成了晚明科学救世思潮中的新因素。

朱载堉不但运用数学来反映自然的运动法则，而且对“数”与“象”之间的关系做出了高于前人、富有哲理思辨的解释。在他看来，“数”是依靠计算和测量描述事物，“象”表征事物外在的形象、现象和运动轨迹等，二者的关系是对事物表象的观察即测量。朱载堉由观察事物之“象”入手，经过精密的计算而得出其“数”，最终目的是探求“天地自然”的规律。“数”成了他通向认识客观事物规律的科学手段。他还认为事物规律的“理”和“数”之间存在着相互依赖的关系，认为事物的自然规律完全可以用数量来加以表述，预测天机，探讨天体运动的奥妙。“天地造化”中的客观规律是不能离开“数”来加以把握的。在朱载堉看来，旋宫转调的问题过去之所以未能圆满解决，就是因为数学计算不精确的缘故。在乐律学的研究中，对于音和数的先后关系历来争论不休。反映论认为，先是有客观存在的音，人们对音有了感性的认识，然后才在对音掌握的基础上出现了反映音的规律性的数学关系。先验论认为，先是有数学关系，然后才以音来凑数。朱载堉主张前者。他首先肯定先有造律的实践，然后听音，最后才发展到数学计算，只有当数学进入律学领域后，当“数”能正确地反映音的客观存在时，音数二者才能相互一致。朱载堉在《律学新说》中称自己所创建的“新法密率”就是以“以数求合于声，非以声迁就于数也”[1]为方法论的基础的。这说明朱载堉已深刻认识到了音数之理的辩证关系。在天文历法的研究上，朱载堉认为仅靠观察和实测是不够的，还必须利用数学来加以总结，才能走向理论认识。这正是一条科学的认识路线。尽管朱载堉所处的时代，天文历法研究还处于低谷，乃至天文仪器都很难见到，但他凭着长期的实地观察和优异的数学能力，仍然取得了卓越的成果。如在历法推算中，他提出“日月之食，于算可推而知，则是数自当然”[2]，建立了确定回归年长度古今变化的新公式，精确地计算了回归年的长度值。他利用元代郭守敬用以测定南北方向的“正方案”，测量出了北极的出地高度，即地理纬度。他测定北京的地理纬度为 40°16′，较之授时历和大统历所载数值更为精确。他还利用“正方案”测知北京的地磁偏角为 4°28′，这是我国历史上第一个定量的磁偏角的记载。此外，朱载堉在已知首项和末项数的情况下正确地解答了求解等比数列的方法，正确地解答了不同进位制的小数换算问题，其中的某些演算方法一直沿用到今天。他还首创利用算盘进行开平方，用八十一档的特大算盘进行高次方根的计算和不同进位的数的换算。在计量学方面，他研究了古代累黍定尺的理论和方法，提出古代有纵黍、横黍、斜黍三种黍尺而其单位尺相等，辨明了常用尺和乐尺的不同，并研究了历代度量衡的大小及其变迁。朱载堉的这些成就和见解，和近代科学研究强调运用数学模型的思想是相通的。

---

[1] 朱载堉：《律学新说》卷一，《立均第九》。
[2] 朱载堉：《律历融通》卷四《黄钟历议下 · 定数》。

朱载堉在科学活动中进行大量的数学运算和数理理论的创造，是为了证明和验证说明客观规律的“理”，将数学计算服从于对自然规律的探索，这说明他在方法论上已经接近了近代科学对数学作用的认知。在朱载堉的科学著作中，表现出的一个鲜明特点就是利用数学工具对大量的科学实践和记录加以整理，使之升华为原理或定律。即使是艺术领域，也有科学化、系统化的趋势。朱载堉对“数”的强调和认识，在后来王锡阐、梅文鼎等科学家的著作中又得到了进一步的发挥。

王锡阐和梅文鼎都是明清之际的重要科学家。王锡阐，字寅旭，号晓庵，南直隶吴江（治今江苏苏州市吴江区）人。生于明崇祯元年（1628 年），卒于清康熙二十一年（1682 年），享年 54 岁。王锡阐学宗程朱理学，曾先后与理学家张履祥、吕留良、钱澄一一起讲授“濂洛之学”，抨击陆王心学。梅文鼎，字定九，号勿庵，南直隶宣城（今属安徽）人。生于明崇祯六年（1633 年），卒于清康熙六十年（1721 年），享年 89 岁。王锡阐 17 岁那年，明亡，清兵入关。亡国之恨使他痛不欲生，曾投河自尽，遇救不死，又绝食七日，由于父母强迫进食而未死，遂终生不再科考，不做官，潜心于科学研究，数十年如一日。梅文鼎出身于世代望族家庭。其父梅士昌一生布衣，兴趣广泛，几乎无书不读，对农、兵、医、天算等学问多有研究。梅文鼎受其影响，以天文历算作为毕生的事业。

王锡阐和梅文鼎对数理方法在科学研究中重要性的认识，主要反映在他们的著作中。

王锡阐在他天文历法的著作《晓庵新法》中广泛地使用了数

学计算，在卷一他专门讨论了天文计算需要的三角函数，并有自己的独创。如关于角度，他除了介绍西洋传入的将一个圆周角分 360 度和中国古有的 365¼度之外，还独创了 384(＝4×96)爻限，同时依据自己的研究成果给出了正弦(sin θ)、较弦(sin θ)、切弦(sin θ)、界分(sec θ)的函数定义，π 取 3.141 6。在卷二中他给出了大量的天文常数，在卷三兼用中西法计算了合朔、弦、望、节气的时刻以及日月五星的位置，卷四中讨论了昼夜长短、晨昏蒙影、月球和内行星的星相(盈亏现象)以及日月五星的视直径等，卷五讨论了时差，用自己独创的方法进行了日月食初亏和复元方位角的计算。卷六为日、月食预测及金星凌日、五星凌犯之推算。纵观全书，《晓庵新法》有两个鲜明特点：一是强调数理方法、中西会通；二是创新，如后两卷的“月体光魄定向”、金星凌日及五星凌犯的推算均为王锡阐首创或首次引入。

梅文鼎一生中著述颇丰，仅数学方面的论著就达 26 种之多。梅文鼎在数学方面的成就，可以分成整理传统算法和介绍西洋算法两部分。按其内容，重要者可归纳为以下几类：第一类，介绍西算的《笔算》(5 卷)、《筹算》(2 卷，介绍纳白尔算筹)、《度算释例》(2 卷，解释伽利略比例规)等书，内容为西方的笔算和算尺、算筹等西方的计算工具，并订正了前人的一些个别资料错误，独立研究了他名之为“方灯”和“圆灯”的两种半正多面体。他还引进了球体内容等径小球问题，并指出了其解法与正多面体和半正多面体构造的关系。第二类，与几何学有关的《几何通解》(1 卷)、《几何补编》(4 卷)等。梅文鼎认为中国传统数学中的勾股算术(利用勾股定理进行的各种计算)和西方的几何学是相通的[1]。他用勾股算术的方法证明了《几何原本》中的一些定理。他在《几何补编》一书中，通过计算驳正了罗雅各《测量全义》中的数据错误。第三类，三角学方面的。在我国古代的数学中，由于缺乏明确的角度概念，因此明末清初传入我国的三角学知识，很不容易被理解和接受。梅文鼎特撰《平三角举要》(5卷)、《弧三角举要》(5卷)等书，以通畅易懂的笔调介绍这方面的知识。他所著的《堑堵测量》(2卷)、《环中黍尺》(5卷)和《勾股举隅》(1卷)等书，也都和三角学有关。如《勾股举隅》的主要成就是对勾股定理的证明和对勾股算术算法的推广。他在《方圆幂积说》中讨论了球体与圆柱、球台及球扇形等立体的关系。第四类，代数学方面的。《方程论》(6卷)讲一次方程组解法。《少广拾遗》(1卷)讲利用"开方作法本源"(即杨辉三角，西方称为"巴斯伽三角")进行高次开方，最高次数可至十二次方的理论。梅文鼎主张"去中西之见，以平心观理"[2]，力求会通中西算法，对西方近代数学既有继承，也有修正与发展。如他在《度算释例》一书中除继承罗雅各《比例规解》一书的思想外，还修正了罗雅各书中的伪误之处。在《环中黍尺》中，他在消化西方数学的基础上，独立地提出了"三极通机术"，形成了一套比古希腊天文数学家托勒密的"曷捺楞马(Analemma)"的数理方法还要简捷实用的球面三角图解法。他在《弧三角举要》中证明了正弦公式；在《堑堵测量》中证明了直角球面三角形中几个边角相关

[1]《几何(原本)》不言勾股，然其理并勾股也。故其最难通者，以勾股释之则明。(梅文鼎：《几何通解》卷首)

[2] 梅文鼎：《堑堵测量》卷二。

的公式；在《几何通解》中运用我国原有的勾股定理来证明《几何原本》中的许多命题；在《几何补编》中以立体几何学来补《几何原本》的不足。他还将自己所著的数学著作统名之曰《中西算学通》，来实践他会通中西算法的主张。

总之，晚明科学救世思潮中出现的强调中西之学的会通、重实地考察和实验、推崇数理逻辑的研究方法，带来了近代中国实验科学的一线曙光。虽然限于历史的复杂原因（本书第七章《内卷与发展》将对此进行讨论），16、17 世纪的自然科学未能跳出古代传统科学的圈子，至 18 世纪，中国亦未能发展出近代科学。然而，在 16、17 世纪科学技术领域内的综合和力求创新，毕竟呈现出一片曾经的辉煌，也极大地丰富了晚明救世思潮的内容。

四、与西方科学革命的比较

在晚明科学救世思潮兴起的同时，西方出现了科学革命。科学革命不但促成了西方各个科学门类出现许多发明和创造，也确立了不同以往的科学思维方法。晚明的科学救世思潮就是在西方科学革命影响下“西学东渐”形成的。

西方科学革命以尼古拉·哥白尼（Nicolaus Copernicus，1473—1543 年）、乔尔丹诺·布鲁诺（Giordano Bruno，1548—1600 年）、伽利略·伽利雷（Galileo Galilei，1564—1642 年）、约翰尼斯·开普勒（Johannes Kepler，1571—1630 年）、弗兰西斯·培根（Francis Bacon，1561—1626 年）和勒内·笛卡儿（René

Descartes, 1596—1650 年)等为先驱,他们共同开启了从中世纪向近代科学的过渡,创造了一个科学成就的辉煌时代,最终出现了艾萨克·牛顿(Isaac Newton, 1643—1727 年)这样跨时代的伟大科学家。

哥白尼创立的"日心说"标志着科学革命的开始。"日心说"是哥白尼在其著作《天体运行论》(1543 年)中提出的,哥白尼认为地球不是一个静止不动的天体,也不在宇宙的中心位置,它是一个行星,既有自转也围绕太阳旋转;太阳才是宇宙的中心,它照亮了整个宇宙,驾驭着周围的行星使其围绕自己运转。"日心说"否定了中世纪传统的"地心说",也从根本上否定了教会关于上帝选定地球作为宇宙的中心的谬论和由此而支撑的基督教神学世界观,促使自然科学从神学中解放出来,"日心说"也成为近代自然科学诞生的标志。之后的布鲁诺在哥白尼学说的基础上提出了宇宙无限说:宇宙是无边际的,没有中心;宇宙中存在着无数个太阳系一样的天体。布鲁诺的这一天体学说为现代科学所证明。布鲁诺认为宇宙是永恒的,不生不灭,不增不减,宇宙之外,再无其他存在,也就从根本上否定了存在超自然神的理论依据,动摇了基督教信仰的基础,因而被教会烧死在罗马鲜花广场。伽利略继续了哥白尼和布鲁诺的事业,他用自制的天文望远镜观察到了月亮表面的高低不平和太阳黑子的变化,发现了水星的卫星和地球、金星都绕太阳运转,银河则由无数恒星体组成,土星是多变的椭圆形等,向世人展示了一个新的宇宙天地。伽利略在物理学方面也有许多贡献。1583 年,他通过观察比萨教堂里悬灯的摆动证明了微小摆动的等时性以及摆长对周期的影响;1586 年,他发明了浮力天平;1591 年,他系统研究了落体运动、抛射体运动、静力学、水力学等,研制了温度计和望远镜等。除此之外,伽利略的另一重要贡献是提出了一种新宇宙观,即把世界看成一个服从简单规律的整体,是可以通过实验观测建立精确的数量关系的。在研究方法上他提倡数学和实验相结合,使科学开始摆脱哲学独立出来。与伽利略同时的开普勒提出了著名的行星运行三定律:① 行星绕太阳运转的轨道是椭圆形的,太阳处在该椭圆的一个焦点上;② 行星运动并非匀速,在相同的时间内行星与太阳的连线所扫过的面积相等;③ 行星绕太阳运行一周距离的平方同行星与恒星的平均距离的立方成正比。开普勒纠正了哥白尼天体学说中的某些错误,更确切地反映了行星运行的规律。开普勒三定律还首次定量地揭示了运动速度的变化和轨道的关系,运行速度的变化直接和作用力相关,在某种程度上为牛顿发现"万有引力"奠定了认识的基础。

哲学家培根对科学革命的贡献是揭示了科学研究需要运用的三种工具方法,即观察、实验和计算。培根生活的时代科学发明已有了一定的积累,但人们对科学的性质及其功用还缺乏认知,培根在他的《学术的进展》(1605 年)和《新工具》(1620 年)两书中向人们展示了一种新的科学研究方法——归纳法。他认为归纳法将为科学研究提供一种新的工具,科学的发现是先通过实验和观察积累资料,然后运用归纳推理从这些资料中得出结论。培根提倡把科学家组织起来成立各种研究团体(如学会、科学院)进行集体研究,强调通过研究分工,知识的生产会更有效率。培根所提倡的观察、实验和归纳的方法以及研究分工已成了现代科学研究的方法论基础。笛卡儿除了赞赏培根所提倡的实验、观察和归纳的研究方法外还强调数学在科学研究中的作用。他认为数学的证明具有确实性,在科学研究中具有重要的作用。他将代数应用到几何上首创了坐标系,即有名的"笛卡儿坐标"。

因为站在了前人的肩膀上,牛顿成了一个伟大的、综合性的科学人物,他将许多领域的科学发明和认识进一步系统化了,将科学革命推向了高潮。在数学上,牛顿在继承笛卡儿解析几何的基础上建立了微积分,开辟了数学的新纪元;在光学上,牛顿继承了伽利略、笛卡儿的成果,解开了物质的颜色之谜,提出了光的微粒说;在力学上,他总结了伽利略、开普勒等人的工作,提出了著名的万有引力定律和牛顿运动三定律,将天体力学和地面力学统一起来,完满地解决了行星何以按照一定规律围绕太阳运转的问题。[1]

16 世纪前后,西方的医学和生理学也有所突破。1543 年,当哥白尼发表《天体运行论》一书时,尼德兰外科医生安德烈·维萨里(Andreas Vesalius, 1514—1564 年)完成了《人体的构造》一书,在研究人的骨、脉、内脏、脑等方面做出了巨大贡献,为人体血液循环理论奠定了基础。西班牙医生迈克尔·塞尔维特(Michael Servetus, 1511—1553 年)也发现了心肺之间的血液小

[1] 根据牛顿万有引力定律,宇宙间物质的每一粒子都和其他的每一粒子相互吸引。他们之间相互吸引的力量与它们之间距离的平方成反比,和它们质量的乘积成正比。这一定律在地球和太空都得到了实验的证实。

循环。之后的英国医生威廉·哈维(William Harvey，1578—1657 年)在前人研究的基础上通过解剖发现了人体血液循环系统，开辟了医学和生理学的新时代。科学革命使人们开始真正理性地面对自己与所处的自然界，能够运用观察、分析和归纳的方法来认识和解决问题。科学革命把欧洲推向了一个全新的时代。

比较中西方 16 世纪前后兴起的科学思潮，可以发现在中西方都涌现了许多科学巨匠，都取得了许多重要的科学成果，都开启了重实验考察的科学新风。但也要看到，中国的科学思潮在内容与方法上与西方相比仍有不同和差距。

在内容上，中国的科学成就属于应用科学，西方的科学成就属于理论科学。如李时珍的《本草纲目》虽然对中国以至世界医学和生物学产生过深远影响，但如同历代诸家“本草”一样，他编撰该书的目的和重点是考证和列举多种药物的名称、形状、产地、炮制方法和药效范围，而不是阐发药物内在变化的机理。徐光启编撰《农政全书》的目的是帮助广大农户从中获得经济效益，强调的是实用价值。宋应星《天工开物》的应用特点更为明显，编撰目的是便于农业和手工业生产者的应用。西方则不同，科学家们关注的重点是对事物本质及规律的探讨。比如，哥白尼的“日心说”关注的重点是对太阳系的认识，是否能更好地反映天体运行的规律。伽利略对自由落体定律、惯性原理、抛物体运动的轨迹等所做的探索，动因也是对事理规律的探索。布鲁诺提出宇宙无限性理论，也是基于对宇宙规律的探求。

在方法上，西方科学革命采用的是观察、实验以及数理逻辑推导的方法。伽利略就是一个将数理方法与实验方法集于一身的典型。伽利略之前，人们对数学的兴趣主要限于纯数学领域和数学在天文学中的应用。自伽利略开始，人们对物体运动的规律也开始采用数学形式表述。在伽利略看来，物体的大小、重量，物体运动过程中所经历的时间、距离都可以通过观察测定它们的量，用数学公式描述。为便于数学描述，伽利略采用了科学抽象和简化的方法，只考虑关键变量，以便更好地揭示研究对象的本质。他在研究落体定律时就忽略了地球引力和空气阻力的影响，否则数学公式会变得冗长复杂，不利于揭示落体运动过程的本质。伽利略还设计了许多巧妙的实验仪器，如望远镜、计时器和温度计等。伽利略之后，现代自然科学研究方法基本上都是沿着他所开创的道路前进的，故被后人誉为“现代自然科学之父”。反观中国，晚明的科学家们也采用了诸如考察、实验和数理定量的方法，但总体而言主要采用的还是传统的整理典籍和总结经验的方法。李时珍的《本草纲目》的成书过程就体现了这一特点。《本草纲目》前已有多种《本草》存在，《本草纲目》是在充分利用了这些古代药典的基础上完成的，同时也总结了自宋代以来散存于民间尚未见之于文字记载的医疗经验。李时珍虽对药物的药效进行了检验，但更多的是记述以往经验和见闻，且未都一一进行检验证明。例如，他把“田中泥”列为一种药，就是从经验中得来的；他记载“寡妇床头尘土”和油涂之主治“耳疮”，就很难说经过了科学的检验。这些问题在徐光启、徐霞客和宋应星的研究中也都不同程度地存在。

16 世纪前后中西方科学思潮在内容与方法上的差别，是近代科学与传统科学的本质差别。传统科学以感性和经验成果为主，缺乏对事物规律的探究，表现出较强的实用性。近代科学则是建立在对事物规律的探究之上，表现出较强的抽象理论性，与传统科学的最大不同在于运用了科学实验与数理的方法。通过比较，可以说中西方 16 世纪前后科学思潮上的差别表明西方科学已冲破了中世纪的黑夜，迎来了近代科学的黎明；而中国的科学虽有重大发展，但在方法论上没有能摆脱传统思维的局限。

第三章

启蒙思潮中的叛逆精神

所谓启蒙，就其初始的含义来说，是开导蒙昧使之明白贯通。现代人所说的“启蒙”又有其特定的历史含义。在西方，“启蒙思潮”是指 17 世纪至 19 世纪初在资本主义经济有所发展的前提下，欧洲各地先后兴起的反对宗教蒙昧主义，反对封建专制制度的思潮。启蒙思想家所宣扬的民主、自由、平等、人权的思想，是人类从中世纪迈向近代化的象征。

晚明的启蒙思潮与西方的启蒙思潮有许多相同之处，如都表现为一种新思想意识的出现，但两者又有所不同，各具特点。中国的“启蒙思潮”不同于西方之处，在于其具有近代因素，但没有能最终发展成为近代资产阶级的意识形态。二者的相同之处在于都体现了当时市民阶层的利益和要求，都提出了一些思想解放的新见解，给时人和后人以启迪，给当时的社会带来了清新的思想气息。在王阳明的心学思想中，已包含了启蒙的意识，经由 16 世纪中叶从泰州学派中分化出来的一批敢于“掀翻天地”

"非名教之所能羁络"的启蒙思想家的发展,到17世纪掀起强大的反程朱理学这一官方意识形态的思潮而逐渐成熟,以18世纪时戴震提出的"以理杀人"[1]和黄宗羲提出的"君主为天下之大害"[2]等著名命题为标志,中国的启蒙思潮初步告一段落。这一思潮涉及政治、哲学、伦理、文艺、经济等诸多领域,它的出现不是偶然的,而是晚明商品经济活跃在思想文化领域的反映,有着当时社会经济氛围的深深烙印。

一、启蒙思潮与市民阶层

启蒙思潮的社会基础是随着商品经济的活跃和城市经济的发展而不断崛起壮大的市民阶层。在欧洲,随着地理大发现和新航路的开辟,葡萄牙人东来并在1557年在中国的澳门获得了贸易基地,澳门逐渐成为沟通东西方贸易的重要商埠,成为晚明对外贸易的重要通道。以澳门为中心的转口贸易,把中国市场也卷入了全球贸易的网络之中。葡萄牙之后,西班牙人通过殖民地菲律宾的马尼拉也致力于对中国的贸易。在这一时期中国与葡萄牙、西班牙和日本等国的贸易中,中国以出口生丝、丝织品、瓷器等为主,进口少量土特产,出超明显,葡、西、日等国商人不得不以大量白银支付贸易逆差,于是美洲和日本的白银源源不断地流入中国。白银大量流入中国,提供了一般等价物的银通货,为晚明社会的银本位货币体制奠定了基础。由于生丝、丝

[1] 戴震:《戴东原集》卷九,《与某书》。
[2] 黄宗羲:《明夷待访录·原君》。

绸、棉布、瓷器等商品的出口持续增长，也极大地刺激了东南沿海地区商品经济的活跃和成长，使之发展到了一个新的高峰。

商品经济的发展又进一步促进了城镇经济的发展，使得以城镇居民为核心的市民阶层迅速发展、壮大，成了一支不可忽视的社会力量。冯梦龙在《醒世恒言》卷十八《施润泽滩阙遇友》中描述晚明的盛泽镇的繁华盛况："那市上两岸绸丝牙行，约有千百余家，远近村坊织成绸匹，俱到此上市。四方商贾来收买的，蜂攒蚁聚，挨挤不开。"在十分紧凑的街市范围内分布有丝行、绸行、叶行、花行、布行等牙行以及茶楼、酒肆、饭店、钱庄等商业服务网点，还有机坊、染坊、练坊、踹坊等加工制造的作坊。城镇上充斥着牙行的牙侩、行霸，仰食于城镇的脚夫、乐人、市井流氓，以及从全国各地到此经商的客商与商帮，还有受雇于各类作坊的工匠和亦工亦农的周边居民，也有聚居于此地的乡绅、文人等，以这些人为基础形成了城镇的市民阶层。到 16 世纪末，随着中国大地上到处掀起城镇居民以暴力反抗矿监税使的斗争，标志着市民阶层在政治生活中开始崛起。

市民阶层反抗矿监税使的斗争始于 16 世纪末，绵延至 17 世纪 20 年代。具体来说，是发生在万历二十四年(1596 年)至万历四十八年(1620 年)之间。因此，这一场市民反对矿监税使的斗争又称为万历民变。万历民变激发的直接原因，一是明神宗嗜利如命，派出大批宦官作为矿监税使到全国各大城镇去监矿和征税，皇帝通过宦官疯狂掠夺城市居民的财产，逼得他们忍无可忍，群起而攻矿监税使；二是宦官狐假虎威，依仗皇权迫害所在地方的官吏，促使这些地方官吏与市民相互配合，以非常的手段报复宦官对他们的欺凌。可以说,万历民变是皇权在政治、经济上畸形扩张后所产生的一种社会效应。

遍布全国各地的矿监税使,或募人告密,诬大商巨贾私藏违禁物,或纵其爪牙劫夺行商财物。矿监税使的公开掠夺给民间百姓和商人带来了深重的危害,自然遭到了市民的强烈反对。北到辽宁,南迄滇、粤,东至苏、松,西达陕西,中部如山西、湖北,城市居民抗矿监税使的斗争此起彼伏,连绵不断,形成了被史家称为明亡之征兆的万历民变。其中重要的有万历二十七年发生的武昌、汉阳民变,二十八年发生的武昌民变、云南寻甸民变、广东新会民变、河北易州民变、河北香河民变和蕲州民变,万历三十年的上饶民变,万历三十四年的云南民变等。这些民变的主要形式是聚众鼓噪示威和围攻焚烧中使衙门,驱逐、殴打乃至杀死宦官及其党羽。

湖广人民反对宦官陈奉的斗争,是各地市民反税使矿监斗争的先声。《明史》卷三百五《宦官二》载:"营建之资,计臣束手,矿税由此大兴矣。"万历二十七年(1599 年),陈奉到湖广采矿征税在湖广二年间搜刮的金银财宝数以万计。湖广人民恨之入骨,先后掀起了民变十余起。他最初到荆州征税,市民聚集数千人向他抛石掷瓦。二十七年底至二十八年初,陈奉在武昌征税,其党徒凌辱妇女。愤怒的市民万余人包围了他的公馆。陈奉被地方官救获以后,二十九年正月,又对群众进行血腥报复,焚烧民居。愤怒的群众数万人再次包围了他的公馆,吓得他逃匿楚王府中。他的六名爪牙(一说十六名)也被投入江中。这年四月,在群众斗争的压力下,明政府不得不撤换陈奉。

万历二十七年，山东临清还爆发了驱逐马堂的民变。马堂原是天津税监，监管临清税务。他在山东 7 年，每年抽税不下十五六万两，而上交明王朝的不过七万余两，共隐没 130 余万两。他在临清收罗地痞无赖数百人作党徒，大白天公开抢劫，使得中等人家大半破产。临清市民忍无可忍，举行罢市。临清人王朝佐率领民众万余人围攻马堂，放火烧其公署，杀其爪牙 30 余人。事后，统治者在临清搜逮首犯，株连了很多人。王朝佐不愿让多人受累，挺身而出。临刑时面不改色，表现了手工业工人不畏强暴、不怕牺牲的大无畏精神。

万历二十九年(1601 年)，在苏州爆发了反对税监孙隆的斗争。孙隆和他的参随黄建节及其地痞汤莘、徐成等 12 人，先在苏州设立“五关”，滥收行商税，致使苏州的商业萧条，织户的丝织品生产大减，依靠织丝为生的很多织工失业。接着，他们又议定城内机户每织机一张，收银三钱，逼得机户“罢织”，织工们更是无所谋生，终于奋起抗争。织工葛贤率众数千提出了“不杀(税)棍、不逐孙不休”的斗争口号。他们还规定了不取一钱一帛，不错杀一人的严明纪律。葛贤手执芭蕉扇指挥斗争。他们先后殴杀孙隆的爪牙汤莘、徐成等人，捣毁了税官行署，要苏州府交出孙隆。孙隆在地方官的保护下，偷偷溜往杭州。据朱彝尊《静志居诗话》卷十八，吴县学生钦叔阳曾作《税官谣》三首，其二云:“千人奋挺出，万人夹道看，斩尔木，揭尔竿，随我来，杀税官。”真实地反映了这场斗争。第二年，苏州织工再次发动斗争，提出了“税监可杀”的口号。他们的斗争说明，作为市民阶层的手工业工人已经显示了反封建的力量。同年九月，江西景德镇爆发了反对税监潘相的斗争。万余名瓷工烧毁了御窑厂，击毙了潘相的爪牙陆太守，潘相也被群众殴打。

万历三十一年（1603 年），管督北京西山煤矿的太监王朝，向民窑大肆勒索，还逮捕了出面交涉的民窑业主代表王大京等人，从而激起了业主和窑工的联合反抗。窑工和运煤夫组成一支浩浩荡荡的队伍，进北京城示威，迫使明廷撤走了王朝。此外，西安、新会、广昌、香河、福州等地城镇手工业者和商人反对税使矿监的斗争也此起彼伏，接连不断。民变与舆论的巨大压力终于使神宗做出了让步，于万历三十三年十二月下旨停止开矿，将开矿太监召回京师，回原衙门供职。征税太监虽还舍不得召回，但也不得不做了改进和约束，如规定各地所征税银一分为二，一半归税监，解送内库，一半归地方，解送户、工二部；禁止私设关津，不得妨碍正常商业，不使国家正税受损。

万历民变的参加者包括了城镇中的工商业者、手工工人、小商贩，以及由学生、举人、乡官组成的乡绅，还有其他居民。民变的一个鲜明特点就是获得了知识分子和一些地方正直官员的支持。地方官吏公开、直接参与民变者不多，但常有以某种方式对民变加以支持者。如上饶民变爆发时，上饶县令不许市场卖食物，致使税吏饿得落荒而逃。又如苏州民变爆发后，应天巡抚曹时聘上疏请求宽恕葛贤，为民变辩解。临清郡守李士登为民变领导人王朝佐力争宽大处理。王朝佐被皇帝下令处死后，李士登等又为他树碑立祠，深表同情和支持。这在历史上都是少见的。但综合起来看，万历民变是以手工业工人和小商贩为主发起的，工商业者在这些民变中发挥了相当重要的作用。对万历民变虽不可用西方市民运动的眼光来看待，视之为典型的新兴市民阶层的运动，但也不可否认它同商品经济的发展确实具有着内在的关联。民变有保护商品经济和市民切身利益的目的，因为矿监税使的不法掠夺使工商业的发展受到了损害。这一现象说明，商品经济的发展确实已给社会政治生活带来了重要的影响。

二、王阳明与启蒙思潮

晚明启蒙思潮的崛起始于王阳明。阳明心学中已蕴含着启蒙意识的萌芽。王阳明，名守仁，字伯安，浙江余姚人。因筑室阳明洞，学者称之为阳明先生。生于明宪宗成化八年(1472年)，卒于明世宗嘉靖七年(1528年)。弘治十二年(1499年)进士，曾向皇帝上疏言边务八事，次年授任刑部主事，后改兵部武选司主事。正德元年(1506年)，因得罪宦官刘瑾，被廷杖四十，贬为贵州龙场驿丞。后以原官改升南京鸿胪卿，以左佥都御史巡抚南赣，镇压过农民起义，后因平定宁王朱宸濠之乱功，升南京兵部尚书。嘉靖六年，兼左都御史，总督两广兼巡抚，赴广西平定思田少数民族叛乱。次年死于归途，享年57岁。穆宗隆庆元年(1567年)，诏赠新建侯，谥文成，故后人又称之为王文成公。著作有《阳明全书》流传于世。

王阳明生活在16世纪，正是中国封建社会日趋没落和商品经济日趋活跃、市民阶层开始走向政治舞台的历史时代。在这一特定的背景下，阶级矛盾、民族矛盾和统治阶级内部的矛盾进一步激化。农民起义此起彼伏，西北俺答边患日益严重，各地藩王反叛不断发生，同时大批自耕农的破产和手工业商品经济的发展也都正面冲击、破坏着传统的封建秩序，加之奸佞当道，宦官擅权，使得明王朝危机四伏。

王阳明认为严重的社会危机是由于道德的沦丧造成的。而道德沦丧又是由于学术不明，学术不明又是由于朱学末流的空疏、支离、无用的流弊造成的。明代前期，朱熹理学占据着统治地位。明朝初年，朝廷颁布《五经大全》《四书大全》《性理大全》，科举考试均以朱熹的注解为标准答案。这就造成了理学的僵化与烦琐，同时也促使了理学的分化。为了改变这一现状，王阳明便从早年的尊信程朱开始转为攻讦朱学，并上承陆九渊之学，为统治阶级另谋思想统治的出路。黄宗羲论及王阳明思想的这一转变时，曾指出王阳明"学凡三变"，可以以"龙场悟道"为界标，分为前"三变"和后"三变"两个阶段。前三变是指：一"泛滥于词章"，二"遍读考亭之书，循序格物"，三"出入于佛老"。后三变是指：自此之后，"一意本原，以默坐澄心为学的"；二是到江右之后，"专提'致良知'三字"；三是"居越以后，所操益熟，所得益化"，"开口即得本心"。[1] 这就是说，王阳明的心学思想在不断发展、成熟。由"一意本原"至"致良知"，进而"开口即得本心"，其心学思想越来越彻底，越来越简易。这一概括大体上符合王阳明思想发展的实际。作为明代心学的泰斗，王阳明的心学上承南宋的陆九渊，但又比陆学精致完整和广博得多。他一方面

[1] 黄宗羲：《明儒学案》卷十《姚江学案・文成王阳明先生守仁》。

赞扬陆九渊的必求诸心，简易直截；另一方面又批评陆九渊虽在心上用过工夫，“但细看有粗处”[1]。所谓“粗处”，就是理论上不够严密。

陆九渊的“粗处”究竟在哪里？王阳明对陆学的发展又在哪里？这一演变的轨迹，这里要略做说明。

陆九渊虽然强调“心即理”说，但不够彻底。这表现在他高扬“心本体”的同时仍保留着一个“天本体”，这也就意味着他在主张“心即理”的同时又肯定了“心外有理”；在主张“心与理一”的同时，又“析心与理为二”，从而严重地背离了他“心学”的要旨。这就是王阳明批评的陆九渊“粗”的严重表现。试举两例如下。

其一，朱熹强调“性即理”，认为理在心外，故在认识论上主张向外去“格物穷理”。陆九渊主张“心即理”，认为理在心内，心与理合一，故在认识论上主张向内“反身而诚”，“发明本心”。但与此同时，他仍有类似朱熹“格物致知”之类的言论[2]。这些言论明显地与陆九渊“切己自反”(即向内反省)的“心学”工夫论相矛盾。陆九渊工夫论的矛盾，就表现在他对“格物致知”存在两种背道而驰的理解：一是反身而诚，二是即物穷理。前者必然导出知行合一，为“心学”的工夫论；后者必然导出知先行后，为“理学”的工夫论。这两种相悖的主张共存于陆九渊的学说中，矛盾十分突出。

---

[1] 王守仁：《传习录》卷下。

[2] 例如：欲明明德于天下是大学标的，格物致知是下手处。(《陆九渊集》卷二十一《学说》)如何样格物？先生云：研究物理。(《陆九渊集》卷三十五《语录》)

其二，在本体论上，陆九渊主张“心本体”，他提出“宇宙便是吾心，吾心即是宇宙”，“人皆有是心，心皆具是理，心即理也”[1]。他同时又明确认可和强调“理”的客观权威性，认为“此理在宇宙间，未尝有所隐遁，天地之所以为天地者，顺此理而无私焉耳”[2]。在陆九渊的诸多论述中，“理”超越于所谓天地人之上，天地人赖其所生，是不能违背的普遍原理[3]。这就与他的“心即理”说相矛盾。在陆九渊那里，所谓“宇宙便是吾心，吾心即是宇宙”，已明确地赋予“心”以个体的、人的道德心灵的含义。它不能超越人而存在，它是“人心”，是人的道德心灵。所谓“此心此理，我固有之”，就十分清楚地表明个体的道德心灵衍发扩充就是“理”。也就是说，“心”作为具体的人（个体）的道德心灵，作为主体的道德本体，并没有超越“人”而成为某种客观的道德精神。“心”不能超越人而存在，“理”却能超越人而存在；“心”只能存在于主观的一方，“理”却可以具有客观的性质。陆九渊思想的矛盾说明他还未能彻底地确立一个“心本体”，他在高扬“心本体”的同时，还不自觉地保留着一个“天本体”，亦即客观形而上的道德本原。这两个本体并存，也就意味着他在主张“心即理”的同时又肯定了“心外有理”，主张“心与理一”的同时又主张“心与理为二”，从而严重地违背了“心学”的要旨。“心外有理”本来是陆九渊所坚决反对的，但也确实未能在他的思想中完全删除，发生了混乱和矛盾。这是王阳明批评陆九渊的根本原因。

---

[1] 陆九渊：《象山先生全集》卷二十二《杂著》，《杂说》。

[2] 陆九渊：《象山先生全集》卷十一《书》，《与朱济道（其一）》。

[3] 正因为如此，冯友兰认为陆九渊的哲学应划归客观唯心主义。见冯友兰：《中国哲学史新编》第5册，人民出版社，1995，第223页。

陆九渊是心学体系的初步奠基者,其思想体系不够精纯属正常现象。王阳明的贡献,就在于他克服了陆九渊的思想矛盾,依照“心学”的思想逻辑彻底地确立了一个“心本体”,使伦理学开始走向心理学。所谓“王学异端”的启蒙思潮,也正是从伦理学到心理学这一走向的直接后果。

王阳明在继承陆九渊“心即理”命题的同时,又明确地加以补充,强调“心外无理”。如他反复宣称“心外无物,心外无事,心外无理,心外无义,心外无善”[1],“心外无学”[2]。在这里,他不仅明确地否定了“心外之理”的存在,还彻底地否定了客观的“理”世界,彻底地否定了超越人的道德本体的存在,而且还认为“吾心”不仅化生天地万物、纲常伦理,即便六经学术,亦在“吾心”的轨迹之中。一言概之,“万事万物之理不外于吾心”[3]。由此可见,王阳明对陆九渊心学思想的发展表现在他进一步排除了“心外有理”。王阳明把“理”的世界完全安置在人的心中,并把这个“理”完全归结为是人的道德“心”,即“良知”,亦即“心本体”。这就把陆九渊的心学进一步彻底化、精致化了。所以,王阳明理论的核心是“良知”(本体论)和“致良知”(工夫论)而已。

何谓“良知”?在王阳明看来,良知是上天所赋予众人的为实现本来自我的睿智,是人心固有的智慧,也是人心与宇宙相通的本源性的直觉。它是道德的良心,但又不是简单的道德良心。

---

[1] 王守仁:《王文成公全书》卷四《文录一·书一》,《与王纯甫》(其二)。
[2] 王守仁:《王文成公全书》卷七《文录四·序》,《紫阳书院集序》。
[3] 王守仁:《传习录中·答顾东桥书》。

与孟子的良知说相较，它多了份改天换地的能量，多了份为世界立法的理性，它是最高尚的道德与智慧的合成体。

“良知”概念最早是由孟子提出的。孟子认为，“良知”是心之本体，是先天固有的，“良知”之外别无所谓“知”。王阳明继承了这一观点。黄宗羲认为孟子之学“得阳明而益信”[1]，此言可谓一语中的。王阳明认为“良知”就是人的“本心”。这个“本心”是每个人都有的公共之“心”。每个人都是一个具体的人，都有一个身体。形骸就是一个人的身体。每一个人都以他自己的身体为“我”，而和一切别的东西对立起来，这就是“私”。一个人的身体是“私”的根本。人有了身体其思想行动往往都以自身的利益为出发点，这就是从“躯壳上起念”，这种“起念”就是一种“私欲”。人有了私欲，他的本心就为私欲所遮蔽，好像空中有浮云，太阳的光辉就要为浮云所遮蔽。但是浮云总不能完全遮蔽太阳的光辉，私欲总不能完全遮蔽“本心”的灵明。“本心”的灵明总还要有所表现，这个表现就是人分辨善恶的能力。这是每个人不需要学习而自然就有的认识能力，称为“良知”。王阳明论证说：一个人见了他的父亲就自然知道孝敬，见了兄长就自然知道服从，见了小孩子掉入井中就会自然因同情而去救援，这便是良知。良知是人心之本体。王阳明在这里独标“良知”为“心”之“本体”，这就更加明确了道德本体是不能超越于人而存在的，它只能存在于人心，它是人心的“虚灵明觉”。王阳明在《答顾东桥书》中还把“良知”与天理等同起来，认为“吾心之良知，即所谓天

[1] 黄宗羲：《南雷文定三集》卷一，《余姚县重修儒学记》。

理也”。这就把“天理”纳入了人的“心中”,否认了它是外在于“人心”的客观存在。他还独特地把“理”解释为是“心”之“条理”,杜绝了任何离“心”言“理”的可能,因为“理”已成了“心”的属性。不仅如此,他还发挥说,“良知”是“造化的精灵”,它“生天生地”,是“与物无对”的宇宙本源,“人若复得他完完全全,无少亏欠”,便完成了对宇宙的认识。[1] 因此,王阳明明确提出:“圣人只是顺其良知之发用,天地万物,俱在我良知的发用流行中,何尝又有一物超于良知之外,能作得障碍?”[2]总之,王阳明在本体论上通过标举“良知”彻底地确立了一个“心本体”,克服了陆九渊的“粗”(矛盾与混乱),其理论更加精致化了。

王阳明讲“良知”的同时,还讲“致良知”。“致良知”是王阳明将《大学》的“致知”与《孟子》的“良知”说结合起来而形成的。《大学》认为:“古之欲明明德于天下者,先治其国。欲治其国者,先齐其家。欲齐其家者,先修其身。欲修其身者,先正其心。欲正其心者,先诚其意。欲诚其意者,先致其知。致知在格物。”在这里,齐家、治国、平天下的活动被演绎成格物、致知、诚意、正心的修身活动,而“格物”是身心修养的首要环节。但是“格物致知”是朱熹理学的观点,与王阳明“心即理”说相矛盾。为解决这一矛盾,坚持其“心外无物”的立场,王阳明采取了正名的传统手法,在“格”“物”二字上大做文章。

他认为《大学》“格物”的“格”不能以“至”字训,而只能当作“正”字解。他举《尚书》“格其非心”为例说:“格者,正也,正其不

[1] 王守仁:《传习录下》。
[2] 同上。

正以归于正之谓也。”[1]这样一来，“格物”便成了“正物”。“正其不正者，去恶之谓也；归于正者，为善之谓也。”[2]他又把“物”解释成为“意”，认为“格物之功，只在身心上做”[3]。“故格物者，格其心之物也，格其意之物也，格其知之物也。”[4]在王阳明这里，所谓的“物”都变成了“心”的附属品，于是意即是物，《大学》“致知在格物”也就变成了“致知在诚意”了。至此，“致知格物”也就变成了“致良知”了，“所谓致知格物者，致吾心之良知于事事物物也”[5]。就这样，他通过本体论的“良知”到功夫论上“致良知”，彻底地、非常自觉地贯彻了一条“内省返求”“体认扩充”的心学之路，克服了陆九渊保留的“即物穷理”“格物致知”等不精纯的缺点，使心学体系更加精致化了。他对陆九渊理论的进一步发展和彻底化，就在这里。

在朱熹的理学中，致知是主体在进行格物穷理过程中得到的自然结果。王阳明则认为致良知就是把自己的良知充分地贯彻到底，要求人完全遵从良知的要求和指引，在良知和私欲之间进行选择，把良知作为至高无上的命令，对良知不能有一丝一毫的欺骗，如此人就可以成为一个有道德的人了。王阳明把致良知当作惟一的修养方法，表明他极大地相信每个人都有道德上的自觉性。

王阳明“致良知”思想的形成有一个过程。青年时代的王阳明在朱熹思想的影响下曾做过格物穷理的功夫。有一次他想到

---

[1] 王守仁：《王文成公全书》卷二十六《续编一》，《大学问》。
[2] 同上。
[3] 王守仁：《传习录下》。
[4] 王守仁：《传习录中・答罗整庵少宰书》。
[5] 王守仁：《传习录中・答顾东桥书》。

朱熹说过一草一木都有理，都应当格，如此才能逐步做到圣人的话，便与一个朋友以庭前的竹子为对象，面对翠竹冥思苦想地"格"了整整七天。结果不但没有穷到"理"，两人反而因此大病一场。后来他在龙场悟道，得出结论说，理不在物上，而是在人的心里。在王阳明看来，朱熹讲"即物穷理"，意味着理在物上，人应就物穷究其理。他认为，理应当是指"至善"之理，也就是道德的根本原理，不能说这个原理是在外部事物上的。他举例说，人应当孝、悌、忠、信，可是孝之理并不在君主身上，信之理也并不在朋友身上。他还举例说，人见孺子将入于井，产生恻隐之心，难道能说孺子身上有恻隐之理吗？王阳明在这里提出了人的伦理认识过程和一般认识过程的区别。人要了解、掌握竹子的生长习性和规律，就必须对竹子的生长发育进行观察，人对竹子生长规律的认识是对作为认识对象的竹子的反映，而伦理认识主要不是了解行为对象本身的规则。人对于"孝"这一准则的认识，不能说是对于作为认识对象的父母的反映，这一准则或规范不能说存在于父母的身体上。近代德国大哲学家康德曾经讲"人心为自然立法"，王阳明的"良知说"讲的是人心为社会立法。在这个意义上说，二者有异曲同工之处。

王阳明还讲"知行合一"。他讲"良知"是知，"致良知"是行，故"致良知"就是"知行合一"[1]。照王阳明的说法，人心之本

[1] 爱曰："如今人尽有知得父当孝、兄当弟者，却不能孝、不能弟，便是知与行分明是两件。"先生曰："此已被私欲隔断，不是知行的本体了。未有知而不行者。知而不行，只是未知。圣贤教人知行，正是要复那本体，不是着你恁的便罢。……某尝说，知是行的主意，行是知的功夫；知是行之始，行是知之成。若会得时，只说一个知，已自有行在；只说一个行，亦自有知在。"（王守仁：《传习录上》）

体，在其不为私欲所蔽时，知行只是一回事。王阳明曾引孟子所举的事例以说明。孟子说，一个人忽然看见小孩子将掉入井中，他一定会有同情的恻隐之心。如果顺着这个心自然发展，他必然要去救这个小孩。他为的是什么？他并不是想以此同孩子的父母交朋友，也不想以此获得人们的称赞，只是他本心的自然反应。这就是他的"良知"表现。他的"恻隐之心"是知，跑去救孩子是行。这就是王阳明说的"知是行之始，行是知之成"，也即"知行合一"。如果这个时候，这个人的心有所转念，或因畏难而不往，或因恶其父母而不往，则有知而无行，这并不是知行的本体，只是为私欲所蔽罢了。

王阳明认为，良知对于善恶的辨别是一种直觉的认识，并不是一种道德的判断，就是说，是一种直接的反应，是不需要经过思考而得到的。简单地说，它是一种直觉，而不是一种知识。这种良知的"知"是每一个人都有的，无论什么人遇到什么事，他的良知都启示他应该怎样做，怎样做是善，怎样做是恶。就这一方面来说，"满街都是圣人"。但并不是任何人遇见任何事都能照着良知去做，都能"致良知"。是圣人或非圣人，关键在于那个"致"字上。因此王阳明特别强调那个"致"字，也就是"行"。"知行合一"的要点，就是说如果没有"行"，"知"也就不能完成。因此，王阳明"知行合一"说主要是强调道德的实践。在阐发"知行合一"思想时，王阳明还常常引用日常生活中的实例来加以论证。他提出，说一个人知孝，必定指此人曾真正行孝；说一个人知味，此人一定经过入口的品尝；说一个人知路之险夷，这个人一定亲身经历过。总之一个人对某种事物有真切了解，一定是曾经过对此种事物的实践。

王阳明的这些思想，强调“知”是必然能“行”的知，“知”是经历实践的知，“知”是与行联系的知，知与行的界限是相对的。这种见解包含有一些对知行关系的辩证理解。从人的行为过程来看，引导这些行为的思想未尝不可以看作是整个行为过程的开始；同时，从人的认识来看，人不仅在行动之前有思想和意识，而且人的思维主体进入实践过程而得到不断深化，人的认识过程不仅是思维主体的活动，而且包含着实践活动；人的实践活动不仅是一种外在的行为，也联系并深化着主体的思维。人的认识是无法与实践分割开来的。他曾比喻说，你要知道苦瓜的苦，必须自己去吃。王阳明强调认识与实践的相互关系，强调认识对实践的依赖，比起前人对知行的哲学思考进步了。

但是还应看到，王阳明的“良知”说独树“心本体”，把道德本体完全建立在了人的心中，这固然更加体现了伦理主体的尊严，体现了建立在绝对意志自由上的自律道德的崇高。但同时也由于他把道德本体完全建立在人的心灵中，就使得人的道德理论和人的自然感性纠缠在一起，伦理与心理交融为一体，埋下了从伦理走向自然心理的理论契机，从而使王学具有了追求个性解放的启蒙意义。王学左派的启蒙思潮就是由此发展来的。

对于王学，若与西方哲学相较，倒颇像 19 世纪末 20 世纪初在德、法流行的生命哲学中的鲁道夫·奥伊肯(Rudolf Eucken)的理论。生命哲学在 19 世纪末至 20 世纪初的德、法等国非常流行，它以当时最时髦的研究论题，即人的生命、人的生活、人的价值、人的历史文化作为理论对象，强调生命的精神创造和心灵世界的独特性，强调人文科学方法的独特性，形成了一股与理性主义思维模式相抗衡的普遍思潮。奥伊肯就是这一思潮中的一位代表性人物，他称自己的生命哲学为精神生活的哲学，其代表作有《生活的意义与价值》(1908 年)等。在人生意义与价值的问题上，奥伊肯认为过去的旧宗教和旧哲学所提供的答案已经不能适合时代的需要了，已不能解决人生观的根本问题了。在人生观上，奥伊肯对自然主义、理智主义、人本主义分别作了剖析和批判。他认为自然主义把人的生活物质化、生物化，剥夺了人的创造精神和思想自由，要人安于本能的生活，使人的生活受生存竞争法则的支配，丧失了崇高的理想和追求。理智主义把人的生活抽象化、概念化了，要人为抽象的观念或理想奋斗，同样是片面的、机械的。人本主义也有类似的缺点，它或者只从生活本身论生活，不能超越自身看到全体；或者只重表面的物质生活，忽视人的生活本身，忽视精神生活。他认为，新的哲学必须寻找新的基础，克服主客体的二元对立[1]，才能回答时代提出

[1] 我们发现，只要我们从我们知之甚少的外部世界出发，任凭我们想象的翅膀自由飞翔的话，这些问题是无法回答的。我们认为，只有当人类生活探究它自己的力量时，才可能找到答案。启示不可能来自外部，而只能来自生活本身的教导与经验。有一个事实确实产生了肯定的结果，这个事实即在我们生活的内部揭示了实在的一个新的深度，它不可能属于作为纯粹自然存在的人。由于认识到精神生活的独立，我们赢得了对宇宙的精神自我实现的一种洞见，对那个隐藏得更深的、支撑整个生活并给它以个人特征的基础的一种认识。这个进步不只是既定存在秩序的简单延伸，也不是它在某些特定方面的发展。相反，它以一种全新的生活反对既定的存在秩序，这种生活在达到精神的直接性时，首次发现了一切实在的真正源泉与标准……对精神生活独立性的认识使我们可能做到的那样，便能看出实在在它们中间展现了属人的特征；我们从中觉察到一个协调的精神世界的逐渐建立。(鲁道夫·奥伊肯：《生活的意义与价值》，万以译，上海译文出版社，1997，第 92—93 页)

的问题。

奥伊肯认为，我们内心精神生活的内在性同时意味着它对于我们的超越性和独立性，正由于它亲密地寓于我们之中，精神生活唤起了我们对它自己独特的标准、价值观以及义务的尊崇，同时使我们确信它的权威。创建新人生哲学的关键在于承认一种独立的精神生活及其在人身上的展现（即王阳明所说的“良知”）。他认为人是自然与精神的会合点，人的义务和特权便是以积极的态度不断地追求精神生活，克服其非精神的本质。精神生活是内在的，它不是植根于外部世界而是植根于人的心灵；但它又是独立的，是超越主观的个体，可以接触到宇宙的广袤和真理（即王阳明所说的“心与理一”“心外无理”）。人应该以行动追求绝对的真、善、美，追求自由自主的人格（类似于王阳明所说的“知行合一”）；只有当人格发展时，才能达到独立的精神生活。精神生活绝不会是最终的成就，因为它始终是个随历史而发展的过程。历史的发展就是精神生活的具体化，是它由分散孤立到内在统一的发展史。精神生活的本质就是超越自身，超出自然与理智的对立，达到二者的统一，达到与大全的一致（即“致良知”）。精神生活是最真实的实在。它既是主体自我的生活，又是客体宇宙的生活（类似于王阳明所说的“天人合一”）。精神生活乃是真理本身（即王阳明所说的“心即理”），它在个体身上的展现是有层次的，不同的层次便是不同的境界。人应该以自己的全部机能，不仅以理智，更需要以意志和直觉的努力，能动地追求更高的精神水平（即致良知的工夫）。如此才能拥有生活的真正意义与价值[1]。用这一段话作为王阳明心学理论的概要，是再恰当不过了。

三、心学的分化与启蒙思潮的意义

王阳明思想的核心是“良知”说，即确立一个内在的“心本体”，目的是纠正当时占据官方统治地位的朱学的偏差，提高道德主体的自觉性，塑造更符合内圣之学的道德人格，培育道德理性以建构伦理秩序，维护封建道德的理想社会。但由于他把道德本体完全建树在人的心灵中，也就使得人的道德理性和人的自然感性纠缠在了一起，这就使王阳明的心学体系中，伦理与心理交融为一。王阳明本人要坚持的是维护封建伦理的规范要求，用他的话说，就是“破心中贼”，化人心为道心，使人“心”从“不正”到“正”。但伦理与心理的矛盾仍潜伏存在，因为“正”与“不正”的标准只能在心里，也就是那个道德心的本体“良知”，“知善知恶是良知”[2]。“良知”既是道德的本体，又是一种离不开血肉之躯的生理存在。它自身作为道德标准的同时，又不能不具有某种“自然”“感性”的标准。这样一来，“良知”既是道德的标准，又是感性的标准。后人对他的这一“心本体”也就可以从不同的角度加以理解或解释，这就必然要引起王学的分化。有的人可以根据他的“良知”说，在天理人欲上做文章，用先验的

[1] 万以：《生活的意义与价值・译者序》，载鲁道夫・奥伊肯《生活的意义与价值》，《译者序》第1—4页。

[2] 王守仁：《传习录》卷下。

道德意识去破“心中贼”，自觉地维护封建名教。也有的人同样可以根据他的学说，强调人的自然本性，淘空先验的道德意识，把主体的自觉落实到个人身上。总之，王阳明关于“心本体”的矛盾说法，是王学必然趋于解体的内在根源。

早在王阳明生前，王学已开始分化。王阳明死后，分化的趋势愈演愈烈。由于对“良知”的解释不同，王门后学分化为六派[1]。王畿不同意这六派对良知的解释，又提出了他的“以自然为宗”[2]的良知说，主张“良知是天然之则”[3]，把良知与人的自然情欲联系起来。他还提倡求“真”黜“假”，以真假观代替善恶观，这就在背离王学维护封建名教正统的道路上迈出了重要的一步。但这一步迈得并不太大，尚未到完全决裂。在王学的分化中，唯有王艮所开创的泰州学派最值得重视。王艮以格物说代替良知说，主张良知之体，提出“自然天则，不着人力安排”[4]；提出“人心本自乐”[5]，更重视人的血肉之躯，进一步走向了自然人性论。王艮的格物说平易近人、朴实无华，传播面极为广泛，容易为平民阶层接受，其主要成员也多为平民出身，故具有浓厚的平民意识。正因为泰州学派具有上述特点，极大地推动着人的个性解放，有着强劲的发展势头，吸引了一大批气魄宏

---

[1]《明儒学案》卷十二《浙中王门学案二·郎中王龙溪先生畿》对这六派有如下概括：“有谓良知非觉照，须本于归寂而始得”；“有谓良知无见成，由于休证而始全”；“有谓良知是从已发立教，非未发无知之本旨”；“有谓良知本来无欲，直心以动，无不是道”；“有谓学有主宰，有流行”，“而以良知分体用”；“有谓学贵循序”，“而以致知别始终”。

[2] 王畿：《龙溪王先生全集》卷九，《答季彭山龙镜书》。

[3] 王畿：《龙溪王先生全集》卷六，《致知议辩》。

[4] 王艮：《明儒王心斋先生遗集》卷一，《语录》。

[5] 王艮：《明儒王心斋先生遗集》卷二，《尺牍密证·乐学歌》。

伟、精力旺盛、“多能以赤手搏龙蛇”[1]的人物，推动着维护正统名教的王学逐渐转化为名教所不能羁络的启蒙意识，使主体的自觉朝着冲击名教网罗的方向发展，标志着启蒙思潮的成熟。

阳明心学中蕴含了追求个性解放的启蒙意义，主要表现在以下几个方面。

第一，王阳明提出的“心即理”，既把服从天理变成了人心的内在自觉，同时也解除了对人心的外在桎梏。由此衍生出的王学激进派以“饥餐渴饮、夏葛冬裘”[2]为至道（王襞），把“笃信谨守，一切矜名饰行之事”都看作“犯手做作”[3]（王畿），乃至舍弃“五伦”之四，“独置身于师友贤圣之间”[4]（何心隐），使人心的内在自觉在相当大的程度上变成为自然，即自由了。发展到李贽，更公然反对以六经、《论语》、《孟子》为心，反对以孔子之是非为是非，声言穿衣吃饭就是人伦物理，私心就是人心。这就从根本上推翻了天理对人心的统治，把人心从封建礼教的束缚下解放了出来[5]。

---

[1] 黄宗羲：《明儒学案》卷三二《泰州学案一》。

[2] 王襞：《明儒王东厓先生遗集》卷一，《语录遗略》。

[3] 黄宗羲：《明儒学案》卷十二《浙中王门学案二·郎中王龙溪先生畿》。

[4] 李贽：《焚书》卷一，《何心隐论》。

[5] 王阳明强调“心即理也”，强调“心外无理”，理从属于心。他认为心不是客观的精神，而是内在的主体。所以阳明讲心，常与“吾”字相联而成为“吾心”，封建的伦理纲常也是从属于吾主体的心的，主体的心乃是衡量天理的标准。他说：“若不就自己良知上真切体认，是以无星之称而权轻重”（王守仁：《传习录中》），这就为其后学强调主体的作用，强调人主观能动性的发挥，反对以孔子之是非为是非，冲破封建思想的束缚创造了思想的前提。王阳明由此思想出发，也否定了孔子的神圣地位。他在《答罗整庵少宰书》中说：“夫学贵得之心，求之于心而非也，虽其言之出于孔子，不敢以为是也，而况其未及孔子者乎？”（王守仁：《传习录中》）他还认为真理“非朱子可得而私也，非孔子可得而私也。”（《传习录中》）这一思想又直接影响到了李贽，李贽就是在此基础上提出反对封建独断的“是非无定”论的。（李贽：《藏书》卷首，《藏书世纪列传总目前论》）

第二,王阳明晚年强调心“无善无恶”。这一命题从理论上分析,可以解释为人的本性本来是无善无恶的。到了后来“感物而应”,才有了“善恶”。这一说法接近于英国17世纪哲学家洛克的白板说。洛克认为,人心就像一张白纸,上面没有任何记号,没有任何观念,而一切观念都是从后天的经验中获得的。这就突破了传统儒家主张的“性善论”的传统,为冲破封建伦理的善恶是非观提供了思想前提。顾宪成曾批评这一说法,认为“无善无恶说”混淆了善恶是非的封建道德观念,容易使人冲破道德观念的束缚。[1] 顾宪成的这一担忧并非空穴来风。如王学发展到李贽那里,进一步提出了“童心即真心”[2]的个性自觉思想和“无私则无心”[3]的私产的要求,将启蒙思潮推向了新的阶段。

第三,王阳明还有个危险的论调:“与愚夫愚妇同的,是谓同德。与愚夫愚妇异的,是谓异端。”[4]这就导致了王艮“百姓日用是道”[5]的大众哲学。类似的话王阳明还说过一些,其发展的结果是王艮的平民宗教瓦解了心学的天理界限。李贽进一步提出了“尧舜与途人一,圣人与凡人一”[6]“圣人知天下之人之身,即吾一人之身,人亦我也;知吾之身,即天下人之身,我亦人

[1] 如顾宪成批评王阳明的“无善无恶说”“是最玄语,是最巧语,又是最险语”。(顾宪成:《泾皋藏稿》卷六,《朱子二大辨序》)又说:“此窍一凿,混沌几亡……高之放诞而不经,卑者顽钝而无耻。”(顾宪成:《小心斋札记》卷三)

[2] 李贽:《焚书》卷三,《童心说》。

[3] 李贽:《藏书》卷三十二,《德业儒臣后论》。

[4] 王守仁:《传习录》卷下。

[5] 张峰:《王心斋先生年谱》,载王艮《明儒王心斋先生遗集》卷三,嘉靖七年戊子。

[6] 李贽:《道古录》卷上,第十一章。

也。是上自天子，下至庶人，通为一身矣”[1]的天赋平等论。

第四，在王阳明看来，无论“心”怎样超凡入圣，总离不开“身”而存在，故“心”只能表现为一种掺有感性因素的主观心理知觉，这就又使“心”具有了生理的意义。虽然在表面上王阳明反对把“心”作为生理器官的“心”（“一团血肉”），认为它是一种本然的道德心，是一种决定道德取舍行为的理性判断和意志取向的精神活动，但也没有否定生理心的存在，承认前者离不开后者。如王阳明认为心“不专是那一团血肉”，言外之意即承认“心”要包含“那一团血肉”。联系到他“无心则无身，无身则无心”的话，此意更加昭然。李贽提出的“穿衣吃饭，即是人伦物理”[2]“非民情之所欲”为“不善”[3]的启蒙思想就是由此发展而来。

正因为王阳明的“心学”体系中蕴含着这些矛盾，故其对“道心”“人心”的阐释上也就出现了内在矛盾。如他在分剖道心与人心时，一方面阐释“人心”是道德本体、理性，一方面又认肯“人心”为“人欲”，即人自然的感性需求。如此一来，感性与理性、自然与道德、人心与道心、人欲与天理，全然都混同于一心。王阳明的心学也就从伦理走向了心理，从坚持内圣之学走向了个体感性的自由。王门后学的分化就由此开始了。也就是说，王阳明的“心学”体系中已经不自觉地为追求个性解放、使主体朝着冲击名教网罗方向发展的启蒙思潮作了最初的理论逻辑准备，

---

[1] 李贽：《道古录》卷上，第四章。
[2] 李贽：《焚书》卷一，《答邓石阳》。
[3] 李贽：《道古录》卷下，第一章。

而真正汹涌澎湃地掀起这个解放思潮的，是从泰州学派的王艮到“心学异端”李贽。他们的思想鲜明地发出了历史将要走向近代社会的文化气息。

四、启蒙思潮的演进

第一，从“尊身立本”[1]到“私心即人心”[2]。

“尊身立本”是王艮提出的命题。王艮，字汝止，号心斋，南直隶泰州（治今江苏泰州）人。生于明成化十九年（1483 年），卒于嘉靖十九年（1541 年），终年 58 岁。他是王阳明的大弟子、泰州学派的创始人。他的思想一方面继承了王学，同时又在一些重要的问题上背离了王学，从内部促使了王学的解体，为晚明思潮中追求个性解放、冲击名教网罗的启蒙意识奠定了基础。黄宗羲对泰州学派与王学的复杂关系有深刻的分析。他指出阳明心学因有泰州学派得以风行天下，也因泰州学派而终结，还认为泰州学派有将阳明心学进一步禅学化的倾向。[3] 当时王门弟子中以王畿、王艮二人的影响最大，时称二王。王畿讲良知，王艮讲格物，讲法虽不同，但宗旨则一，都是用自然主义的思想修

[1] 王艮：《明儒王心斋先生遗集》卷一，《语录》。
[2] 同上。
[3] “阳明先生之学，有泰州（王艮）、龙溪（王畿）而风行天下，亦因泰州、龙溪而渐失其传。泰州、龙溪时时不满其师说，益启瞿昙之秘而归之师，盖跻阳明而为禅矣。然龙溪之后，力量无过于龙溪者，又得江右为之救正，故不至十分决裂。泰州之后，其人多能赤手以搏龙蛇，传至颜山农、何心隐一派，遂复非名教之所能羁络矣。”（黄宗羲：《明儒学案》卷三二《泰州学案一》）

正王学。如王畿提出以“自然为宗”[1]的良知说，主张“真性流行，自见天则”[2]，把良知与人的自然情欲联系起来。这虽在背离王学维护封建名教的道路上迈出了一步，但由于王畿只是在心体上做文章，没有把心体落实到肉体上来，理论上产生了虚而不实的流弊，还未走到完全决裂的地步。按照黄宗羲的说法，王畿的思想得到了其继承者江右王学的纠正，江右王学依据王阳明的旧说，强调王畿“真性流行，自见天则”的“良知”仍是一个衡量善恶是非的绝对标准。这样，王畿的继承者一方面肯定了人的自然情欲，同时又不否定修养的工夫，这就兜了一个圆圈，又重新回到了天理人欲之辨的老路上来。王艮与王畿不同，他的高明处在于用“尊身立本”的格物说解释良知，所谓的良知就不再是一个精神性的本体，而被归结为具体实在的血肉之身，用自然主义的思想淘空了王阳明良知说中先验的道德意识。王艮在背离王学的道路上要比王畿走得更远，从而成为晚明启蒙思潮中的最早倡导人。

泰州学派启蒙思想的突出特征之一在于标举自然人性论的旗帜，抨击理学的伦理绝对主义，淡化乃至摒弃心学核心命题“心即理”的道德本体论含义，将“理”由道德伦理改释为自然生理，从而使“心”由道德理性本体变成自然感性实体。这一思想在王艮那里已露端倪，他突出了“身”这一概念，把心体安置在肉体的坚实基础上，与“道”等同，从而使其思想脱离了良知说的轨

[1] 王畿：《王龙溪先生全集》卷九，《答季彭山龙镜书》。
[2] 黄宗羲：《明儒学案》卷十二《浙中王门学案二·郎中王龙溪先生畿》。

道。他认为圣人是以道济天下的，但道是要靠人来弘扬的，所以最尊贵的还是人的身体。《明儒王心斋先生遗集》卷三《年谱》嘉靖十六年丁酉条载："圣人以道济天下，是至尊者道也；人能弘道，是至尊者身也。道尊则身尊，身尊则道尊。故轻于出，则身屈而道不尊，岂能以济天下？自天子以至于庶人，壹是皆以修身为本，其本乱而末治者否矣。故曰：安其身而后动，身安而天下国家可保，其身正则天下归之。大人者，正己而物正者也。"王艮这里所谓的"身"，是指具有精神与肉体的活生生的个体。这说的其实就是个人对人的价值的自觉。个人只有"尊道"，才能自觉地认识到人的价值，而人的价值也只有具体体现在个人身上才能存在。虽然王艮还未完全摒除以个体道德修养为实现道德世界首要程序的儒家传统的伦理观，他的所谓"身"还保留着道德个体的含义，但更多的还是指个体的血肉之躯。他强调"立本，安身也"，"安身者，立天下之大本也"，"不知安身"，也就"不能主宰天地、斡旋造化"[1]。王艮在这里所表述的思想已与王阳明有很大的不同，是对王学的重要修正。王阳明认为至善是心之本体。依照这一说法，封建统治者就可以片面地去要求人们作无益的牺牲，甚至把烹身、割股、饿死之类不近人情的事颂为美德。王艮反对这些说教，提醒人们"爱身如宝"，认为："知爱人而不知爱身，必至于烹身割股、舍生杀身，则吾身不能保矣。吾身不能保，又何以保君父哉？"[2]强调每个人的血肉之身才是天下国家的根本。这就肯定了人们应吃饱穿暖，保证人的基本生

[1] 王艮：《明儒王心斋先生遗集》卷一，《答问补遗》。
[2] 王艮：《明儒王心斋先生遗集》卷一，《明哲保身论》。

存权力。肯定了人的欲望都是“天性之体”[1]，任何人都不能剥夺。

王艮还进一步提出了“明哲保身论”，对人的自然感性价值作了全面的肯定。他认为自我是一个身心统一的概念，既包括良知的心体，也包括感性的、血肉的身体。良知的根本就在于保重这个自我，这就是人人生来就有的本能，是一种普遍的人性。这种思想接近于近代的个人主义，是一种崭新的自我观念，具有极大的启蒙意义。在王艮所生活的时代，理学的天理人欲之辨甚嚣尘上。它要求人们大公无私，去做名教的驯服工具，实际上是摧残人性，蔑视人所应有的生存权利和独立人格。王艮提出“尊身立本”“明哲保身”，将之视作人的良知良能，提出“知保身者，则必爱身如宝”的命题，就是直接针对天理人欲之辨的理学的，其启蒙意义就表现在明确地否定了儒家“仁者爱人”这一无条件的伦理绝对主义。在王艮这里，“爱人”已不是出于无条件的绝对的道德命令，而是为了“爱身”“保身”，伦理绝对主义已变成了伦理相对主义，道德意识已变成了功利观念，形而上的道德命令已变成了现实利害的计较。从“心”到“身”，也就是从伦理到心理、从道德理性到自然感性，即从“理”到“欲”的走向。这是王艮思想中最具异端色彩的部分，也最有思想史上的价值，这些思想超越了前人，光耀史册。

李贽在王艮上述理论的基础上，进一步提出了“穿衣吃饭，

[1] 王艮：《明儒王心斋先生遗集》卷一，《语录》。

即是人伦物理”[1]的命题，将“天理”归结为“人欲”，使启蒙思潮发展到了新的阶段。

李贽，字宏甫，号卓吾，又号百泉居士、温陵居士，福建泉州晋江人。生于明嘉靖六年（1527 年），卒于万历三十年（1602 年），终年 76 岁。嘉靖三十一年，李贽 26 岁，中福建乡试举子监博士。以后历任河南辉县教谕、南京国子监博士、北京国子监博士、北京礼部司务、南京刑部员外郎、南京刑部郎中、云南姚安知府。万历八年，辞姚安知府，到湖北黄安居住，结束了他 25 年的仕宦生涯。这 25 年的仕宦生涯，是他到处碰壁、艰苦备尝的 25 年，也是他叛逆思想逐渐成熟的 25 年。李贽从小就具有叛逆的性格，这种叛逆的性格决定了他一生的曲折经历。他对封建统治者充满了抵触与愤懑的情绪。李贽在南京时，见过王畿与罗汝芳，很崇敬他们。罗汝芳提倡人性应如赤子那样，“解缆放船，顺风张棹”，“不须把持”，主张“形色天性而为日用”“嗜欲莫非天机”[2]。这对李贽有很深的影响。李贽还与王学的另一个代表人物焦竑友善。这一时期他还师从泰州学派的学者王襞。王襞是王艮的次子，他顺从王艮“尊身立本”思想的逻辑发展，进一步向自然人性论的思路推进。他明确地宣布“道”为自然的生理，犹如“鸟啼花落，山峙川流，饥餐渴饮，夏葛冬裘”[3]一般。李贽的自然人性论思想得之于泰州学派，故属泰州后学。

李贽辞官后，至麻城龙潭湖芝佛院，开始了他一生中读书写

[1] 李贽：《焚书》卷一，《答邓石阳》。
[2] 黄宗羲：《明儒学案》卷三十四《泰州学案三・参政罗近溪先生汝芳》。
[3] 王襞：《明儒王东厓先生遗集》卷一，《语录遗略》。

作的生涯。一直到他被杀害前的20余年时间里,他基本上都是在麻城度过的。万历三十年(1602年)闰二月,明政府下令捕他入狱,罪名是“敢倡乱道,惑世诬民”[1]。三月,李贽在狱中自刎,结束了受尽苦难的一生。

在泰州学派中,真正完成从伦理到心理、从“理”到“欲”转化,并公开为“从情到欲”一代启蒙思潮作出辩护的,要首推李贽。李贽不仅如何心隐那样“非名教之所能羁络”[2],而且更自觉地与“名教”对抗,毫不掩饰地否定了封建伦理的一系列价值观念。其中最重要的、最富有时代理论意义的,是他从猛烈抨击假道学入手,公开将心学的核心范畴“心”阐释为私欲之“心”。他公开主张:“夫私者,人之心也。人必有私,而后其心乃见;若无私,则无心也。”[3]他打比方说:种田的人,就是为了秋天的收获,然后才努力治田的;家庭的管理者,就是为了发家致富,才努力治家;读书的人,正是为了考取功名,读书才更加努力;做官的人,若不是为了高官厚禄,征召他也不会来。一般人是如此,大圣人孔子也莫不如此:“苟无司寇之任,相事之摄,必不能一日安其身于鲁也决矣”[4]。因之,他批判理学家那种“无私之说”是“画饼之谈、观场之见”,“无益于事,只乱聪耳,不足采也”。[5]李贽明确地将“心”阐释为私欲之“心”,比王艮的从“心”到“身”更为直截了当,彻底地突出了“心学”从伦理到心理、从道德理性

[1]《明神宗实录》卷三百六十九,万历三十年闰二月乙卯。
[2] 黄宗羲:《明儒学案》卷三十二《泰州学案一》。
[3] 李贽:《藏书》卷三十二,《德业儒臣后论》。
[4] 同上。
[5] 同上。

到自然感性的理论逻辑走向。

从“私心”说出发，李贽提出了“穿衣吃饭，即是人伦物理”[1]的命题。“人必有私”和“穿衣吃饭，即是人伦物理”，这是李贽从两个不同的角度对社会人生所作的概括。它们的内容是一样的，就是说，人的物质利益、物质生活，是由人的与生俱来的生理需要决定的，是人人皆同的自然属性，是人的一切其他行为的基础，因而就是社会人生的本质。基于“人必有私”的理论，他批评董仲舒“正其义不谋其利，明其道不计其功”[2]的观点，提出正义即为谋利，并以功利为“正义明道”的目标，认为这才是“圣学”[3]。他的这一理论不但为百姓的生存权力而呼吁，也为市民阶层谋求进一步的发展提供了理论依据。

李贽认为，既然“人必有私”“穿衣吃饭”是社会人生的本质，那么，那些直率地表露自然欲望、物质需求的“街谈巷议、俚言野语”[4]才是真正的“有德之言”[5]。发出这种“有德之言”的，只能是出于“私心”，也就是人人生来就有的追求自然感性的本能。李贽还发现，不仅市井小民追求自己的物质利益，谋求过一种富裕的生活，而且人皆如此。所不同的是，那些所谓的君子们，在做着这一切的同时又故意说一些相反的话罢了。他指出，即使是大圣人，也有势利之心：“夫圣人亦人耳，即不能高飞远举，弃

---

[1] 李贽：《焚书》卷一，《答邓石阳》。
[2]《汉书》卷五十六《董仲舒传》，“义”作“谊”。朱熹《晦庵集》卷七十四《白鹿洞书院揭示》作“义”。李贽盖从朱说云。
[3] 李贽：《藏书》卷三十二，《德业儒臣后论》。
[4] 李贽：《道古录》卷下，第一章。
[5] 李贽：《焚书》卷三，《童心说》。

人间世，则自不能不衣不食、绝粒衣草而自逃荒野也……则知势利之心亦吾人禀赋之自然矣。”[1]这就明确肯定了自然欲望的满足、物质利益的追求才是人生的目的。

从自然感性出发，李贽对孟子的“性善说”重新加以改铸。孟子认为人生而具有仁、义、礼、智的善端，故长大自然具有知孝亲、忠君之类的善德。李贽反对孟子把忠、孝、仁、义的伦理观念规定为是人善性的理论，认为人自然感性的欲求才是人的本性，才是“至善”。他明确提出“非民情之所欲”即为“不善”[2]，这意味着鼓励人自然感性的解放。李贽使反映市民阶层利益的“穿衣吃饭”“治生产业”的自然感性登上了“至善”的伦理宝座。基于此，他鼓励人们破除各种传统道德的束缚，大胆地追求生活的幸福。卓文君倾心于司马相如，不顾一切随其私奔。李贽对她高度称赞。后卓文君当垆卖酒，其父卓王孙以之为耻，李贽则为之辩护。[3] 这说明李贽的思想同封建道德的对立是何等尖锐！所以说，李贽对孟子“性善论”具体伦理内容的否定，倡导“非民情之所欲”为“不善”的思想，排除了对“民情之所欲”的一切束缚，实际上否定了一些封建伦理道德。

就这样，从王阳明开始建立的“心本体”（“良知”），终于在李

---

[1] 李贽：《道古录》卷上，第十章。

[2] 李贽：《道古录》卷下，第一章。

[3] 李贽赞叹卓文君与司马相如私奔说：“使其当时，卓氏如孟光，必请于王孙（文君之父），吾知王孙必不听也。嗟夫！斗筲之人，何足计事。徒失佳偶，空负良缘。不如早自决择，忍小耻以就大计。”李贽就“卓王孙耻之”批道：“天下至今有知卓王孙者，此女也。当大喜何耻为？”文君兄弟劝卓王孙改变态度，有“今文君失身于司马长卿”之语，李贽又批道：“正获身，非失身。”（李贽：《藏书》卷三十七《儒臣传·词学儒臣·司马相如》）

贽这里演化成了追求感性欲求的私欲之心。在王阳明那里，道德良知是人人先天之所同具，是人的善良本性；到了李贽这里，私欲的自然感性成了人人先天之所同具的社会本性。所谓“趋利避害，人人同心”[1]，没有它便不会有“有德之言”。李贽直接否定了理学家“存天理，灭人欲”的道德信条，抨击了那些侈谈仁义，标榜清高的假道学是“阳为道学，阴为富贵，被服儒雅，行若狗彘”[2]。他揭露道学家的种种虚伪、无用：“平居无事，只解打恭作揖，终日匡坐，同于泥塑。以为杂念不起，便是真实大圣大贤人矣。其稍学奸诈者，又搀入良知讲席，以阴博高官。一旦有警，则面面相觑，绝无人色，甚至互相推委，以为能明哲。盖因国家专用此等辈，故临时无人可用。”[3]王学从“致良知”始，到李贽倡“私心”、反“道学”止，完全走向了反面。

李贽的“穿衣吃饭，即是人伦物理”的人道观，把趋利避害、追求享乐认作是人的自然本性，即使是圣人也在所难免。这种思想肯定了人的自然感性，高倡个性自由，反映了市民阶层的社会利益和思想意识，故受到了市民阶层的广泛拥护。李贽的弟子汪本钶在万历四十六年撰写的《续刻李氏书序》[4]指出，当时“海以内无不读先生之书者，无不欲尽先生之书而读之者，读之不已，或并其伪者而亦读矣”。朱国祯在《涌幢小品》中说当时的士人“全不读《四书》本经，而李氏《藏书》《焚书》，人挟一册，以为

[1] 李贽：《焚书》卷一，《答邓明府》。
[2] 李贽：《续焚书》卷二，《三教归儒说》。
[3] 李贽：《焚书》卷四，《因记往事》。
[4] 载李贽《藏书》卷首。

奇货”[1]。沈瓒在《近事丛残》中谈到李贽的影响时也说：“李卓吾……好为惊世骇俗之论，务返宋儒道学之说”，少年高旷豪举之士，多乐慕之，后学如狂，导致了“儒教溃防”“释氏绳检”[2]。由此可知这股启蒙思潮，到万历年末已发展成为澎湃的时代思潮了。李贽也因此遭到了统治者的残酷迫害，被定以“敢倡乱道，惑世诬民”的罪名而遭“严拿治罪。其书籍已刊未刊者，令所在官司尽搜烧毁”[3]。李贽的这种愤世嫉俗、非圣无法，敢于掀翻天地的精神气概，促进人性的近代启蒙，无疑发挥了重要的作用。日本明治维新运动的先驱吉田松阴曾对李贽的精神十分推崇，也从一个侧面反映了李贽思想具有的近代启蒙意义，得到了时人、后人，尤其是近代进步思想家的高度肯定。

第二，从“百姓日用即道”[4]到“与百姓同欲”[5]。

明代中期，随着市民阶层的崛起与壮大，已开始改变中国封建社会的结构与面貌，工商活动在社会经济生活比重上的不断增长，坊主商人社会地位的渐次上升，市井平民反抗运动的日益高涨，都强烈地震撼着思想文化领域。在这种情况下，王艮又提出了“百姓日用即道”的命题，反映了市民阶层的利益要求，在下层知识分子和平民阶层中激发出了一个追求主体的自觉性热潮。他还把经商理财、人伦日用的世俗经验带进了儒学，成为启蒙思潮的代表性人物。

---

[1] 朱国祯：《涌幢小品》卷十六，《李卓吾》。
[2] 沈瓒：《近事丛残·李卓吾》。
[3]《明神宗实录》卷三百六十九，万历三十年闰二月乙卯。
[4] 黄宗羲：《明儒学案》卷三十二《泰州学案一·处士王心斋先生艮》。
[5] 何心隐：《何心隐先生爨桐集》卷三，《聚和老老文》。

“百姓日用”与“道”的关系是一个古老的命题，最早见于《周易·系辞上》，本意是强调“君子之道”的高深莫测，普通百姓是不能知道的。它反映了古代儒家严格区分“圣人”与“百姓”。王艮则对这个命题作出了不同于前人的新解释，用来肯定平民阶层对物质价值和精神价值的全面需求。

首先，他所谓的“百姓日用即道”是以“百姓”为本的。他所讲的“百姓”，从广义上说，包括士、农、工商；从狭义上说，是指广大的下层群众。他所谓的“道”，已非《易经》里面那个冥昧难知的“君子之道”了，而是平民百姓日用常行之道。他的这个“道”，就是指百姓的“往来、视听、持行、泛应动作处，不假安排”[1]。这就否定了传统“道”的神圣性。他还认为，“百姓日用”是“道”的中心内容，也是检验“道”的标准。“圣人之道”也是以“百姓日用”为旨归的。在他看来，只有合乎平民日常生活需要的思想学说，才是真正的“圣人之道”，否则便是“异端”。在这里，王艮从“百姓”的立场出发，把“圣道”与“异端”的传统观念来了一个大颠倒。这就无异于把当时高谈“性命义理”而与平民百姓日常生活相脱节的官方哲学宣布为“异端”。

其次，他的所谓“道”还包含有人最起码的物质生活需求。传统理学主要是把“百姓日用”解释为人伦之理，忽视了人们穿衣吃饭这种最基本的生存权利。王艮立足于自己早年长期贫困的生活经历，认识到摆脱贫困是“尊身立本”的必要的物质条件，人如果“困于贫而冻馁其身”，就是“失其本而非学”[2]。这种思

[1] 王艮：《明儒王心斋先生遗集》卷一，《语录》。
[2] 张峰：《王心斋先生年谱》，载王艮《明儒王心斋先生遗集》卷三，嘉靖七年戊子。

想对呻吟于封建制度压迫下的人民表示了同情，肯定了平民要求摆脱贫困，争取人身生存的权利。基于这种认识，王艮把理学家视为人欲的许多活动都纳入了“百姓日用”中来。王艮出身于平民，自己早年当过煮盐的灶丁、盐贩，从事过经商理财。所以他不反对为脱贫而仕。这种思想在今天看来近乎常识，但在当时却是石破天惊的，它推动着中世纪的理学向着近代维护人的生存权利、物质感性需求的思想转变。后来的泰州学派正是继承了这一思想，才在广大的平民阶层和下层知识分子中产生了强大的吸引力。顾宪成评论说：“心隐辈坐在利欲胶漆盆中，所以能鼓动得人”。在明中叶商品经济已渐趋发达的历史条件下，王艮肯定劳动人民生存权利和物质需求的思想，反映了时代的要求，具有一定的启蒙意义。

王艮的“百姓日用即道”中还包含了发展平民文化教育的要求。王栋在评论王艮的思想时，就非常明确地指出了这一点。王栋论述了自古以来学术文化发展的特点。他认为王艮直接接续于孔子之学，是古代平民教育传统的继承者。在王栋看来，古代社会的学术为“士农工商”所共有，而秦灭汉兴以后的学术已为“经生文士”（即封建士大夫）所独占，因而泯灭了古代的“人人共同共明之学”。王艮的功绩，在于他恢复了早期儒家“有教无类”的平民教育传统，力图以“愚夫俗子”的“日用之学”取代“经生文士”的正宗儒学。[1] 王栋的这一评论是中肯的。王艮作为一个教育家，在青年时代即十分注重向平民阶层传播教育，直到

[1] 王栋：《明儒王一庵先生遗集》卷一，《会语正集》。

晚年，仍以“愚夫愚妇皆知所以为学”作为自己的理想。曾在王艮家中问学达一月有余的李春芳曾叙述说，凡是乡中来问学者，不论是工农还是商贾，王艮都与之朝夕相谈，不知疲倦。[1] 由此可见，王艮始终与社会下层保持着密切的联系。在他的学生中，大多是平民布衣。如他最早的学生林春出身佣工，朱恕是樵夫，韩贞是陶匠。泰州后学中还有田夫、商人等。王艮开启的平民教育传统成了泰州学派重要的特色。如王艮弟子徐樾收纳不很识字的颜钧为弟子，焦竑向田夫夏廷美授学，朱恕与韩贞也都毕生从事于乡间教育。由此看来，王艮的“百姓日用即道”又具有打破贵族对文化学术垄断的启蒙意义。

顾宪成认为“坐在利欲胶漆盆中”的何心隐，又进一步发展了王艮“百姓日用即道”的理论，提出了要与“百姓同欲”的观念。

何心隐，原名梁汝元，字柱乾，号夫山。江西永丰人。生于正德十二年(1517 年)，被杀害于万历七年(1579 年)。何心隐从小天资聪明，很早就做了生员。30 岁参加郡试，中第一。他对明王朝的腐败不满，同时仰慕王艮的学说，遂放弃科举仕途，从学于颜钧，成为泰州学派的一位代表性人物。何心隐的一生，是从事讲学、宣传王艮思想、宣传他的社会理想的一生，也是同封建统治者作斗争的一生。他反对地方官吏，继而设计除奸相严嵩，后又猛烈反对统治者捣毁天下书院、禁止讲学的主张，以致遭到封建统治者的杀害。在封建统治者看来，何心隐是一个大

[1] (王艮)见乡中人若农若贾，暮必群来论学，时闻逊坐者。先生曰：“坐，坐，勿过逊废时。”嗟乎，非实有诸已，乌能诲人如此吃紧耶！(李春芳：《崇儒祠记》，载《明儒王心斋先生遗集》卷四)

逆不道、十恶不赦的“逆犯”“妖犯”；而在李贽《何心隐论》中，何心隐是“英雄”“圣人”。黄宗羲则赞誉何心隐为“前不见有古人，后不见有来者”，“非名教所能羁络”，要“掀翻天地”，敢于“赤身担当”同封建统治者作斗争的豪杰。[1]

前面曾提到，在王艮的思想中，已开始了从伦理到心理、从理到欲的转向。何心隐“与百姓同欲”的思想，就是这一转向的逻辑发展。

王艮认为，人与天地万物一体，人是天地之心，所以安身乃是“立天下之大本”。要安身就要有饭吃，有衣穿。穿衣吃饭，饮食男女之欲，是人的自然本性。物欲既然是人的本性，就应人皆有之，人同此乐，人同此欲，彼此均等。何心隐据此提出了“与百姓同欲”的理论。

理学家主张“存天理，灭人欲”，这其中尤以周敦颐的“无欲说”最为典型。周敦颐认为“无欲”是道德的最高准则和达到圣贤的唯一途径。在周敦颐看来，只有做到“无欲”，才能使心处于一种“静虚”“诚明”的状态，才能做到像颜回那样不求富贵，不改所乐，心地泰然，成为圣贤。这是一种伦理绝对主义。何心隐从自然人性论的角度对这一“无欲”说进行了批判。何心隐明确肯定声、色、臭、味、安、逸等自然感性欲求是人的最高天性，所以应满足人对声、色、味、安、逸等感性的需求。他认为这些要求是出于人的天性的，是人人所同的，是合理的。不能使一部分人穷奢极欲，另一部分人饥寒交困，而应使人人都“尽天之性”，得到合

[1] 黄宗羲：《明儒学案》卷三二《泰州学案一》。

理的物质满足。这一思想中反映了市民阶层要生存、要平等的强烈愿望，肯定了下层民众争取满足感性欲求的正当权利。何心隐强调物欲是人的本性，既然是人的本性，那么，老百姓也是人，也应当得到合理的满足和享受。这也是对封建统治阶级穷奢极欲、荒淫无耻生活的一种抨击。他援引《孟子》中公刘和太王的故事，强调君主、圣贤、统治者都要“与百姓同欲”，才是合理的。他强调，如果君主、圣贤不能“与百姓同欲”，而是贪于欲，甚至穷奢极欲，那就是“背弃天道”[1]！何心隐把“与百姓同欲”提到如此高度，反映了市民阶层的呼声和人民对贪官污吏的憎恨。

何心隐的“与百姓同欲”思想还有一个理论特点，那就是把伦理道德建立在人的欲望、幸福、快乐的基础上。何心隐强调，个人“欲货”“欲色”[2]，又能“与百姓同欲”才是合乎“万物一体之仁”[3]的。他认为那种只顾自己享乐、不顾别人死活的人，就是不仁，就不是人而是禽兽。只有以己度人，与他人同欲，自己欲幸福、快乐，也要让别人乃至天下人都幸福、快乐，才是真正的“仁”。这种思想与欧洲人道主义者所提出的“追求自由自觉的活动”是人类的特征，享受幸福是人类“自然意向”的观点近似，是我国封建社会内部孕育着的早期人文思想的萌芽，具有近代意义上的自然人性论的平等色彩。总之，何心隐“与百姓同欲”的理论观点，强调了声、色、臭、味、安、逸之欲是人的自然本性，是不可无的，要求统治者“与百姓同欲”。这一主张抨击了理学

[1] 何心隐：《何心隐先生爨桐集》卷二，《寡欲》。
[2] 何心隐：《何心隐先生爨桐集》卷三，《聚和老老文》。
[3] 王守仁：《传习录中·答顾东桥书》。

“存天理，灭人欲”的说教，鞭挞了统治者的贪婪，反映了劳动人民争生存的意志和新兴市民阶层反压迫，要求利益平等的呼声，无疑具有反封建的启蒙意义。

从上面的论述中可以看到，启蒙思想家的一个很大特点是从人的自然性出发，把人的自然需要当作解决一切社会问题的出发点，这是近代人本主义哲学的基本宗旨。可以说，人本主义是晚明启蒙思想的一个鲜明特点。这一人道观把人世之道归结为是人的自然需求，反对传统的礼教对人性的桎梏，具有解放人性的意义和启蒙主义的倾向。由此出发，他们要求人性的自由发展，从而形成了他们非伦理主义的伦理观。

第三，“圣人与凡人一”[1]的平等意识。

李贽继承了泰州学派所倡导的平民思想，将之进一步表述为一种要求社会平等的近代式的平民意识。

封建“正统”派学者为了维护封建社会的等级秩序，在人性问题上宣扬一种善与恶、圣与凡差异的先天决定论。如理学家认为人气禀的清浊、偏全就决定人的贫富、贵贱、智愚、圣凡等等差异，这种差异完全是由“天命”“天理”使然。因此，人应顺其天分之所固有加以努力，不可异想天开。这一理论构成了维护封建等级制的理论依据。

李贽对这种“圣凡之分”“贵贱之别”的等级意识做了清算。首先，他一反宋明理学家所主张的人先天“气禀”决定人的贤愚、贫富、寿夭、贵贱、圣凡等差异，从《中庸》“生而知之”说出发，提

[1] 李贽：《道古录》卷上，第十一章。

出“天下无一人不生知”[1],赋予了人人平等的理论意义,发展了王艮的平等学说。他从人人都具有“德性”的观点出发,还否定了那种认为圣人有德,凡人无德的看法。他认为圣人和凡人都是人,都具有“德行”,圣人的行为和凡人的行为都是“率性而为”,“尧舜与途人一,圣人与凡人一”[2],并无高下之分,不能认为“尊德行”是“圣人”独有的行为,不能认为圣人有什么神秘,“唐、虞揖让三杯酒,汤、武征诛一局棋”[3],没有什么了不起。这就把圣人神秘的外衣剥得精光,使其回复到凡人的地位。其次,李贽从人的身体是一个物质体的观点出发,推出了君民平等观:“上自天子,下至庶人,通为一身矣。”[4]“通为一身”即人都是一个具有物质需要、有生有死的物质体。从这一方面而言,一切人都不能例外,庶人如此,侯王也如此。在《老子解》卷下三十九章中,他得出结论“庶人非下,侯王非高”,天子与庶人,人人平等。由此观念出发,李贽发出了“天之立君,所以为民”,故“圣人无中,以民为中”[5]的民本呼声,影响到了之后的黄宗羲和唐甄等启蒙思想家。李贽还强调“勿下视世间之夫妇”,“勿以过高视圣人”[6],突显的就是一种圣凡平等、君民平等的意识。尤为可贵的是他还主张男女平等,反对男尊女卑,认为男女同为人,都有“见”,女子只要“乐学出世”,她们的见识也会比“当世男

---

[1] 李贽:《焚书》卷一,《答周西岩》。
[2] 李贽:《道古录》卷上,第十一章。
[3] 李贽:《焚书》卷三,《杂说》。
[4] 李贽:《道古录》卷上,第四章。
[5] 李贽:《道古录》卷下,第一章。
[6] 李贽:《道古录》卷下,第三章。

子""长"。[1]

在清算和否定了伦理层面上的圣凡之分与政治层面上的贵贱之别的基础上，李贽又设计出了他理想的社会蓝图，那就是"各从所好，各骋所长"[2]，"各遂其生，各获其所愿有"[3]，反对用统一的"教条禁约"来束缚人。他的"童心说"就认为人被束缚就失去了"童心"和"真心"。这一理想的社会，颇有点人人平等、自由竞争的近代意味，它给予了每个人通过奋斗追求幸福生活的平等权利。

李贽的自由、平等的价值观也反映在经济观念上，即主张"自为论"，提出重商和肯定商业竞争。关于"自为论"，他提出只要政府采取不干涉政策，经济活动就会依照规律运行。"夫天下之人得所也久矣。所以不得所者，贪暴者扰之而仁者害之也。""是故圣人顺之，顺之则安之矣。""各从所好，各骋所长，无一人之不中用。"能行此术，则"坐致太平"。[4] 故曰："善爱天下者不治天下"。[5] 在《道古录》中他还屡屡为商人和靠自己本领发家致富的人辩护，认为商人致富并非完全靠诈力。因此，他反对鄙视商人。这种认为商人并不可鄙，富于他人者未必靠诈力的见解，至今仍有积极意义。对于强并弱、众吞寡这一在传统观念看来是不仁不义的行为，他却认为是天经地义，是事物发展的必然规律，是圣人亦不能违背的"天道"。这种"天道"已从儒家的绝

---

[1] 李贽：《焚书》卷二，《答以女人学道为见短书》。
[2] 李贽：《焚书》卷一，《答耿中丞》。
[3] 李贽：《道古录》卷上，第十五章。
[4] 李贽：《焚书》卷二，《答耿中丞》。
[5] 李贽：《〈老子解〉序》。

对道德律令、无上伦理准则演变成了“强者弱之归，不归则并之；众者寡之附，不附即吞之”的自然竞争法则，已有点类乎西方近代思想家所力倡的弱肉强食、物竞天择的进化观念了。

总之，李贽倡导的“尧舜与途人一，圣人与凡人一”的社会平等观，要求突破尊尊卑卑的界限，是他对传统政治的强烈抗议[1]，自觉地适应了当时中国古代封建社会生活模式已开始走向解体，近代社会生活模式已开始萌芽的时代巨变，已超出了儒家以纲常名教、等级秩序为前提的社会伦理理想。他所倡导的社会平等观和肯定商业竞争的思想倾向，反映了晚明市民阶层的社会利益和思想意识，故受到了当时广大市民阶层的拥护。

何心隐也为人们勾画出了一幅理想社会的蓝图。王艮曾提出过依据儒家“万物一体之仁”应行“万物一体之政”的思想。何心隐依据这一理论，设计了一个反映市民阶层要求平等、彼此相爱、家家富足、户户安乐的理想社会。

在这个理想的社会里，社会的组织形式已不是以父母、兄弟、夫妇关系为联系的家，而是以师友关系为纽带联系起来的“会”。“会”有两个原则，一个是“群”，一个是“均”。这里的“群”是指“会”众的团结，“均”是指会众之间财富的均平。既“群”而

[1] 李氏弃官削发，不啻废君臣、父子、夫妇、兄弟之四伦也。称冯道事十二君为得孟子之传，是否认不事二主之义也。认男女平等，许妇人讲学，提倡婚姻自主，是打破男女之防也。李氏尝举人论何心隐之语曰：“人伦有五，公舍其四，而独置身于师友圣贤之间，则偏枯不可以为训。”移此以论李氏，殆亦无以自解。传统之纲常已不足以束缚李氏，则社会中一般礼俗讳禁之形式更非其所顾忌。李氏到麻城“游戏三昧”之行为，虽尚不及晋代士人之旷荡，亦足以震骇世人之耳目而与其愤慨。屡遭逐侮，卒罹横祸，有由来矣。（萧公权：《中国政治思想史》下册，商务印书馆，2017，第580页）

"均"，则无问彼我，团结而又平均。[1] 何心隐就是用这种"会"代替了封建社会的"家"。"会"是他设计的理想社会的细胞，士农工商的身家都已包括在了这种"会"中。在"会"的统一联系下，士农工商只有分工的不同而无等级的差别，彼此相助相让、相亲相爱。"会"广及于全面，遍于天下。如此一来，天下便是一个平等相睦的天下了。在这种"会"中，人与人之间政治上是平等的，又是民主的。士农工商均可入会。"会"设有"主会"，主会的人不是终身制，而是实行轮流担任。这个"主会"在"会"是师，在国则是"君"。这个"君"已不是一般意义上的封建君主，而是可以轮流担任、率领群众的"元首"。在这个理想的社会里，那个君要臣死臣不得不死，握有无上权力、至高无上的君主已不复存在。"会"中的成员在经济上是平等的，钱财是通用的。何心隐想通过结合，或解囊捐献，或计量收租，"创义田、储公廪"[2]，用以供养老人和对青少年进行教育，或用以照顾鳏寡孤独失所者，或用以解决冠婚丧祭等开支，使得"老者以得人而安，朋友以得人而信，少者以得人而怀"，"而天下自归仁"[3]。从嘉靖三十二年(1553 年)正月起，至嘉靖三十八年的 6 年间，何心隐曾献出过他的家财，在家乡创办了"聚和堂"，聚和全族进行理想社会的试验。在聚和堂里，不仅青少年得到良好的教养，老人和鳏寡孤独者得到很好的照顾，冠婚丧祭，生老病死，都处理得井井有条。

[1] "君者，均也。君者，群也。臣民莫非君之群也。必君而后可以群而均也。"(何心隐：《何心隐先生爨桐集》卷二，《论中》)
[2] 康熙《永丰县志》卷五《人物志 · 义侠》。
[3] 何心隐：《何心隐先生爨桐集》卷三，《辞唐可大馈》。

在聚和堂里,“子弟礼以相让,文以相勖”[1],老者得以安,朋友得以信,少者得以怀。何心隐聚和堂的试验,虽因他本人受到迫害而终结,但毕竟反映了一种社会理想和社会实践。

显然,在何心隐的这一理想社会中,贯穿着的是一种反封建等级的社会平等意识。在何心隐看来,天地万物与人是一体的,人与人之间也应是彼我无间的,不应该有亲疏、贵贱之分,不应该有上下、尊卑之别。他提出了人与人之间,“凡有血气之莫不亲”“凡有血气之莫不尊”[2]的思想命题,认为亲亲、尊贤是重要的,但亲亲不能只局限于亲自己的亲人,而要亲一切人,这才是最大的亲;尊贤也不能只局限于君臣,而要尊一切人,这才是最大的尊。这就打破了上下、尊卑、贵贱的界限,把亲亲、尊尊扩展到了一切人。

何心隐认为,在各种社会关系中,只有朋友关系是高于一切的,所谓“交尽于友”[3]。而其他各种社会关系,如兄弟、夫妇、父子、君臣,都是“八口之天地”[4],没有能跳出一般的狭小的藩篱,只有朋友之交才是社会关系的极致。与朋友关系联系着的是师友关系。从社会关系的横向联系看,“交尽于友”;从社会关系的纵向统摄看,师是“道之至”“学之至”[5]。也就是说,在各种社会关系中,何心隐最看重的是师友关系,认为它高于一切。君臣、父子、兄弟、夫妇之间的关系也应是朋友关系。故李贽说

[1] 何心隐:《何心隐先生爨桐集》卷三,《聚和率教谕族俚语》。
[2] 何心隐:《何心隐先生爨桐集》卷二,《仁义》。
[3] 何心隐:《何心隐先生爨桐集》卷二,《论友》。
[4] 同上。
[5] 何心隐:《何心隐先生爨桐集》卷二,《师说》。

他“独置身于师友贤圣之间”。在这种理想的社会里,被儒家奉为社会支柱的君臣、父子、夫妇、昆弟的伦理关系与纲常等级,均已居于次要的地位。这种蔑视封建伦常尊严、注重师友关系的构想,是对封建等级制度的叛逆和对封建伦理的挑战。这些思想中已带有近代谋求个性解放的色彩,表现了争取平等的近代意识。

在何心隐的理想社会中,要给予士农工商以应有的地位。他认为农、工、商也应该与社会上的士与圣贤有着同样的平等地位,而不应有贵贱等级之分。在他看来,农工商贾并不低下,农工商贾也同样可以为士、为圣贤,并不低人一等。故人人都应是主人,人人皆可为圣贤。这样,一下子就把社会地位低下的农工商贾提高到了与士、圣贤平等的社会地位上来,而与士、圣贤平起平坐了。何心隐不仅在理论上论证了农工商贾与士、圣贤的平等,还明确地提出农工商贾要成为社会的主人,要得到社会地位的平等,不能靠别人的赐予,而是要靠自己去争取、斗争。如果农工商不敢去斗争,不仅得不到平等,还会有意想不到的灾祸。他要农工商去维护自己的生存权力,为争做社会的主人进行斗争。[1]

应该指出,何心隐构想的社会理想蓝图只能是一种乌托邦。因为在当时的历史条件下,不能从根本上推翻封建制度,一切社会平等的理想都是不可能实现的。但是,在他空想的社会理想中,却蕴藏着极可贵的民主平等思想和反封建礼教的抗争精神。

[1] 何心隐:《何心隐先生爨桐集》卷三,《答作主》。

他要提高农工商贾的社会地位，在某种程度上反映了商品经济活跃时期工商阶层的经济利益和要求。这些思想是进步的。在腐朽的明王朝贪官污吏、权贵劣绅像恶狼一样大量掠夺土地、横征暴敛，巧立名目滥收“监税”“矿税”等各种苛捐杂税的情况下，新萌发的市场经济幼芽受到残酷摧残的情况下，何心隐大声疾呼：农工商贾要“超而为士”“为圣贤”，要与士、圣贤有平等的社会地位。他为农工商贾争做人的权力和谋求社会的平等地位而呼号，反映了农工群众谋生存、求平等的要求；反映了商贾要求提高社会地位和保护他们权益的愿望。从这些思想中，可以看到他对封建等级制度的反抗精神和对封建伦理纲常罗网的冲决，也可窥视到他谋求个性解放、要求平等民主以及“工商皆本”等带有近代色彩的启蒙意识。

第四，“颠倒千万世之是非”[1]。

明初，封建统治者把四书五经列为封建科举考试的定本，令读书人们学习，只准信仰，不准怀疑。孔子的思想被神化为万古不朽的教条，这就严重地束缚了人们的思想。李贽大胆地以敢于“掀翻天地”“颠倒千万世是非”的批判精神，揭露了这种文化专制主义给思想界带来的蒙昧状况。他指出，在这一蒙昧主义的影响下，在孔子的权威面前人们只能闭塞耳目，千年一律地沿袭古训，万口一词地背诵教条，以致造成孔子后“千百余年而独无是非”的文化统治局面。为了打破这一局面，李贽大胆地发出了“人之是非，初无定质”“无定论”的呼声，反对“以孔子之是非

[1] 李贽：《藏书》卷首，《藏书世纪列传总目前论》。

为是非”。[1] 这是一种是非相对论的观点，李贽以此来反对把孔子的是非绝对化、永恒化的独断主义，这在当时是具有促进思想解放的积极意义的。

李贽一反理学家们沿袭经训、臆度古人的虚妄态度，对孔、孟在中世纪不可亵渎的神圣偶像进行了辛辣的批评。他认为像六经、《论语》、《孟子》，不过是“有头无尾，得后遗前”的残缺笔记，里面所记载的孔、孟的言行，也不过是孔、孟当时“因病发药，随时处方”的具体意见，不可以执为定本，“以为万世之至论”。以后的情况更坏，由于那些“迂阔门徒”“懵懂弟子”盗用圣人的医方，发假药，医假病，遂使这些经典成了“道学之口实”。[2] 他揭露当世的理学家都是“阳为道学，阴为富贵”[3]，批评只准“以孔子之是非为是非”是一种文化专制现象。为此，他对孟子的“乃所愿则学孔子”的观点进行了批判。[4] 他批判的目的，是要人摆脱圣人崇拜的桎梏，自作主宰。这是从思维方式上提倡思想解放。他不仅自己不做孔子的附庸，而且大声疾呼号召人们从民族和历史的精神偶像中解脱出来。他提出，人人生下来之后都有自己的功用，应树立自得的精神。强调要以“吾心之言”[5]与“务以自得”[6]作为评判真理的标准。这种观点在当

[1] 李贽：《藏书》卷首，《藏书世纪列传总目前论》。

[2] 李贽：《焚书》卷三，《童心说》。

[3] 李贽：《续焚书》卷二，《之教归儒说》。

[4] 夫天生一人自有一人之用，不待取给于孔子而后足也。若必待取足于孔子，则千古以前无孔子，终不得为人乎？故为“愿学孔子”之说者，乃孟子之所以止于孟子，仆方痛憾其非夫，而公谓我愿之欤？（李贽：《焚书》卷一，《答耿中丞》）

[5] 李贽：《藏书》卷四十，《儒臣传·史学儒臣·司马谈、司马迁》。

[6] 李贽：《焚书》卷一，《复邓石阳》。

时的历史条件下除具有反对经典束缚、启发人们解放思想的积极作用外，也有利于其他思想学派的存在和发展。

李贽反对封建“正统”派的是非观，大胆地提出了自己的是非观，并对历史人物的是非功过按人性之自然和“治贵适时，学必经世”[1]的标准重新进行了评价。他推崇墨子，提倡面对现实，要从有为和有用出发。司马迁是孔子之后第一个著史者，但据事实，自出手眼，不践孔子之迹。班彪指责他“是非颇谬于圣人”[2]。李贽对班彪加以反驳，认为“言不出于吾心，词非由于不可遏，则无味矣”[3]。他自己著《藏书》，就是要“颠倒千万世之是非”，即“孔子之是非”。他提出评价君臣的标准不在于道德好坏，而在于能否“安养斯民”[4]。齐王建在秦灭六国时降秦，被置于松柏间饿死，齐民得免于难。李贽便高度评价了齐王建，认为齐王建“有大功德于民”[5]。五代时的冯道，经历四姓，事一十二君，而百姓免于战争之苦。从传统的道德观念来看，冯道无道德气节，不足称道。但李贽对他高度评价，认为冯道尽到了“民得安养”[6]的政治责任。“安民”“养民”就是李贽心目中的君德、臣德。传统儒家对人才的评价标准是德高于一切，李贽则反其道而行之，把才置于德之上，认为“国家用人，唯用其才”[7]。正是从这一观点出发，李贽特别注重那些才能出众的

---

[1] 李贽：《藏书》卷三十五，《儒臣传·行业儒臣·赵汝愚》。
[2]《汉书》卷六十二《司马迁传》。
[3] 李贽：《藏书》卷四十，《儒臣传·史学儒臣·司马谈、司马迁》。
[4] 李贽：《藏书》卷六十八，《外臣传·史隐外臣·冯道》。
[5] 李贽：《藏书》卷一，《世纪·九国兵争·田齐》。
[6] 李贽：《藏书》卷六十八，《外臣传·史隐外臣·冯道》。
[7] 李贽：《续焚书》卷三，《王骥》。

人,即或德有所缺也每每加以表彰。如战国吴起,为人贪财好色,但善于用兵。李克荐之于魏国,得立大功。李贽就高度评论吴起能"富国强兵"[1]。而对于那些无才无学专以道德相标榜者,李贽极为蔑视,斥之为是"伪君子"[2]。与"正统"派的传统观点相反,他认为秦始皇是"千古一帝"[3],武则天有"知人"之明,"爱养人才",是一个"聪明主"[4];批驳了朱熹所谓秦汉、唐不如三代的历史退化论观点。他还认为陈胜、吴广领导的农民起义是"匹夫首倡""古所未有"[5];梁山上的农民起义领袖都是"大力大贤有忠有义之人"[6],而当时镇压梁山起义的统治者才是"强盗"[7],这在一定程度上肯定了农民起义的正义性与合理性。他同情卓文君与司马相如的自由结合,称赞红拂自己择配是"千古来第一个嫁法"[8]。他主张男女平等,强调:"余窃谓欲论见之长短者当如此,不可止以妇人之见为见短也。故谓人有男女则可,谓见有男女岂可乎?谓见有长短则可,谓男子之见长,女子之见短,又岂可乎?"[9]这些思想观点在当时来说都是振聋发聩的,是极为危险的"异端"之言。他反对的目标,是封建社会的"饿死事小、失节事大"的礼教思想和封建家长制统治下

---

[1] 李贽:《藏书》卷四十七,《武臣传·大将·吴起》。
[2] 李贽:《续焚书》卷二,《三教归儒说》。
[3] 李贽:《藏书》卷二,《世纪·混一诸侯·秦始皇帝》。
[4] 李贽:《藏书》卷五十六,《武臣传·贤将·李勣》。
[5] 李贽:《藏书》卷二,《世纪·匹夫首倡·陈王胜》。
[6] 李贽:《藏书》卷三,《〈忠义水浒传〉序》。
[7] 凡言词修饰,礼教娴熟的心肝,倒是强盗。(《李卓吾先生批评忠义水浒传》(容与堂刊)第三十八回回末点评)
[8]《李卓吾先生批评红拂记》第十出夹批。
[9] 李贽:《焚书》卷二,《答以女人学道为短见书》。

的唯“父母之命，媒妁之言”的旧的婚姻制度。可以说，启蒙思潮之所以能发展到“非名教所能羁络”的地步，李贽的“颠倒千万世之是非”的是非观无疑是一个理论上的突破口。李贽的思想继承了泰州学派的学术传统，并发展到启蒙思潮的顶峰，闪烁出市民意识的光华。他谈笑间抨击孔孟裁量千年是非、挥斥处掀翻万世之名教的战斗风格，震撼了学术界乃至封建统治者。

五、晚明启蒙思潮与文艺复兴

要准确评价晚明的启蒙思潮，就不妨将之与同一时期西方的文艺复兴作一比较。在西欧，14—16 世纪正在形成的资产阶级在复兴古希腊罗马文化的名义下掀起了一场思想文化运动，被称作文艺复兴。意大利是欧洲最早产生资本主义萌芽的国家，同样也是文艺复兴的发源地。文艺复兴在历史上发挥了衔接中世纪和近代的作用，揭开了近代欧洲历史的序幕。在同一时期的中国，随着王学中泰州学派和市民阶层的崛起，出现了一股肯定人欲、为工商业者辩护、批判封建集权专制的思潮。二者共同构成了这一时期东西方文化史上的双璧。

西欧的文艺复兴是早期资产阶级掀起的一场反封建、反神学的新文化运动，使当时人们的思想发生了变化，也为后来的启蒙运动奠定了思想基础。人文主义是文艺复兴运动的核心思想，人文主义者通过文学艺术作品提倡人的伟大与价值，歌颂现实生活的美好与重要，并对教皇和教会的腐败作了辛辣的讽刺与揭露。西欧文艺复兴中的人文主义思想主要表现在采取各种形式去赞美人的伟大，歌颂人的价值和提倡人的尊严。他们大声疾呼在世俗世界里主宰世界的是人，而不是上帝。针对教会的蒙昧主义，人文主义者大力宣扬知识的作用和人的全面发展。人文主义主张社会生活的中心是人，反对以神为中心；主张人权，反对神权；提倡人性，反对神性；提倡个性，反对宗教桎梏；提倡现实幸福，反对虚幻来世；提倡科学，反对愚昧。人文主义者所掀起的这一思潮，冲击着中世纪神学的精神大厦，促进了人们的思想解放和科学文化的发展。

文艺复兴运动源于意大利，意大利早期文艺复兴经历了三个阶段。早期阶段发生在 14 世纪，以文学成就最为突出，其中但丁(Dante，1265—1321 年)、彼特拉克(Petrarca，1304—1374 年)、薄伽丘(Boccaccio，1313—1375 年)名声最著，并称为意大利文艺复兴的“文坛三杰”。但丁的代表作是《神曲》，它通过对幻游地狱、炼狱和天堂三界的过程中所遭遇到的各类人物的描写，抨击了教会的贪婪腐化和封建统治的黑暗残暴，呼吁思想解放和宽待异教。彼特拉克的代表作抒情诗集《歌集》第一次摆脱了中世纪禁欲主义的束缚，抒发了个人喜怒哀乐的情感，主张抛弃哲学对神的研究而转向对人的研究。薄伽丘的《十日谈》中记载了很多教皇买卖圣职、谋财害命、教士污人妻女、腐化堕落的故事。他们开始对宇宙和人生新的思考，提出了许多新的观点。15 世纪早期和中期是市民人文主义时期，这一时期的特点是人们开始抛弃纯粹学究式的思考和研究，主张更深入地涉足社会生活。与中世纪人们相信统治精神世界的罗马教廷和统治世俗世界的神圣罗马帝国是上帝意志的体现不同，他们更多地赞美城邦的共和国制度和古罗马的公民精神，强调城邦市民的“积极生活”。15 世纪下半期，意大利进入后期人文主义时期，特点是开始调和人文主义、基督教和古典哲学的关系，由原来强调积极的市民生活转向隐修的宗教生活。发生这一转变的外部原因是从 15 世纪末开始，文艺复兴的两大中心佛罗伦萨和罗马先后进入了动荡时期，意大利和平繁荣的政治局面结束了。同时，许多杰出的人文主义者在这一时期也相继去世或离开了佛罗伦萨，这也使意大利的文艺复兴运动不可避免地走向了衰落。

在经历了意大利的早期文艺复兴运动后，15 世纪末、16 世纪初文艺复兴又先后在英国、德国、法国、西班牙等国兴起，反映了早期资产阶级意识的新文化普遍繁荣，其特点是反对禁欲主义、蒙昧主义，鼓吹人的幸福、人们之间的友谊和爱情。

英国的文艺复兴成就卓著。文学方面有莎士比亚(Shakespeare，1564—1616 年)，他的戏剧作品显示了同情下层人民的人文主义倾向，充满了乐观主义的精神，洋溢着对男女平等、友谊与爱的赞颂，充分表达了人文主义的道德理想。同时在英国还产生了空想社会主义者托马斯·莫尔(Thomas More，1478—1535 年)、哲学家弗兰西斯·培根等。莫尔的代表作《乌托邦》提出了空想社会主义思想的社会改革方案，渗透着人文主义的精神。莫尔认为追求社会公平的制度是人性的需要，认为人在追求身体快乐以外也追求精神的快乐。享受尘世生活的幸福是人生最大的本色，完全符合理性和自然界的意向。这一思想在当时具有强烈的反神性意义。培根同样具有强烈人文主义精神，他十分强调人类掌握自然科学的重要性，认为人类只要掌握了知识，就可以成为世界的主人，因为人的知识与人的能力是同一的，“知识就是力量”这句至理名言就是他提出的。他批判了中世纪的蒙昧主义，在人们心中激起了新的良知和新的希望，使文艺复兴的成果达到高峰。

德国的文艺复兴运动主要集中于道德、宗教、哲学等问题的探索上，主要代表人物有德西德里乌斯·伊拉斯谟(Desiderius Erasmus，1469—1536年)等人。伊拉斯谟是16世纪誉满欧洲的人文主义者，他在其最受欢迎的作品《愚人颂》中假托一个“愚人”女子高喊出人生的目的首先是享乐，并认为这是由人类的自然本性决定的，每个人只有遵守自然规律，才能获得幸福。她夸耀自己的品质，讥笑教皇、主教、僧侣和经院学者的虚伪和卑鄙，揭露封建贵族的贪婪和邪恶；她劝告人们向她学习，任性而为，尽情狂欢。《愚人颂》实际上就是“人性颂”。伊拉斯谟歌颂个性解放，提倡人的意志自由和个性自由的发展，强调自由意志属于人的专用名词，只有自由、知识和理性才是组成道德与良心的重要因素。这一反对宗教禁欲主义的人文主义思想，为德国的宗教改革运动提供了强大的理论武器。

法国的文艺复兴运动以弗朗索瓦·拉伯雷(Francois Rabelais，1494—1553年)等人为代表。拉伯雷出身于法国中部一个律师家庭，其代表作是长篇小说《巨人传》。在这部小说中，作者严厉地批判了封建社会及其意识形态，对专横独断和腐朽至极的天主教会和寄生的封建贵族做了尖锐的讽刺。他在作品中强调人的力量，强调人的自然本性，叫人相信教育的作用，主张人应有全面的发展。这反映了新兴的资产阶级要求冲破教会愚昧的要求。他提出“服从您的意欲而行”,并设计了一个“德善美修道院”。这个修道院的特点是想做什么就做什么;修道院的秩序无硬性规定,不是按照钟声行事,而是按照人的理性和智慧安排行动;修道院来去自由,只消本人愿意,随时可以出院,不受约束;修道院不修筑任何妨碍人的自由行动的围墙。拉伯雷认为只有这样才能充分自由,才能培养出修养成熟的全知全能的人——这些人不论男女,没有一个不是能读能写、能歌能唱、能写诗、能作文的人,实现了人的全面发展。拉伯雷提出的培养全知全能的人以及“干你所愿干的事”的原则,正是资产阶级要求个性解放的反映。

文艺复兴在哲学方面的代表人物有著名的理性主义者笛卡儿。笛卡儿是法国的著名数学家,也是法国理性主义的创始人,他反对经院哲学,否认教会权威,其哲学充满了人文主义精神。塞万提斯(Cervantes, 1547—1616 年)是 16 世纪西班牙最著名的人文主义者和现实主义作家,其代表作《堂吉诃德》揭露了正在走向没落的西班牙王国存在的种种矛盾,谴责了荒淫堕落的贵族阶级、封建帝王的专横和天主教会的黑暗腐败,同情在专制政治压迫下的农民和手工业者的贫苦困境,反映了早期人文主义者反封建反教会的斗争精神。文艺复兴到西方启蒙思潮的发展遵循着如下的路径:首先,围绕着“人是万物的尺度”这一命题,把中世纪以神为本的思想转移到以人为本的思想轨道上来;接着,提出了“天赋人权说”,全面肯定了人的价值;最后触及了个人与社会群体的合理关系,提出了“社会契约说”。

晚明启蒙思潮是在反“理学”禁锢过程中产生的,因而具有强烈的反封建礼教、反程朱理学和反封建禁欲主义。与之不同，文艺复兴反对的是教会的禁欲主义和蒙昧主义，表现为对现实生活和人生的赞美和肯定。文艺复兴的领导者们主张以社会生活的人为中心，采取了各种形式去赞美了人的伟大，恢复了人的自信，高扬了人的价值。大声疾呼在世俗世界里主宰世界和人生的是人，而不是虚幻的上帝和神灵，反对以神为中心。他们主张人权，提倡人性，大力鼓吹人的意志自由和个性自由的发展，提倡个性解放，并把这种观点作为同教会禁欲主义作斗争的手段。他们反对神权，反对神性，提倡追求现实生涯和尘世的享乐，歌颂爱情和友谊，提倡现实的幸福和尘世的享乐，反对宗教桎梏，反对教会所宣扬的虚幻"来世"和"天堂"幸福。他们提倡科学，反对教会的蒙昧主义，大力宣扬知识的作用和人的全面发展。

二者的历史影响也不同：晚明启蒙思潮虽也给当世以至后世的中国精神文化领域产生过重要的影响，但这种影响无论是从深度还是从广度来讲，都不如文艺复兴的人文主义影响大。可以概括说，文艺复兴的人文主义冲毁了中世纪的神学殿堂，为近代资产阶级的文化发展打下了基础；而晚明的启蒙思潮只是对封建正统的观念进行了一定程度的冲击和否定，没有也不可能彻底冲破封建主义的价值观念和思想藩篱，随着明清政权的更替便归于沉寂。

第四章

启蒙思潮中的文艺情痴

晚明启蒙思潮哲学上以王学的激进派泰州学派为代表，文艺上则以徐渭、李贽、汤显祖、袁宏道、冯梦龙等一批文艺理论家为代表。文艺启蒙思潮是由哲学启蒙思潮衍生而来的。晚明文艺思潮的一个鲜明特点是推崇与理学的“天理”世界相抗衡的情感世界。徐渭的“本色论”，李贽的“童心说”，汤显祖的“至情论”，袁宏道的“真声论”，冯梦龙的“情教说”都是这一特点的鲜明表现。晚明时代，由摒情尊理向主情反理的这一审美时尚的转向，是伴随着个性解放的哲学思潮而来的，同时也是中国古代美学启蒙的象征。造成这一格局的原因是多方面的，其主要原因有以下两点：一是明中叶商品经济的活跃，市民阶层力量的壮大，给艺术创作注重人的主体情感要求注入了新的活力；二是功利主义价值观念的崛起和哲学启蒙学者不遗余力地鼓吹对人的利益、欲求的重视直接促进了重情思想的发展。在这一价值观念的影响下，晚明的文学艺术突出的是市民贱夫们的世俗人情，描绘的是一幅幅平淡无奇却又多姿多彩的社会风习画卷。文艺启蒙思想家之间又互相影响，共同激荡了这一思潮的高涨，使晚明的文艺殿堂里荡漾着清新的时代气息。

晚明文学家的创作观念也出现了创造环境市井化、文学创造商业化和文学家的才艺多样化的新变化。由于在市井中不仅能得到较好的物质享受，还可凭着自己的文学才能获“利”，许多文人走出了书斋，混迹市井，如李渔就从偏僻的山村移居到杭州和金陵。即使那些自称为“山人”的隐士也开始耐不住清贫而混迹市井。袁宏道说：“今山人之迹，什九市廛。”[1]受“利”的驱使，文学家不仅是为了寄情言志、自娱消遣或劝化世俗来进行文学创造，同时也把文学创造作为一种谋利的手段，如徐渭卖书画、李渔“砚田糊口”[2]都是例子。为了谋得更多的“利”，文学家们已不局限于在文学一个领域内谋利，而是努力扩大谋利的范围，因此，也就使得他们具有多种才艺。例如，李渔不仅娴熟戏曲、小说、诗文的创作，而且在园林、绘画、篆刻、服饰、饮食、养生等方面也十分精通。他还组织了一个家庭戏班，自编自导，借以获利，又经营书坊，刻印书籍营利。晚明的社会思潮也深刻地影响了戏剧的创作，特别是一些爱情、婚姻题材的剧作中，主“情”反“理”、追求人性解放的精神十分突出。当时最有影响的剧作家是汤显祖，他的《牡丹亭》问世以后，以其对社会陈规的强大冲击力引起了广泛的反响。

---

[1] 袁宏道：《袁中郎集》卷十六《杂录》，《题陈山人山水卷》。
[2] 李渔：《笠翁文集》卷二，《曲部誓词》。

一、哲学启蒙思潮对文艺思潮的影响

晚明的市民文艺思潮是受哲学启蒙思潮的影响发展起来的。文艺思潮中的许多代表性人物，或直接是阳明学派的传人，如唐顺之、焦竑、陶望龄等人被黄宗羲列于阳明学派之中；或深受阳明学的影响，如徐渭、汤显祖、公安三袁和屠隆等。他们都归慕阳明学，如袁宏道虽然傲视同侪，却明确声称“当代可掩前古者，惟阳明一派良知学问而已”[1]。屠隆在《〈刘鲁桥先生文集〉序》中也称赞道：“余姚王先生则揭良知以示学者，学者如披云雾而睹青天……故致良知则大道毕矣。”

文艺思潮与启蒙思潮的思想联系，主要表现在以下几个方面。

第一，阳明在情与心性方面表现出了一些融通的迹象，如他认为“自然”的七情与良知是完全统一的。王阳明在心与情的关系方面，消除了程朱理学以性统情、以理灭欲的强制色彩，强调了主体的自为能力，并将普遍之“理”内化于个体之“心”中，这就强化了主体的意识，削弱了异己的力量和强制的色彩。这一良知说在对传统儒学的改造中提供了晚明文人可以依凭的思想端倪，这也就是晚明文人普遍崇奉阳明学的原因所在。如前所论，王阳明倡导心为本体的良知哲学，在这一良知哲学中已蕴含着内在的矛盾与分化的可能。王阳明死后，诸弟子由于对“良知”的解说不同，王学开始分化。泰州学派的创始人王艮倡导“以自

[1] 袁宏道：《袁中郎全集》卷二十三，《答梅客生》。

然为宗”,主张良知本体“不着人力安排”,认为“人心本自乐”,明确地提出追求快乐是人的自然本体。这一“自然人性论”[1]对文艺思潮的影响,就表现在文艺创造上倡导自然“性情说”,肯定并大胆歌颂人的“真情”和对“情欲”的追求满足。

第二,与传统儒学相比,阳明论学,“求之于心而非也,虽其言之出于孔子”,也“不敢以为是”[2]。他不信而好古,乃至被指斥为“束书不观”,这与晚明文艺思潮排斥拟古的文学观念十分吻合。晚明文艺思潮的要义在于师心不师古,强调诗文不必师法前人,唯求自运,唯求得真。这其中,李贽的“童心说”也发挥了重要的先导意义。李贽解释“童心”是“绝假纯真,最初一念之本心”,也就是由人的自然本性所产生的未经假饰的真实情感:“天下之至文,未有不出于童心焉者也。”与之对立的,则是由耳目而入的“闻见道理”。[3] 公安派倡导的性灵说,其核心就在于不拘古法,直抒自我,也渊源于李贽的“童心”。袁宏道明确提出“无闻无识”的“真人”之作往往“多真声”,这些作品“能通于人之喜怒哀乐、嗜好情欲”[4]。相反,那些虚伪的道学家们则“浮泛不切,依凭古人之式样,取润贤圣之余沫,妄自尊大,欺己欺人”,

[1] 参见《明儒学案》卷十五《浙中王门学案五·教谕胡今山先生翰》、《明儒王心斋先生遗集》卷一之《语录》及卷二之《尺牍密证·乐学歌》。“自然人性论”的观点与欧洲人道主义者荷兰伊拉斯谟的“自由意志论”、法国蒙田的享乐主义道德原则非常接近,都认为人们按人性要求去追求正常的快乐和幸福是人类的“自然意向”。这一观点不论是在欧洲还是在中国,都起到了促进人性解放的积极作用。

[2] 王守仁:《传习录中·答罗整庵少宰书》。

[3] 李贽:《焚书》卷三,《童心说》。

[4] 袁宏道:《袁中郎全集》卷一,《叙小修诗》。

其实是“孔门之优孟、衣冠之盗贼”[1]。不师古人，自抒胸臆，是晚明文艺启蒙思潮与复古派最根本的区别所在。而这一文坛风气无疑与阳明派的学风相关联。

第三，对性灵说的启迪。阳明学本于“吾心”的为学取向，最突出地表现在对晚明文人提倡的“性灵”说有直接的启悟。“性灵说”是晚明文学革新思潮的理论核心。倡导“性灵说”最力的是袁宏道，其“性灵说”是受到阳明学派，尤其是左派王学心性理论的影响形成的。这种影响主要体现在左派王学心性论所体现出的灵知活发、道德色彩淡化的特点上。王学左派继承了王阳明心性论“昭明灵觉”的特点，同时道德色彩明显淡化。如何心隐直截了当地提出“心不能以无欲”[2]。王襞等人则将道德之“心”改造成“莹彻虚明”“通变神应”[3]活泼充融的心体。王学左派的这些思想对文艺思潮的影响，就在于它淡化了自《诗大序》以来一直强调的文学作品要“经夫妇，成孝教，厚人伦，美教化，移风俗”的教化功能。如屠隆认为诗乃“由性情生者也”，唐诗之所以受到人们广泛赞扬，就是因为其“生乎性情者也”[4]，即把人的自然情感作为诗歌反映的内容。袁宏道的“性灵说”进一步把儒学心性论的灵明特点化成“变化纵横，不可方物”的灵动才思，乃至认为文学创造以“独抒性灵”为旨归。这种灵动的才思，将传统的儒家道德律令视为草芥，主张“率性而行”“任性

[1] 袁宏道：《袁中郎全集》卷二十，《徐汉明》。
[2] 何心隐：《何心隐先生爨桐集》卷二，《辩无欲》。
[3] 王襞：《明儒王东厓先生遗集》卷二，《文类杂录・题鹤州卷》。
[4] 屠隆：《由拳集》卷十二，《〈唐诗品汇〉选释断序》。

而发”，具有某些近代自然人性论的色彩。[1] 这一思想体现于他的“性灵说”中则是强调“真”，认为“喜怒哀乐嗜好情欲”的自然流露就是“真声”，唯有其“真”才符合“趣”的审美规范。袁宏道正是以求“真”的创作原则，荡涤了文坛“摹拟涂泽之病”。

第四，泰州学派的“百姓日用即道”的观点提高了市民阶层的地位，也促使了反映市井平民生活的市民文艺的兴起与繁荣，提高了市民文艺在文坛上的地位。王阳明认为，在百姓的日用中就包含着良知，因此，“与愚夫愚妇异的是谓异端”[2]。王艮进一步把这两句话改造发展成为“圣人之道无异于百姓日用，凡有异者，皆是异端”[3]。这样一来，凡符合百姓日用的就是道，不符合百姓日用的就不是道，就是异端。“百姓日用”是指百姓的日常物质生活的需求，“道”即“良知”、真理。“百姓日用即道”强调的是百姓日常的物质生活的需求就是良知的体现，即百姓天然率真的自然人性就是良知，这无疑等于宣布市民阶层的物质生活的需求是合理的，这就提高了市民阶层作为“人”的社会地位。这一思想对文艺思潮的影响表现在它促使了反映市民生活与情趣的俗文学的广泛流行，并要求在文坛上争得正统的地位。明代后期通俗文学取得的重大成就就与泰州学派尤其是李贽的影响有关。李贽鄙薄六经、《论语》、《孟子》等儒家经典的同时，却大力推崇《西厢记》《水浒传》等作品，借以宣传自己的文学思想和人生观念。这给当时文人以很大的影响。后来的冯梦龙

[1] 袁宏道：《袁中郎全集》卷一，《叙小修诗》。
[2] 王守仁：《传习录下》。
[3] 王艮：《明儒王心斋先生遗集》卷一，《语录》。

就是受泰州学派和李贽的影响而以整理、编著通俗文学为自己的毕生事业。

文艺思潮与哲学启蒙思潮的联系，还可以通过两个思潮主要代表人物之间的关系加以说明。

文艺思潮的先驱是徐渭。他是王学激进派王畿的学生，很佩服王艮，与唐顺之、王慎中这些王学人物的关系亦在师友之间。生前因地位低卑，在当时影响有限，但在死后不久即被公安派领袖袁宏道尊为明代第一诗人。他不仅在诗歌，而且在散文和戏曲方面，徐渭都是晚明文学的先驱。一方面，李贽的思想渊源于泰州学派的王襞（李贽的老师）、罗汝芳以及梁汝元（何心隐）。另一方面，李贽又对王畿极为崇拜，称赞王畿的著作"前无往古，今无来者"[1]。李贽既是泰州学派哲学启蒙思潮的代表性人物，又是文艺启蒙思潮的理论代表。"两个启蒙思潮的理论代表是同一个人，最有力地说明了两个启蒙思潮的内在的一致性。"[2]文艺思潮最杰出的戏曲作家和戏曲理论家是汤显祖。汤显祖是哲学启蒙思潮主要营垒泰州学派罗汝芳的学生，他的文艺思想直接渊源于罗汝芳的自然人性论。[3] 汤显祖与李贽虽仅一面之缘，但李贽给他思想以很深的影响。如汤显祖在看

---

[1] 李贽：《焚书》卷三，《〈龙溪先生文录抄〉序》。

[2] 葛荣晋：《中国实学思想史》（中），首都师范大学出版社，1994，第384页。

[3] 罗汝芳是汤显祖的老师。罗汝芳（1515—1588年）先受程朱理学的熏陶，后遇泰州学派的创始人王艮的弟子颜钧，改信王学，致力于泰州学派哲学思想的钻研与传播，与王畿（龙溪）并称"二溪"，是泰州学派中一个较有影响的人物。罗汝芳主张具有人道主义的"赤子之心"，即"爱根"与"仁"，推崇这一爱根，即"仁者人也，亲亲为大"。汤显祖深受罗汝芳这一思想的影响。汤显祖曾说："吾游夫子世矣，所至若元和之条昶，流风穆羽若乐之出于虚而满于自然也。"（汤显祖：《玉茗堂全集·文》卷五，《明德罗先生诗集序》）

了李贽的《焚书》之后赞扬李贽是“畸人”，要求朋友寄李贽的著作给他看。[1] 李贽自杀，他有《叹卓老》诗表达对李贽的悼念及崇拜：“自是精灵爱出家，钵头何必向京华？知教笑舞临刀仗，烂醉诸天雨杂花。”[2]他还写信董其昌，表达对李贽的怀念。文艺思潮最杰出的诗文作家和诗文理论家是袁宏道，他与罗汝芳的弟子焦竑和李贽都有师生关系。他对李贽钦佩之至，其“独抒性灵说”就是向李贽“童心说”学来的。袁宏道对罗汝芳的思想也很崇拜，对王畿更是佩服之至。

文艺启蒙思想家之间也相互推崇，互相影响。如徐渭与汤显祖虽从未会面，然两人互相推崇。徐渭对汤显祖的《问棘邮草》赞扬备至，称为“平生所未尝见”。他不惜屈尊写信汤显祖，希望汤能寄其他作品给他。汤显祖初读徐渭《四声猿》，就赞叹徐渭“有千夫之力”。他的《秣陵寄徐天池谓》诗中有“更乞天池半坳水，将公无私或能来”句。袁宏道在无意中读到徐渭的诗集时惊喜莫名，对这位几乎湮没无闻的前辈表示出极大的尊敬，并成为徐渭著作的大力推广者。他初阅《四声猿》顿感意气豪迈，后从朋友处借阅徐渭《阙编》，更叹为奇绝。他为宣扬徐渭，特著《徐文长传》，并到处向人推荐。还称道徐渭的诗文一扫王、李云雾，为“我朝第一诗人”。徐渭在文艺理论上强调独创，反对模拟，对袁宏道为代表的公安派有着不可忽视的影响。袁宏道同汤显祖的关系也十分密切，两人有多次书信往来。他称赞汤显

[1] 有李百泉先生者，见其《焚书》，畸人也！肯为求其书寄我骀荡否？（汤显祖：《玉茗堂全集·尺牍》卷一，《寄石楚阳苏州》）

[2] 汤显祖：《玉茗堂全集·诗》卷十。

祖的诗文“脱尽今日文人蹊径”[1]，“凌厉有佳句”[2]。汤显祖自称“极服楚才”，推崇袁宏道的《锦帆集》为“案头明月珠子”[3]。他们之间互相学习，互相推崇，共同探讨，共同战斗，从而激起了波澜壮阔的晚明文艺思潮。

二、“发于情性，由乎自然”

美的本质是什么？是感性还是理性？与此相关的则是文与道的关系问题。在中国古代文艺理论的发展过程中，有着崇“情”与崇“理”两种截然相反的看法。

战国时期的荀子，把美定义为是“礼义”的感性显现，把美看作是一种社会的理性。在文与道的关系上，主张以道为主。唐代的韩愈和柳宗元进一步提出了“文以载道”和“文以明道”的命题，其理论见解是一致的。理学家除继承这一主张外，还有排斥文艺独立性的倾向。如程颐提出“作文害道”的观点，朱熹明确地把文看作是道的派生物，明初刘基更有“文以理为主”的议论。明初文坛领袖宋濂醉心于理学，以周公、孔子自勉，于宋代诸儒中尤尊朱熹。他要求文艺的创作与鉴赏一定要受“天理”的支配，明显带有重道轻文的倾向。文艺与道德教化、政治的联系得到了强化，而体现人内心情感的主张则被置于次要的地位。文艺逐渐沦为封建纲常名教与“天理”世界的附庸，文艺界也以是

[1] 袁宏道：《袁中郎全集》卷二十一，《江进之》。
[2] 袁宏道：《袁中郎全集》卷二十七，《喜逢梅季豹》。
[3] 汤显祖：《玉茗堂全集・尺牍》卷二，《答袁中郎铨部》。

否有利于道德教化与等级制度作为衡量的标准。而那些对人的情感着力渲染的作品，阅读它则被当作轻薄恶劣的行为，为社会和家庭所不许。如《红楼梦》第二十三回讲到，贾宝玉在桃花下的石头上看《西厢记》，见林黛玉来了还谎称在看《中庸》《大学》，以作掩饰。这说明《西厢记》在当时是被作为淫词艳曲来看待的。从当时的社会心理层面来看，只有阅读《四书》一类与"天理"有关的著作才是正儿八经的，而凡是接触到人的真情实感的文艺作品，便会对神圣的"天理"世界有所损害。摒情尊理的文化心态，在明清两代占据着主宰的地位。但到了晚明时期，这一情况发生了变化，代表情的个体感性得到了高扬。高扬感性的启蒙思想家们打破了社会理性的绝对权威，"取缔"了它对个体感性的世袭统治，把它从高踞于个体感性之上的宝座上拉了下来，按在了个体感性之下。先有徐渭的"本色论"作理论上的发轫，再经过李贽、汤显祖、袁宏道、冯梦龙等人在戏剧、散文、小说、民歌等创作实践上的努力，遂提炼出了"情在理亡""情为理之维"等主情反理的文艺理论。情(个体感性)被提到了首位，开始了一场轰轰烈烈的个体感性的革命，促成了晚明文艺思潮的到来，标志着中国古代的美学进入了一个富有活力的发展新阶段。

首先突出强调"情"在文艺创造中有重要意义的是徐渭，他把情感和个性不受束缚的表现放在了文学艺术的首位。徐渭，字文长，号天池山人、青藤老人、田水月等。浙江山阴(治今绍兴)人。生于正德十六年(1521 年)，卒于万历二十一年(1593 年)，终年 73 岁。徐渭的一生，是艺术家的一生。在明代文坛上，他是个极少见的奇才。他有着多方面的艺术才能，诗、文、书、画无不擅长。他的文章识见超卓，气魄宏肆。如《四声猿》取峡猿夜啼、声寒神泣之意，所写“皆人生至奇至怪之事，使世界骇诧震动也”，深得汤显祖的推崇，也是今人公认的明代最优秀的杂剧作品。他的书法精奇伟杰，笔意奔放，一如其诗，袁宏道称他为“八法之散圣，字林之侠客”。他的绘画艺术成就也很高，他以水墨淋漓的大写意花鸟画来表现自己的强心铁骨与块垒不平之气，把文同、苏轼以来的文人画提高到了一个新的阶段。然而，这样一位艺术奇才的一生，却异常坎坷不幸。徐渭出生于一个衰落的小官吏家庭，1 岁丧父，13 岁丧母，寄身兄嫂门下，常靠变卖家产为生。虽勤奋苦学，但 20 岁进山阴县学为秀才后，参加了 8 次乡试竟终未中举。37 岁始以才艺为浙闽总督胡宗宪所知，应召入幕。好景不长，仅历 5 年，胡宗宪因罪被捕。此时的徐渭，因连受挫折而痛苦，又因可能受到株连而忧虑。他曾持斧砍头，以锥刺耳，竟不得死。以此可以想见他抑郁烦闷的心境。恍惚之中，他因疑杀死续妻，被捕入狱。狱中他写好了墓志铭，准备一死了之。由于故人的营救，七八年后他得以出狱。此时他已五十有三了。这之后，他曾走齐鲁燕赵之地。晚年寓居故里，穷愁潦倒，靠卖字画为生，以此了结一生。袁宏道在《徐文长传》中叹道：“古今文人牢骚困苦，未有若先生者也！”坎坷的命运经历，练就了他的叛逆性格，再加上王学思想的影响与时代的激荡，使他成了晚明文艺思潮的先驱。

徐渭师承王学。他生活于明代的中叶，个人又酷喜民间戏曲，自然要受到当时正在崛起的市民意识的影响。时代的激荡与王学激进思想的熏陶，构成了徐渭文艺思想形成的背景。

徐渭文艺理论的核心是强调追求文艺的“本色”。所谓“本色”，就是说一切文艺作品都应写出真实。这个真实就是本相。它既包括事物的本相，也包括作者的本相。怎样才能写出“本色”的真实？徐渭认为，文艺创作要写出本色，就只能从自己的真情出发。因此，徐渭非常重视并强调“情”的意义。概述其观点的大意，是说“情”对人生有着巨大的支配作用和最高意义，“人生坠地，便为情使”，所以文学艺术也即为“摹情”而作。他强调文艺创作中离不开一个“情”字，“情”是文艺的生命，文艺由情而生，更以“摹情弥真”为其价值。对于“艳情”，徐渭也加以肯定。他还把“淫”与“艳”的文学与《国风》《离骚》并称。他著《歌代啸》，公开对人的情欲加以肯定。剧中借李和尚的口呼出：“佛爷爷，你若不稍宽些子戒，那里再有佛子与佛孙！”他提出“因缘情色”的四大理由，还说这应该是无物不该、无时不然的“道”。剧中也有对性行为的隐晦描写。他对李和尚是用同情的笔墨来写的，认为“睹貌相悦，人之情也”，设法满足这一情欲是符合道德的。这是一种“理在情内”的新观念。在《玉禅师翠乡一梦》中，他借玉通长老的话说：“欲河堤不通一线，虽然生活在世，似死了不曾然！”对禁欲主义加以嘲笑。可以说徐渭的文艺本色论是一种唯情为本的文艺本原论。

李贽是晚明哲学启蒙思潮的主将，也是文艺启蒙理论的代表。他的文艺启蒙理论集中体现在他的“童心说”中。

李贽提出以“童心”为文艺的本原：“天下之至文，未有不出于童心焉者也。”[1]那么，何谓“童心”？李贽对“童心”的含义作了具体的解释。他认为童心就是人的“真心”，是最初一念的“本心”，也就是人的“初心”。很显然，它与王阳明“未发之中”的“无善无恶说”在思想上是一脉相承的，并由此发展而来。这种“童心”与后天的“道理闻见”是相对立的。也正是由于后天“道理闻见”的侵蚀，才使人们的童心逐渐丧失。“童心”一失，便“以假人言假言”“事假事而文假文”，现实世界便成了一个虚假的世界。在李贽看来，造成这一虚假世界的原因，是由于“自多读书识义理而来”的“道理闻见”的侵蚀。这一“道理闻见”具体指什么？李贽明确指出是指传统的社会理性，即六经、《论语》、《孟子》的孔孟之道。就这样，李贽由倡“童心”转而到对六经、《论语》、《孟子》的批判，最后落实到对作为封建统治思想的社会理性的否定。标举“童心”并有意将它与“闻见知识”相对立，其意义一是强调了将真实情感与个性作为文学的主要基础的重要原则，同时也为与封建道德很不合拍的“喜怒哀乐嗜好情欲”大量进入文学作品提出了根据，这其中的反传统意义十分明显。李贽的“童心”，就是与传统的社会理性相对立的个体感性之心。这种“童心”，实际上就是市民之心，反映的是市民阶层的思想意识。它也意味着文学的解放。

文学艺术来自人心灵的创造，只有具备了真心，才能创造出真正的、有感染力的美的作品来。在李贽看来，这个真心丧失的虚伪时代，如果不首先涤除“道理闻见”这种传统社会理性的污

[1] 李贽：《焚书》卷三，《童心说》。

染，恢复人的本心，也就不可能有真正的文艺创造，激起人们的审美趣味来。所以李贽在《童心说》的最后发出了这样深沉的感慨：我什么时候才能遇见一个童心未失的人，来与他谈论真正的文艺呢！

“童心”既然“绝假纯真”，故所发必须是真情，是“性情”之“自然”。李贽称赞《西厢记》，是因为《西厢记》在一定程度上突破了传统理性（即封建礼教）的束缚，赞扬了一见倾心式的爱情。他对《西厢记》的欣赏，实际上是对这种“绝假纯真”爱情的欣赏。他曾说：一个人在世间生活，“那有不相爱之理?”“天地只是一个情”而已。他提出文艺作品的美是在于“发于情性，由乎自然”[1]。这种发乎情性的“自然”，代表的是一种个体的感性，强调的是礼义的社会理性本源之于个体的感性之中，而不是在个体的感性之外。只要是发自真实的个体感性，也就自然合乎社会的理性。这就解除了社会理性对个体感性的制约，争得了个体感性的解放。在这种“情性说”中，还肯定了人的“艳情”“情欲”。他认为“好色”也是人们所“共好而共习”的天性，男女以色相悦，当然可以如红拂女、卓文君那样大胆主动地去追求自己的爱情。所以他赞扬红拂女见到李靖的雄伟英姿油然生爱而私奔为“天下第一嫁法”，评论卓文君的私奔为“云从龙，风从虎，归凤求凰，安可诬哉?”[2]

李贽提倡“发于情性”的文艺，文艺自然也就成了人心灵的自由抒发，这就等于宣布了文艺的解放。对这种自由的文艺来

[1] 李贽：《焚书》卷三，《读律肤说》。
[2] 李贽：《藏书》卷三十七《儒臣传・词学儒臣・司马相如》。

说，一切所谓文法诗格均成为赘物。这种自由的文艺只是心灵的自由歌唱，它发于情性，是情之所至。只有这种文艺，才合乎李贽所提倡的“发于情性”的自然之美。这种审美观，表现了李贽抛弃传统社会理性（诸如法度、格调之类）的考虑，而见景生情、触目兴叹，纯任自然的那种愤世嫉俗、惊天动地的至情。

总之，李贽“童心”说的实质，就是要以带有市民倾向的新文学代替正统的封建文学。在他提倡恢复人的“最初一念之本心”的时候，实际上就是以市民之心为人的本心，从而使文艺走出了仅仅表现士大夫生活情趣的狭小天地，走向反映市井小民的日常生活，因而具有提倡市民文艺的意义。

汤显祖更加强调以情为本。汤显祖，字义仍，号海若、若士，别署清远道人。江西临川（治今抚州）人。生于嘉靖二十九年（1550 年），卒于万历四十四年（1616 年），终年 67 岁。汤显祖 21 岁时中举，文名渐隆，然屡应会试不第。他是明代伟大的戏曲作家和文艺思想家，著有《牡丹亭》等戏曲四种，诗文多卷。在汤显祖的身上，存在着一种浩然而奇异的“性气”，表现在他傲视权贵，愤世嫉俗，绝不肯屈己以同流合污。他十分鄙夷那种趋炎媚世之辈，具有一种“伉壮不阿之气”[1]，不仅同世俗权贵相对立，也同封建知识分子的传统生活道路相对立。正因为此，他一生仕履坎坷。他才思敏捷，文名早著，但因得罪张居正而迟迟不能中第。直到张居正被劾倒台，才获同进士出身。可又因得罪新任辅臣申时行、张四维，而只得到太常寺这样一个小官。而且

[1] 汤显祖：《玉茗堂全集 · 尺牍》卷一，《答余中宇先生》。

又以其“性气怪时”，与当时的显宦兼文坛领袖王世贞、王世懋兄弟不和（王世懋时任南京太常寺少卿，是汤的顶头上司），加之他因严劾首辅申时行，连及皇帝，被以“假借国事攻击元辅”的罪名贬为地处雷州半岛、荒僻辽绝的广东徐闻县典吏。44 岁时，移浙江遂昌知县。不久，他又因反对矿税的黑暗政治愤而辞职，诀别了官场生活，回到了市井村坊。此时的汤显祖才 49 岁。在此后的近 20 年里，汤显祖在家乡专心致力于戏曲的创作。《牡丹亭》《南柯记》《邯郸记》相继问世。他还热情扶持当地的戏曲事业，成了江西戏曲界的领袖人物。

汤显祖思想上受王学影响很深。前面提到，他是泰州学派学者罗汝芳的弟子。他 13 岁时，就学于罗汝芳。后来汤显祖虽倾心于戏曲而未能致力于学术的研究，但始终与罗汝芳保持着密切的联系。他对李贽也十分敬佩，评价李贽说：“如明德先生者，时在吾心眼中矣。见以可上人之雄，听以李百泉之杰，寻其吐属，如获美剑。”[1]“明德先生”指罗汝芳，“李百泉”即李贽。他读到李贽的《焚书》，深表倾慕。相隔多年，辞官以后，他和李贽曾相会于临川。李贽的影响对汤显祖思想的成熟有着重要的意义。王学激进思想的影响，更加助长了他那傲视权贵、鄙视世俗的独立不羁的性格。同时，以明中后期市民阶层的崛起为根源的哲学启蒙思潮，也深深地影响了汤显祖，使他成为晚明文艺思潮在戏曲理论方面的一个杰出代表。

汤显祖文艺理论的核心是一个“情”字，情是他文艺创作的

---

[1] 汤显祖：《玉茗堂全集·尺牍》卷一，《答管东溟》。

原动力与审美情趣的尺度。他所说的“情”，是具有哲学高度的情。他的情论，就是情的哲学。“人生而有情”，这是人的本性；“世总为情”，这是人世的本质；“万物之情各有其志”，人之情就包含着人之志亦即人之理，人的世界就应是情的世界，满足情的要求。而文艺，既是情的产物，又是情的表现。他要呼唤出的就是一个有情的世界。他在论述戏曲的本原、诗的产生时，都大显了一个“情”字。在他看来，不论是戏曲还是诗歌，一切都是“情”的产物。他自己的创作，也都是为“情”所使。在他看来，“情”之所以能促使文学作品的产生，是因为“情”是人世间的动力。“人生有情”贯穿于万事，就化出了一个悲欢离合、纷纷扰扰的社会，即他所谓“世总为情”。“天下之声音笑貌、大小生死，不出乎是”[1]，当人的情被压抑时就会“感于幽微，流于啸歌”[2]，从而创造出人世间最伟美的文艺。因此，情才是文艺的源泉，文艺的生命，也是沟通作者与读者的唯一桥梁。汤显祖《董解元西厢题辞》认为，董解元写《西厢记》，是以己之情“索崔、张之情于花月徘徊之间”。他自己读《西厢记》，又是以己之情“索董之情于笔墨烟波之际”。从作者到作品，都是为情所沟通，为情所环绕。文艺创造为了表现情，文艺鉴赏是为了体验情，文艺作品的价值也就在于一个情。

汤显祖还把情推进到了超越生死的“至情”境界。在《牡丹亭记题词》中，他说自己著的《牡丹亭》就是一曲“至情”的颂歌：“天下女子有情宁有如杜丽娘者乎……情不知所起，一往而情

[1] 汤显祖：《玉茗堂全集·文》卷四，《耳伯麻姑游诗序》。
[2] 汤显祖：《玉茗堂全集·文》卷七，《宜黄县戏神清源师庙记》。

深，生者可以死，死可以生。”“至情”就是至纯、至深的情。它是至纯的，不含有任何利害得失的考虑；它是至深的，生可以死，死可以生，一切牺牲都在所不辞，一切障碍都可以超越，一切困难都可以克服。它不知所起，自己就是起因；它不知所终，本身就是目的。在汤显祖那里，情超越了作为它的存在前提的生命。这是情高度的提炼和升华。它坚不可摧，一往无前，驱动着人生跨过一切现实的障碍，这是情的高度升华。汤显祖就是要赋予情一种神圣的、超现实的力量。在“至情”境界里，情在没有地平线统摄的世界里自由地翱翔。这种情当然也包括了人的情欲。汤显祖作《牡丹亭》，其剧情就是围绕着杜丽娘的情欲冲动，热情地追求梦中的情人而展开的。从《关雎》开始讲动情肠，在满园春色中“忽慕春情”，于是春情难遣，春心飞悬，在《惊梦》和《幽媾》折里，还描写了她的情欲在梦中的满足，然而一觉醒来，更是系恨在心肠。汤显祖的《牡丹亭》就是一部地地道道的“痴情慕色”的情欲戏。汤显祖高扬情的剧作，在当时的社会上曾产生了广泛的影响。现今所能看到的野史笔记中，留下了许多富有反抗意义的逸闻轶事。如娄江女子俞二娘酷爱《牡丹亭》，“蝇头细字，批注其侧。幽思苦韵，有痛于本词者，十七惋愤而死”[1]。汤显祖曾作诗《哭娄江女子二首》悼念，其一曰：“画烛摇金阁，真珠泣绣窗，如何伤此曲，偏只在娄江？何自为情死？悲伤必有神。一时文字业，天下有心人。”又广陵女子冯小青读了《牡丹亭》后留下绝句：“冷雨幽窗不可听，挑灯闲看《牡丹亭》。人间也

[1] 汤显祖：《玉茗堂全集·诗》卷十一，《哭娄江女子二首》诗序。

有痴于我，岂独伤心是小青?”她哀自己迫于封建礼教的压力嫁人为妾，忧郁终日，不久幽愤而亡。[1] 杭州女艺人商小玲演此剧时想到自己的遭遇，悲恸难禁，猝死在舞台上。

汤显祖如此地高扬情，即是高扬人的个体感性。汤显祖认为情就是性，它包括性爱之欲在内的人生欲求，程允昌《南九宫十三调曲谱序》加以概括说:“离情而言性，一家之私言;合情而言性，天下之公言。”将情欲视作是人性之本能，并以杰出的艺术创造表现它的美好动人，这就势必与传统的社会理性要发生对立与冲突。汤显祖在《戈说序》中坚决反对以“理”格“情”，主张“情在而理亡”。汤显祖所说的“情”是指生命欲望、生命活力的自然与真实状态，“理”是指社会生活构成秩序的是非准则。汤显祖看到了合情未必合理，合理又未必合情。理具有制约性而情则具有活跃性，任何时候都存在矛盾。当传统的社会理性已经异化为个体感性的枷锁时，情与理的矛盾冲突就往往难以避免。而且，世道愈下，传统的社会理性越得到强化，情的处境也就愈加艰难。他在《青莲阁记》中强调:“今天下，大致灭才情而尊吏法。”[2]“法”也就是“理”，属于传统的社会理性。汤显祖指责他所处的明王朝是一个无情的天下，传统的社会理性已经桎梏了个体的感性。面对现实社会的这种情与理的对立与冲突，汤显祖所选择的是情，所高扬的是个体感性，也就是把人追求幸福的权利置于既有的社会规范之上，在文学创作中即表现为人性解放的精神。这些论述直接把矛头指向了非情的“理”，要求

[1] 蒋瑞藻:《小说考证续编》卷二。
[2] 汤显祖:《玉茗堂全集・文》卷七，《青莲阁记》。

解除封建伦理对人性的束缚。他要打破社会理性的绝对权威，取缔它对个体感性的世袭统治，把它从高居于个体感性之上的宝座上拉下来，按在个体感性之下。《牡丹亭记题词》明确强调："情有者理必无，理有者情必无"，"云理之所必无，安知情之所必有邪！"汤显祖在反驳有人指责杜丽娘因情而死，是为了情而不合于理时，提出了他的两个观点：第一，理不是衡量文艺的绝对标准；第二，理也不是衡量情的绝对标准。汤显祖认为因文艺属于情感与想象的世界，它只遵守情感的逻辑，根据情感的逻辑加以想象虚幻情节是可以的；情是独立于理而存在的，故不合于理的却可以合于情。汤显祖的这一情理论对当时的文学风气影响极大。正因为汤显祖在文艺理论上强调情，强调个体感性对传统社会理性的突破，因而在文艺创作上就特别强调"灵心"和"灵性"的重要。在他看来，"情"是文艺的基础，"灵"是文艺的生机，它能将"情"虚幻为梦幻的境界，物化为奇妙的文艺。

袁宏道的"理在情内说"也不应被忘记。袁宏道，字中郎，号石公，湖北公安（治今公安县西北油口）人。生于隆庆二年（1568年），卒于万历三十八年（1610 年），终年 43 岁。万历二十六年进士及第，万历二十三年授吴县令，官一年辞。万历二十六年再任京兆校官，迁国学助教、礼部主事，一年余复请告归。万历三十四年再次出仕，官至吏部郎中，凡三年，又以疾辞，不久病逝。他不喜做官，动辄请假、辞职，一生仕履，几次任职，但做官的时间加起来也总共不过 5 年左右。袁宏道在《丘长孺》中曾自述为县令之苦，主要着眼于官场中人失去了应有的尊严和真实："弟作令备极丑态，不可名状。大约遇上官则奴，候过客则妓，治钱谷则仓老人,谕百姓则保山婆。一日之间,百暖百寒,乍阴乍阳,人间恶趣,令一身尝尽矣。苦哉! 毒哉!”其终生岁月的大部分时间是在临水登山,寻师访友,赋诗撰文、诗酒之会中度过的。他曾与其兄宗道、弟中道及其他同志结诗社,力主文学革新,世称公安派。

袁宏道是在王学,尤其是在泰州学派和李贽等人的思想氛围中成长起来的。他早年就接受王学与泰州学派的影响。思想上,他最佩服的是李贽、焦竑二人。他曾两次亲往龙湖,向李贽求学。李贽也对袁宏道极表赞赏。袁宏道在身心交瘁之时,还写信给李贽:“幸床头有《焚书》一部,愁可以破颜,病可以健脾,昏可以醒眠,甚得力。”[1]由此可见李贽对他影响之深,他对李贽佩服之至。公安派的文学观就主要是从李贽的思想学说中发展出来的,它的基点不在于诗文的语言技巧,而在于个性解放的精神。

袁宏道在情与理的关系上倡导以情为本,“理在情内”。他主张一切都必须“以民情为矩”。情与理的关系就是感性与理性的关系。在袁宏道看来,理不过是从情中归纳出来的,是情的理性化。因此,它只能在情内而不在情外,更不在情上。离开了情,理也就成了无本之木,无源之水。既然“理在情内”,理源于情,理也就应该服从情,而不是相反,“拂情以为理”。既然“理在情内”,自然也就只有合乎情的理才能成其为理,故一切违背人情的所谓理都应当抛弃。袁宏道还讨论了情与文艺的关系。他

[1] 袁宏道:《袁中郎全集》卷十,《叙小修诗》。

在《和者乐之所由生》中提出文艺是人情的自然表现，所谓圣人作乐，不过是“用以宣天地之郁而适万物之情”罢了。也就是说，文艺是情的表现，是由于表现情的需要而产生的，故也必须为表现情而服务。在文艺创作中，他提出“以出自性灵者为真诗”，“情至之语，自能感人”[1]，所以排斥理（社会理性）对情（个体感性）的压抑。这是对李贽“童心说”的发挥。袁宏道还提出人生的最高生活境界是“自适”，要人蔑视一切传统的生活规范，完全按照个人的自然性情去生活。这种“自适”实际上就是个性的解放。这种人虽名之曰“适世”，其实只是适己，一任自己之情，行自己欲行之事，故最后归结为“自适之极”。他提出人生有“真乐”，在这种“真乐”的生活里，可以尽情地享受，尽情地娱乐，传统的是非、荣辱、美丑、善恶的观念都被打破了，正统封建社会的生活规范也几乎荡然无存了。既无外在的束缚，又无内在的节制，一切任情自适，自由自在。[2] 这就是袁宏道心目中的人生“真乐”，也就是袁宏道心目中的理想生活。显然，这是一种带有鲜明的市民阶层色彩的新的生活理想。这种要求摆脱一切束缚、任情自遂的生活理想，也反映了市民阶层的愿望。

---

[1] 袁宏道：《袁中郎全集》卷十，《叙小修诗》。

[2] 在《袁宏道集笺校》卷五《龚惟长先生》中，袁宏道提出人生的“真乐”有五：“目极世间之色，耳极世间之声，身极世间之鲜，口极世间之谭，一快活也。堂前列鼎，堂后度曲，宾客满席，男女交舄，烛气熏天，珠翠委地，金钱不足，继以田土，二快活也。箧中藏万卷书，书皆珍异。宅畔置一馆，馆中约真正同心友十余人，人中立一识见极高，如司马迁、罗贯中、关汉卿者为主，分曹部署，各成一书，远文唐、宋酸儒之陋，近完一代未竟之篇，三快活也。千金买一舟，舟中置鼓吹一部，姬妾数人，游闲数人，泛家浮宅，不知老之将至，四快活也。然人生受用至此，不及十年，家资田地荡尽矣。然后一身狼狈，朝不谋夕，托钵歌妓之院，分餐孤老之盘，往来乡亲，恬不知耻，五快活也。士有此一者，生可无愧，死可不朽矣。”

稍后的冯梦龙对情又作了本体论上的提升，提出了“六经皆以情教也”这一前所未有的新命题，反复强调情为产生天地万物的本原。冯梦龙，字犹龙，别署龙子犹，长洲（今江苏苏州）人。他的别号极多，有绿天馆主人、可一居士、墨憨斋主人、顾曲散人、香月居主人等近十个。冯生于万历二年（1574 年），卒于清顺治三年（1646 年），终年 72 岁。冯梦龙出身书香门第，少有才名，青年时代是一个才情跌宕、风流蕴藉的才子，属于早岁才华为世人所惊的那一类人物。冯梦龙也有过短期的仕途生涯。据《福宁府志》卷十七《冯梦龙小传》载，冯在崇祯七年（1634 年）时曾任寿宁知县，不过时间不长，四年后他便归隐故乡了。明亡后，冯梦龙对偏安南京的福王政权寄予了很大的希望。在这种心情下，他集刊了《甲申纪事》与《中兴伟略》两书。当南明王朝各个政权的疆土日益缩小的时候，冯梦龙为宣传抗清曾奔波于各地。之后，冯梦龙回到了已被清兵占领的长洲老家，在愤恨和绝望中去世。在思想上，他十分崇拜李贽，深受泰州学派思想的影响。

冯梦龙将一生精力主要放在通俗文学的研究、整理与创作上，成就卓著，为古代文人中所罕见。冯梦龙一生著作很多，其中有经学和史学著作多种，但更多的是经由他编订的戏曲、小说和时尚小曲等。他编录的《山歌》收录了吴中盛行的民歌 356 首，多半为“田夫野竖矢口寄兴之所为”，为“诗坛不列，荐绅学士不道”的“私情谱”。他之所以冒着被攻讦的风险，将之编印成册使之广泛流传，在于《山歌序》中所云“情真不可废也”。辑刊的目的，是“借男女之风情，发名教之伪药”。无疑，这具有冲破虚伪而残忍的封建礼教的束缚，争取自由、个性解放的意义。

冯梦龙是晚明文艺启蒙思潮的代表性人物之一，其文学观具有鲜明的时代特点。在《笑府序》中他嘲弄传统的“经书子史”为“鬼话”，“诗赋文章”为“淡话”，对于封建时代传统文化价值的文献典籍以及文学作品表示了大胆的轻蔑。由其短篇小说集《情史》一书中，冯梦龙倡立“情教”[1]，提出“万物生于情，死于情”的情一元论。他强调“世儒但知理为情之范，孰知情为理之维乎”，以出于天性、自然流露的“情”与“理”的既存伦理教条相对抗。这显然是一种前无古人的理论，在中国古代的文艺创作和审美趣味上起着破天荒的启蒙作用。他整理、撰写的时尚小曲和通俗小说如《山歌》《喻世明言》《警世通言》《醒世恒言》与这部歌颂真情的《情史》一样，宗旨就是要创立“情教”，让天下之“有情人一齐来演法”，通过宣传“天地若无情，不生一切物”的情一元论，编织一个情感世界的美妙画卷，使“无情化有，私情化公”。在冯梦龙看来，“发于中情自然而然”，才是最有价值的文学。他要用这种“情一元论”同传统的“天理”世界相抗争：“自来忠孝节烈之事，从道理上做者必勉强，从至情上做者必真切。夫妇其最近者也，无情之夫，必不能为义夫；无情之妇，必不能为节妇。世儒但知理为情之范，孰知情为理之维乎。”他把情强调到

[1]“天地若无情，不生一切物。一切物无情，不能环相生。生生而不灭，由情不灭故。四大皆幻设，惟情不虚假。有情疏者亲，无情亲者疏。无情与有情，相去不可量。我欲立情教，教诲诸众生。子有情于父，臣有情于君。推之种种相，俱作如是观。万物如散钱，一情为线索。散钱就索穿，天涯成眷属。若有贼害等，则自伤其情。如睹春花发，齐生欢喜意。盗贼必不作，奸宄必不起。佛亦何慈悲，圣亦何仁义。倒却情种子，天地亦混沌。无奈我情多，无奈人情少。愿得有情人，一齐来演法。”（冯梦龙：《情史序》）

了至高无上的地位。这对于维护封建纲常名教的“天理”来说，无异于是釜底抽薪。就情与理的关系而言，冯梦龙不反对言理，但强调“情为理之维”。他在《情史序》中批评“世儒但知理为情之范”，让妇女“饿死事小，失节事大”，不知葬送了多少妇女的青春与生命，压抑了多少人的正常情感。他公开主张“六经皆情教”，把理学家们所不齿的情爱说成是六经的宗旨所在，为文人狎妓辩护，其叛逆精神可谓十分大胆。他的散曲颇多怀妓、赠妓之作，还与妓女结交并公然为妓女写传，如《张润传》《爱生传》《万生传》等。《情史》一书中就有许多对妓女的浓情歌颂。他与当时的名妓侯慧卿曾有过白首偕老的盟约，被抛弃后还创作了《怨离词・绣带儿》，“终不然我做代缺的情郎，你做过路的妻妾”一句凝聚着深深的痴情。与妓女的厮磨相处，还给冯梦龙提供了时尚小曲的创作素材。

冯梦龙热爱世俗文学，孜孜不倦地从事搜集、整理和刊布工作。时人笑花主人《今古奇观序》说他“所纂《喻世》《警世》《醒世》三言，极摹人情世态之歧，备写悲欢离合之致”，是恰如其分的。冯梦龙的“三言”中，最多的就是追求婚姻自由和爱情幸福的作品，着重描写的是市井小民的处世态度与生活情趣。这些小说常把“情”和“欲”放在“理”或“礼”之上，要求“礼顺人情”。如《乔太守乱点鸳鸯谱》写孙玉郎代姐到刘家行婚礼“冲喜”，夜与刘家女儿慧娘同眠，两人本各有婚约，却结下私情。刘家告玉郎诱骗其女儿，乔太守却判二人结为合法婚姻。判词中说：“相悦为婚，礼以义起。”意谓两情相悦是婚姻的前提，而“礼”应该顺合人情的实际。这位乔太守也被赞为“不枉称青天”，他代表了人们对尊重感情的婚姻关系的向往。《卖油郎独占花魁》在描述感情应成为美好婚姻基础的同时还突出了妇女维护人格尊严的要求。花魁娘子莘瑶琴作为一个名妓,周旋于公子王孙之间,在奢华的生活中感受到的却是人格的屈辱。而在卖油小商人秦重那里,她才得到了近于痴情的爱和无微不至的体贴。她最终摆脱了对秦重身份地位的偏见与他去过一种相濡以沫的朴实生活。《杜十娘怒沉百宝箱》用相反的结果也表达了同样的主题。在卖油郎秦重、杜十娘这些市井小民的眼中,门第、等级、权势、富贵这些原先在人们心目中占有主宰地位的观念,统统让位于尽善尽美的世俗情感。冯梦龙认为只有完善地表达人的性情的文艺才是感染人的文艺,情才是推动着文学发展的动力。冯梦龙酷爱通俗文学,是因通俗文学达情达得真切、深刻,是"性情之所必至"[1]。冯梦龙"发名教之伪药"[2]叛逆精神,自然要受到封建卫道者的迫害,冯梦龙也几乎到了落魂奔走、家无余钱宿粮的地步。就是在这种迫害与贫困的困境中,冯梦龙顽强地进行着他的文艺创造。

符合市民口味的主情反理的审美趣味,由徐渭开其端绪,经李贽、汤显祖、袁宏道和冯梦龙的继承和发展,至晚明时期终于汇成了一股激荡的、势不可挡的时代浪潮。

文艺启蒙思想家倡导个性的解放,认为文艺作品要以真挚感情的抒发为生命力。与之相应,在文艺作品的形式上,他们都

---

[1] 冯梦龙:《步雪新声序》。
[2] 冯梦龙:《山歌序》。

倡导“独抒性灵，不拘格套”[1]的自由创作。这必然面临着一个审美创造与既有规范之间的抗争。在当时，首先表现为古今之争，即现实的审美创造是否一定要遵守古代的规范。古今之争又包含着雅俗之争。因为古就要求“雅”，而今则要求“俗”。那么违背雅规范的俗文艺是否有合法存在的权利？审美创造是艺术家个人的创造，所以古今之争、雅俗之争最后又都归结为艺术家的个人创造对外在的传统法则的抗争，即“我”与“法”之争。

徐渭率先举起了反复古的旗帜。所谓文艺复古思潮，是指以明中期的李梦阳和以王世贞为首的一批文艺理论家，“以复古自命……倡言文必秦汉，诗必盛唐”[2]。文艺复古思潮的错误，不仅在于他们提倡摹拟古人，还在于当时新兴市民文学已经超过正统封建文学，还要坚持正统的封建文学观念、复兴正统的封建文学。徐渭反对这种复古主义，指出既然文艺之实在于一己之情，那么文艺创作也就应当是“出于己之所自得”，而不应是“窃于人之所尝言”。文艺创作说到底，是艺术家个人心灵的创作。徐渭对那种认为文艺创作必须合乎某种传统规范，“某篇是某体”，“某句似某人”的观点极为反感，斥之为“鸟之为人言”。[3] 显然，徐渭要求解除传统规范的束缚而成就个性化的自己。他在《逸稿·跋田生诗文后》主张著诗文要“师心纵横，不傍门户”，在《佚草·跋东海经草书千文卷后》强调作书法要“出乎己而不由乎人”。在《徐文长三集·题画梅二首》中他说自己

[1] 袁宏道：《袁中郎全集》卷十，《叙小修诗》。
[2]《明史》卷二八六《文苑·李梦阳传》。
[3] 徐渭：《徐文长三集》卷十九，《叶子肃诗序》。

的绘画则是“从来不见梅花谱，信手拈来自有神”。纵观他的艺术创作，无论是诗、文、书、画、戏曲，都的确是眼空千古、独立一时，既不似某体，更不似某人，只是他自己。他认为，文艺作品的内在审美特质就在于真情和“兴”，即文艺作品使人感动兴起的审美效应。他认为，诗之作本来是为了抒发自己的真情的，而不是为了合乎某种体裁、风格。人各有情，诗也就应各有其调。评判诗之体格、音调的得失优劣，只能依据其内在的标准，看其是否符合、是否完美地表现了作者的情性，而不能依据某种外在的标准。这种外在的标准，也就是传统的艺术模式。因袭传统的艺术模式，就必然会做作、虚伪。因此，他大声疾呼去掉伪饰，返璞归真，还世界以本来的面目。徐渭反对以传统的艺术模式为文艺批评的标准，提倡在文艺创作中“摹情弥真”[1]，表现自己的真情性，打破传统，大胆创新。关于“兴”，徐渭指出，文艺的目的是要使人感动兴起、获得审美感受的，只有以今日之词写今日之事才能使今日之人感动，而古词古作已不能达到这样的目的。文学作品的可贵，就在于兴，不在于字句等外在形式。文学的外在形式如语言文字等一定要随时代的变化而变化，也只有这样才能保持文学使人“兴”的内在审美特质，文学才成其为文学。他还举例论证说，像《康衢》那样远古的民歌和《坟》那样的作品都已变为今日里巷中的小曲，这些作品曾经使古人获得了审美的感受，随着时代的发展，人们的文学趣味偏好也在发生着变化，如果今日为文还要以《康衢》《坟》为榜样，那岂不等于脱下今

[1] 徐渭：《选古今南北剧序》。

日的裘、葛而换上古代的兽皮、树叶了吗？因此，盲目地以古为贵，是一种十分错误的观点。因此，徐渭主张文学创作要打破传统模式的格套。

徐渭反对复古主义，主张文艺创作要表现“本色”，写出真情，创作上打破传统的格套模式，同时还必须“俗”，肯定并保护了新兴市民文艺的地位与自然真切的艺术风格。这集中反映在他对南戏的论述中。南戏是在村坊小曲的基础上发展起来的市民通俗文艺。许多正统的封建文人轻视它，还有人试图要改造它。徐渭著《南词叙录》，替南戏张目。在这部书中，他批驳了那种以北曲为正宗、南戏为妄作的重北轻南的偏见，肯定了南戏在曲坛上的地位。他认为南戏、北戏本皆起于民间。但北曲起于辽、金，至元大盛，资格也较老，再加上文人墨客竞相制作，水平有很大提高，同时也逐渐雅化，逐步脱离了民间词曲，因而被一般封建文人视为戏曲正宗。而南戏起源于南宋末年，元末明初始趋繁荣，明代中叶方至大盛，不仅资格较新，还带有较多的村坊小曲的特点，所以不入一般封建文人之眼，被视为鄙俚浅俗。徐渭之论，正是针对此辈而发。他特别强调北曲并非是“唐宋名家之遗”，不过是边鄙夷狄之音，以揭示他们重北曲、轻南戏的荒谬无稽。为了保护南戏的“俗”，他对新出现的南戏声腔昆山腔给予了热情的肯定与支持。他说昆山腔的出现虽比弋阳腔、余姚腔、海盐腔都晚，但“流丽悠远，出乎三腔之上，听之最足荡人”。当有人认为南曲不合传统的宫调，特制“南九宫”，要用传统的宫调规范南曲时，徐渭不以为然，讥之为“无知妄作也”。徐渭主张保护南曲“村坊小曲”的音乐本色，认为这是南曲的优点，它通俗自然，真切地表现了社会下层生活，是民间文学的本色。当有人认为南曲鄙野浅俗，欲以诗词乃至八股文掺入其中使其"文"起来的时候，徐渭表示了坚决的反对。徐渭的观点很明确，他就是要维护南曲家常自然、通俗易懂的特点。在他看来，市民文艺有一种俗而美的审美特征。[1] 徐渭作为市民文艺启蒙理论的先驱，欣赏一种适合市民阶层口味的本色美、自然美，也就是同俗、同真相结合的美。作为民间戏曲的大众通俗文艺来说，只有俗了才能保其真，唯俗始真。徐渭就是从这个角度把真与俗统一起来的，要求俗中求真、俗中求美。而离开了"本色"与"俗"，想靠"文采"动人反而不能。

徐渭对南戏的论述，其核心思想是抵制南戏"雅"化，亦即蜕化为正统封建文学，以保持它通俗自然、真切地表现社会下层生活的民间文学的本色。在他的这一思想中，强调以俗为核心，在俗中求真，在俗中求美，在俗的基础上建立俗、真、美的统一。这种文艺理论，就是要面向"大地众生"，表现"人生本色"。中国古代文艺自宋代起开始了由雅而俗的转化，到元、明时期，戏曲、小说、市井民歌等虽在很大程度上代表着市民阶层的思想感情和审美趣味，并已超过了诗、文等正统封建文艺而发展为文艺的主流，但在徐渭以前，这种俗文艺还未在一般文艺理论中得到正式

[1] "语入要紧处，不可着一毫脂粉。越俗越家常，越警醒。此才是好水碓，不杂一毫糠衣，真本色。若于此一恧缩打扮，便涉分该婆婆，犹作新妇少年哄趋，所在正不入老眼也。至散白与整白不同，尤宜俗宜真，不可着一文字，与扭捏一典故事，及截多补少，促作整句。锦糊灯笼，玉镶刀口，非不好看，讨一毫明快，不知落在何处矣！此皆本色不足，仗此小做作以媚人，而不知误入野狐，作娇冶也。"（徐渭：《徐渭集》卷二）

承认、取得应有的地位。徐渭的理论一反传统的文艺理论认为只有雅才美、俗必不美的封建正统的文艺观念，第一个从根本上否定了正统文艺的复古思潮，代表已经壮大起来的市民通俗文艺向传统理论观念的挑战，标志着文艺理论的重心已从正统的封建文艺向市民通俗文艺转移。这是中国文艺理论思想上的一个具有重大历史意义的变革。

这之后，直到万历时期，李贽、汤显祖、袁宏道、冯梦龙等人又进一步推进了这一变革。他们的变革呼声，汇合为席卷文坛的反复古主义、倡导市民文艺的文艺思潮。而徐渭，不仅发难于众人之先，而且实际上为这股思潮奠定了理论基础，成为这一文艺思潮的伟大先驱。

徐渭之后，李贽就文艺创作上要突出个性的问题也发表了很有见地的观点，散见于他所著的《梦书》中。他的“童心说”荡涤了文艺创作中的一切传统观念或理性因素，他的“自然”审美观又解除了文艺创作中的“种种禅病”，倡导文章出自本心，发于情性。因此，他鼓励大胆创新，肯定一切新兴的文艺样式，反对文学上的复古主义。他认为只要是出自本心、发于真情，则任何一种“创制体格”都可以成为“古今至文”。这是从“童心说”中必然推出的结论。他反对复古主义，认为今日之古，即往日之今；今日之今，又即来日之古，以古今定文章的优劣不仅是愚蠢的，也是注定要失败的。

李贽在这里所要肯定的今文，主要是指当时盛行的戏曲、小说。李贽较之徐渭，更自觉更深刻地论证和推动了“从雅到俗”的文艺思潮。他寄予戏曲、小说这类后起的俗文学以满腔热忱，热情地赞扬了这类俗文艺的思想价值和艺术价值。如他在《焚书·拜月》中赞赏《拜月亭》的价值“自当与天地相终始，有此世界，即离不得此传奇”。在《焚书·红拂》中赞扬《红拂》“关目好，曲好，白好，事好”。自称“《水浒传》批点得甚快活人，《西厢》《琵琶》涂抹改窜得更妙”。他赞赏的是这些作品的审美意蕴。因为这些作品大多描写的是那些反抗礼教束缚、追求自然情性流露的男男女女。这就充分肯定了俗文艺的艺术价值。应该引起注意的是，他在《焚书·杂说》第一次明确地把“俗”文艺奉为文坛的正宗，将之放在了文学主体的地位，认为它是一种当代“至文”：“诗何必古选，文何必先秦。降而为六朝，变而为近体，又变而为传奇，变而为院本，为杂剧，为《西厢曲》，为《水浒传》……皆古今至文，不可得而时势先后论也。”加之他评点《三国》《水浒》《琵琶》《幽闺》等，开创了“俗”文艺的批评研究之风，这一切都有力地推动了晚明文艺“从雅到俗”的审美演变。

汤显祖把文艺看作“灵性”的自由创造，加强了文艺创作所必需的天才、灵气、灵感的分量，为艺术家的文艺创作插上了自由飞翔的翅膀。他在《序丘毛伯稿》中提出“天下文章所以有生气者，全在奇士”。“奇士”与“常人”的不同就在于“心灵”。“心灵”了就能够上下天地、来往古今地自由飞翔，如此才有好的文艺作品被创作出来，而天下文章的生气即在于此。

汤显祖强调心、灵性的重要，反抗要求一切文艺创作必须规范化的世俗之见。当时，要求文艺创作必须规范化的思想代表，诗文方面是以李梦阳、王世贞等复古主义者，戏曲方面则是沈璟之流。李梦阳、王世贞等欲以汉文唐诗统一天下，沈璟之流则拿着《南九宫谱》的律尺到处砍伐，并肆意窜改汤显祖的戏曲作品。在《合奇序》中，汤显祖提倡创作自由，反对这种文艺作品必须严守格法的论调。他反驳复古主义者说，艺术风格只能听其自然，斥责他们为"拘儒老生"[1]，不能和他们谈论文艺。文艺作品完全是由艺术家的"灵气"所创作出来的，它既可超出现实世界的常理，亦可超出文艺匠人的常格。因此，是根本不能以常理、常格来加以评论的。他以苏轼、米芾的绘画"绝异古今画格"作为例证。他的所谓"文章之妙，不在步趋形似之间"[2]，既指不步趋现成的文艺样板的格法，也指不步趋现实的生活现象的事理。在他看来，文章之妙恰在于"灵气"的创造，在于"灵气"从内容到形式的全面自由的创新。也只有这样的艺术创造，才能够表现出某种深情至理，达到超凡入圣的境界。汤显祖就这样剥夺了"拘儒老生""相天下文章"的资格，捍卫了艺术家自由创作的权力。

汤显祖还特别提出，灵性的对立物是传统的习俗、规范，所以，这种灵性、灵心的自由创作就必须同一切传统的习俗、规范"决裂"。他指出，有灵性者之所以未能以文成名，就是因为自幼习作各种官样程式文字，长期浮沉于此，久而久之心性便为程式所缚，自然就写不出任何有生气的文章了。自文艺思潮兴起之后，一些文学家冲破了传统规范的束缚，凭自由的灵性、才情自由创作，而世俗之辈却视为怪异，谓之不合文体。汤显祖批驳说，体有大小高低之分，犹如动物皆不能无体，而龙之体与虫之

---

[1] 汤显祖：《玉茗堂全集·文集》卷五。
[2] 同上。

体决不可同日而语；独有灵性者自为之文，才是文中之龙。故欲写出好文章，必须荡除社会之习气，一任自己的灵性。

批判文艺复古主义的还有袁宏道。袁宏道认为，整个世界就是一个顷刻不停的世间之流，万事万物都在这个世间之流中发展变化。当他用这种思想观点来观察文学的时候，充分论述了文学艺术随社会的发展而发展的必然性。袁宏道认为，文学要表达的内容是社会生活，借以表达内容的工具是语言。而人们的社会生活、思想感情和语言工具都是随着时代而不断变化的。生活在现时的社会，就应该写现实的文学。古代的《周书》已经不能作为今天的告示，古代的《毛诗》也无法传达今人的感情，必须变旧创新。袁宏道还认为，文学艺术是在因旧生新，由新而旧，又因旧而新的辩证过程中发展的，文艺的历史是一部永不停息的螺旋式前进的历史。袁宏道据此批驳了那种文必秦汉、诗必盛唐的复古主义论调，指出了这两个口号的荒谬性。袁宏道指出，如果文必秦汉、诗必盛唐，那么秦汉就应字字学六经，盛唐就应字字学汉魏了。这样的话也就不可能存在什么秦汉之文、盛唐之诗了，更谈不上文必秦汉、诗必盛唐了。由此他得出结论："唯夫代有升降而法不相沿，各极其变，各穷其趣，所以可贵。"[1]袁宏道强调文艺贵在发展，贵在适时而变，创造出与前代不同的新形式，以充分表现当代的新内容。因此，袁宏道认为一个时代的文学之所以能够光照青史、流传后世，就是因它能不法前朝。一个时代的文艺之所以可贵，也就在于它有自己独特

[1] 袁宏道：《袁中郎全集》卷十，《叙小修诗》。

的面貌。如果悉以前代为法、面貌雷同，那还有什么存在的必要？

既然文艺的价值在于创新，在于有自己独特的面貌，因此，袁宏道在《叙小修诗》中提出："大都独抒性灵，不拘格套，非从自己胸臆流出，不肯下笔。有时情与境会，顷刻千言，如水东注，令人夺魄。其间有佳处，亦有疵处；佳处自不必言，即疵处亦多本色独造语。然予则极喜其疵处，而所谓佳者，尚不能不以粉饰蹈袭为恨，以为未能尽脱近代文人气习故也。"他以"独抒性灵，不拘格套"这个口号为中心，建立了一套旨在破除一切清规戒律、充分表现作家个性的文学创作论。所谓"独抒性灵，不拘格套"，就是力求表达出自己的真情实性而不拘泥于已有的格局套数，无拘无束地表现自己的思想个性和艺术个性。这样就会将一切法度、格套都荡涤一空了。"非从自己胸臆流出，不肯下笔"，就是但求表达出自己的真情实感。在袁宏道的心目中，只要是个性鲜明，即使有缺点，亦属可喜。因为在他看来，只有自然而自由的个性才是美，才能创造美。美是所谓的"本色独造"，其要点有二：一是"真"，二是"新"。在《与丘长孺》中袁宏道提出"真"就贵在独创，贵在有自己不同于前代的特殊面貌，贵在情真："大抵物真则贵，真则我面不能同君面，而况古人之面貌乎？"在《叙小修诗》中他提出"大概情至之语，自能感人，是谓其诗，可传也。"文章要写真性情，贵在自然，既不需要加以限制，也不需要加以修饰，瑕瑜俱不容掩。在《答李元善》中他提出"新"就表现为"文章新奇，无定格式，只要发人所不能发，句法、字法、调法一一从自己胸中流出"。既成"格套"，就已不新。只有"新"才有意义，只有“新”才有价值。如此一来，传统的格套也就被否定了。总之，袁宏道要人破除一切格套、成规，跳出一切窠臼，大胆创新，独树一帜，自由而充分地表现自己的思想感情和个性。袁宏道“独抒性灵，不拘格套”的“性灵说”与他所倡导的“自适”的生活理想是一致的，它们都表现了新兴市民阶层的思想感情和愿望，如他在《叙小修诗》中说，较之文人诗篇，“闾阎妇人孺子所唱”的歌谣要更有流传的价值，因为这些歌谣“任性而发，尚能通于人之喜怒哀乐嗜好情欲”，是“真声”，伸张了真实生活情感与欲望在文学中的权利，因之也就成了晚明文艺思潮中最响亮的口号，为推动晚明市民文艺的发展发挥了巨大的作用。

袁宏道的文艺革新思想中，最强调的是情，是变，是新。他由此出发，否定了文学中一切已经落后于现实、背离了人情的传统教条，形成了他的以个性解放为中心的文艺启蒙理论。袁宏道文艺革新的理想即具体目标是什么？那就是倡导新兴的市民文艺。袁宏道从一种朴素的“时代追求”意识出发，一方面以自己的作品表现着一种率真自然、平实、颇为近“俗”的“公安”风格，一方面又明确论证了“从雅到俗”的现实合理性。他在《叙小修序》中认为现实的俗文学《劈破玉》《打草竿》之类，最大的优点在于“不效颦于汉魏，不学步于盛唐，任性而发，尚能通于人之喜怒哀乐嗜好情欲，是可喜也。”这些无名氏的市井民歌才是明代的真诗。他认为不管是什么样的文艺体裁，只要是能表达作者的真实感情的，都是好作品。他还说过“今之诗文不传矣”，这无异于宣判了“雅”文体的死刑，而以市井民谣代之，把俗文学推上了大雅之堂。这正是一种非常自觉而明确地提出的“从雅到俗”

的时代追求。在袁宏道的心目中，市井民歌才是他学习的榜样和他要达到的文学改革的目标。这些的市井民歌大多是情歌，它们语言通俗，形式活泼，思想解放，多抒发男女情爱，反映了市民阶层的思想情趣。例如，有三首广泛流传的民歌《劈破玉·分离》《锁南枝·傻俊角》《山歌·偷》是这样唱的：

要分离，除非天做了地！要分离，除非东做了西！要分离，除非官做了吏！你要分时分不得我，我要离时离不得你；就死在黄泉也，做不得分离鬼！

傻俊角，我的哥，和块黄泥捏咱两个。捏一个儿你，捏一个儿我，捏的来一似活托，捏的来同床上歇卧。将泥人儿摔碎，着水儿重和过，再捏一个你，再捏一个我。哥哥身上也有妹妹，妹妹身上也有哥哥。

结识私情弗要慌，捉着子奸情奴自去当。拼得到官双膝馒头跪子从实说，咬钉嚼铁我偷郎。

纯用白描手法，无半点儿"粉饰蹈袭"，其情爱表现之大胆、强烈、直率、真切，已远远超过了历代的民歌。这里对偷情坦然无畏，两性的如胶似漆已毫无遮掩，穷尽其态直接道来，高出了一般意义上中古社会青年男女反抗封建束缚、追求婚恋自由的艺术表现，它蕴含着某种近代式的性爱意识的萌生，体现着市井生活中对满足情欲的自由权利的追求。在那个特定的社会历史条件下，这样一种追求自是一种观念的彻底更新，是对传统的彻底反叛。因为从正统的封建文学观念来看，它是淫艳亵狎、鄙俚浅俗、不堪入目的。而袁宏道却视这种民歌为诗文领域里最有希望的时代“真声”，是破除了一切格套、“任性而发”的榜样，是诗歌发展的方向。还有什么比这更能表明他对俗文艺的自觉认同呢？

袁宏道的文艺理论主要是谈诗文，但他对带有市民文学色彩的戏曲小说也同样有兴趣，同样极为推崇。如他在《与董思白》中称赞《金瓶梅》“云霞满纸，胜于枚乘《七发》多矣”。枚乘是汉代文章大家，《七发》为古代文章名篇，袁宏道却认为《金瓶梅》远高于它们。他还高度评价《水浒传》，认为其艺术成就在六经和《史记》之上。这就完全颠倒了雅文学与俗文学的地位，变俗为高、以俗为贵了。小说、戏曲，尤其是市井民歌，是产生袁宏道文学革新思想的基础，又是他文学革新思想的目标。他正是在这些市民文学的影响下，才提出了那一套反传统的文学革新思想的；而他那一套反传统的文学革新思想，又为倡导新兴的市民文艺开了路。他的文艺启蒙理论与这种新兴的市民文艺有着内在的、历史的一致性。他发动文艺启蒙，进行文学改革，就是要用市民文学代替正统的封建文学，把文学艺术推到一个新的历史时代，即开拓一个崭新的文艺世界和审美世界。

正是在这一新的文学价值观念的影响下，人们破天荒地第一次将通俗文学的价值提高到了无以复加的地步，以至驾临“六经”之上[1]。可以说如果没有这次文学观念的更新，没有晚明

[1] 从“越俗越雅”（徐渭语）的新文学价值观来看，《水浒传》《西游记》《金瓶梅》是“奇书”，是“佚典”，可与中国叙事文学的极致《史记》媲美，甚至认为有些小说的传神写照“已胜太史公一筹”。更有甚者，将通俗小说与儒家经典比较，认为通俗小说的感染力超出了“六经”。参见夏咸淳：“晚明文士与市民阶层”，《文学遗产》1994年第2期。

时代一批文士的大力鼓吹和热情推扬,便没有通俗文学的地位,没有明、清两代通俗文学的繁荣。而晚明文士之所以能够担当起革新文学的历史使命,与他们深受市民文化意识的熏陶和哲学启蒙思潮的影响分不开的。[1]

三、中西方文艺启蒙思潮的比较

这一时期的中西方文艺园地里都出现了勃然生机,诗文、小说和戏剧等艺术各方面都得到了充分的发展,形成了中西方的文艺启蒙的思潮,但中西方文艺启蒙思潮所反映的内容却不大一样。

西方文艺启蒙思潮以反天主教会、禁欲主义、蒙昧主义,鼓吹人的幸福、友谊和爱情为主题。其中的代表性人物有伊拉斯谟、拉伯雷、塞万提斯和莎士比亚。

伊拉斯谟的代表作是《愚人颂》,实际上是"人性颂",作品高喊人生的目的首先是享乐,讥笑教皇、主教、僧侣和经院哲学家的虚伪和卑鄙。作品歌颂了个性解放,反对宗教禁欲主义。拉伯雷的作品《巨人传》取材于民间故事,书中描述的巨人一个叫卡冈都亚,一个叫庞大固埃。这两个巨人都荒诞不经,但作品通过对这两个巨人的描绘,反映了当时法国社会各阶级的社会地位、生活状况和人生观,并表明了作者对社会的

[1] 晚明文艺理论家提出"发于情性,由乎自然",主张歌颂真情、真欲的审美价值观,与明中期以后色情文学和商品的泛滥也有关联。地主阶级的穷奢极欲在晚明更是达到了人欲横流的地步。

看法。作品一方面严厉批判了封建社会及其意识形态，对专横独断和腐朽至极的天主教会和寄生封建贵族进行了尖锐的讽刺，另一方面对广大人民群众则给予了热情的歌颂。作品强调只要人类掌握了科学知识，就可以毁灭邪恶势力，创造美好幸福的未来世界。塞万提斯最具代表性的作品是讽刺小说《堂吉诃德》，小说的主人公堂吉诃德因阅读骑士文学着了迷，决心仿效小说中的骑士出外冒险，去干一番伟大的事业，却出尽了洋相，闹尽了笑话，成为一个癫狂可笑的人物。但堂吉诃德的身上却有着一种向往自由和正义、保护孤寡、钦佩科学的精神，他把消灭人间的不平等视为自己的天职。作品也谴责了贵族阶级的荒淫堕落、封建帝王的专横跋扈和天主教会的黑暗腐败，同情在专制政治压迫下的农民和手工业者的穷苦困境，反映了早期人文主义者反对封建教会的斗争精神。莎士比亚创作了 37 个剧本、两部长诗和 154 首十四行诗，其剧作可分为历史剧、喜剧和悲剧三大类。在莎士比亚的历史剧《亨利四世》中，作者塑造了福尔斯塔夫这个封建社会中没落的骑士、善于吹牛的懦夫、冒险家的典型形象，通过这个形象表现了封建制度解体时期的社会动荡的情景，显示了作者同情下层人民的人文主义倾向。喜剧《仲夏夜之梦》《第十二夜》《皆大欢喜》则充满了乐观主义的精神，洋溢着对男女平等、友谊与爱情的赞颂，充分表达了莎士比亚人文主义的道德理想。《威尼斯商人》是作者早期最富有社会讽刺性的喜剧，剧本塑造了夏洛克这个自私、贪婪、恶毒的高利贷者的典型形象。通过该剧，作者歌颂了商人安东尼奥和巴萨尼奥的无私友谊，肯定了以安东尼奥为代表的商业资本，批判了以夏洛克为代表的落后的高利贷资本，反映了资产阶级的利益。莎士比亚的悲剧主要有《哈姆雷特》《奥赛罗》《李尔王》《麦克白》等。《罗密欧与朱丽叶》则是正剧，表现了青年人对自由爱情的追求，他们不顾家族的世仇，违抗父命，最终双双殉情，给人留下了难以忘怀的印象。总之，这一时期的西方文学作品的主要特点是以表现现实和人生为中心，以反对天主教会的禁欲主义、歌颂新兴资产阶级的爱情和友谊为主要内容，而与16世纪晚明文艺启蒙思潮所反映的市民生活的内容、表现出的批判现实主义的文学倾向有所不同。

比较16世纪中西方的文艺启蒙思潮，双方除在艺术表现上都有浪漫主义与现实主义结合的共同特点外，文学题材上也有许多相通之处。如双方都有对市民生活的描写，对世俗友谊、爱情、生活情趣的描写和赞美，反映了这一时期中西方商业的发展和市民阶层的兴起与壮大。西方中世纪那种以宗教、贵族为中心的题材开始被现实的生活所代替，文学作品开始讴歌人的情感、欲望、追求、爱情和友谊。在中国也同样从过去那种“文以载道”的说教文学走向了市民的生活，中西方文学都发展到了一个历史上的新阶段。但二者又有本质上的不同：西方的文学思潮是新兴资产阶级文艺复兴运动的一个重要组成部分，具有更鲜明、更直接的反封建、反天主教会的特点；中国的文艺启蒙思潮则是晚明启蒙思潮的重要组成部分，反映了新兴市民阶层的利益和呼声，不可能完全突破封建正统思想的束缚，因此其反封建性要比西方远为逊色。以莎士比亚的《罗密欧与朱丽叶》和汤显祖的《牡丹亭》为例，二者都有反映男女自由恋爱的内容，但莎士比亚直接歌颂了男女恋爱的自由，而汤显祖却只能把主人公的情爱寄托于梦幻之中。

第五章

救世与启蒙思潮中的经济观念

晚明的救世启蒙思潮中包含丰富的经济观念，这些经济观念都是围绕着晚明经济上出现的诸多问题而提出的。这些经济观念反映了明中叶以来东南地区商品经济的活跃，出现了一些与传统经济思想不同的新观念，如主张土地民有、开放海外贸易、鼓励奢侈消费和经济自由、提升商人社会地位，但总体上没有能超出封建经济形态下传统经济思想的范畴。就这些经济观念而言，救世与启蒙思想家之间有同有异，同大于异。

一、革新除弊的政策主张

面对晚明社会经济中出现的种种矛盾和危机，救世与启蒙思想家都提出了他们革新除弊的政策主张，包括进行土地、赋役、货币改革，鼓励海外贸易和崇奢黜俭上。

在土地政策上，从提倡恢复井田制到主张“耕者有其田”。

土地兼并是封建社会的痼疾，也是这一时期思想家们高度关注的问题。明代的土地制度大体分为皇庄（皇室所有）、庄田（贵族所有）、屯田（国有土地）、民田（地主、农民私有地或乡族共有地）几种形态。从明代中期开始，依靠特权，皇室土地和贵族土地不断扩大兼并民田成为一种趋势，导致土地集中。据张居正《张文忠公集·书牍六·答应天巡抚宋阳山论均粮足民》的记载，万历初年已有大地主拥田七万石。据万历六年全国田数七百零一万三千九百七十六亩计算，这一个大地主的田数就占了全国田数的百分之一。又如皇庄，嘉靖初年达数十所，占地至三万七千多顷。土地兼并的日益扩大使小农经济受到了严重的破坏，也导致了社会矛盾的激化。面对这一问题，救世思想家延续了传统儒家“复井田”的主张，启蒙思想家则提出了土地民有的新观念，前者有海瑞、吕坤等人，后者有黄宗羲等人。

海瑞，字汝贤，号刚峰，琼山（今海口琼山区）人。世宗嘉靖二十八年（1549 年）举人，历任福建南平教谕、浙江淳安知县、江西兴国知县、户部云南主事。嘉靖四十四年（1565 年）因上疏批评嘉靖皇帝而下狱。穆宗继位（1566 年）后出狱，复原职。后又任右佥都御史总督粮储，巡抚应天十府，因打击豪强遭弹劾，隆庆四年（1570 年）告病还乡。神宗万历十二年（1584 年）重被起用，任南京都察院右佥都御史、南京吏部侍郎、署吏部尚书，万历十五年（1587 年）卒于任内，谥忠介，遗著有《海瑞集》。海瑞主要生活于嘉靖到万历年间，这一时期因土地兼并不断加剧，大批农民破产流亡，导致“盗贼滋炽”。海瑞认为造成这一问题的根源在于土地兼并，导致土地占有上向权贵和豪强地主集中。海瑞提出解决问题的办法是恢复“井田制”。“井田制”是先秦儒家理想化了的一种土地制度，依孟子的说法，是将土地以井为单位划分，每井九百亩，八家各占一百亩，其中一百亩为公田。这一百亩公田采取“九一而助”的办法，即由八家共耕，作为农民以力役形式向国家缴纳的田赋。海瑞在《使毕战问井地》中提出行井田的实质，不在于按井字形式规划土地，而在于先将土地国有化再分给农民，使“人必有田”，使天下人“必有田宅而不失所养”，使百姓每户都能占有与其劳动力相适应的一块土地，人人衣食有了基本保证，国家就会由乱变治。海瑞认为只要实行了井田制，百姓人人有田可耕，国家可对这些土地征收什一之税，财政问题也得到了解决：“井田所以为民而亦兼以足国。”海瑞认为实行井田制的阻力在于大量占有土地的权贵和豪强地主的反对，“古今论井田之难者，惟强夺民田以召怨讟一语为稍近似”。他提出解决办法只能是政府运用行政威权强推，迫使少数反对者束手听命，将井田制付诸实施。实行井田制后，富人和其他百姓一样也占有一份足以养家糊口的田地。但在权贵豪强兼并土地已成趋势的现实情况下，海瑞的这一井田制改革设想只能是一种主观的意愿，很难推行落地。吕坤也意识到了“复井田”方案难以实施，但土地兼并的趋势又必须遏制，为此他提出了“清均地土”。清均土地的目的，是抑制土地兼并，平均赋役，既安定了百姓的生活，也可增加国家的财政收入。他在《实政录·清均地土》中认为“地土不清，则奸豪遂欺诡之谋，良弱受包赔之累。有司之政，莫如清均急，亦莫如清均难矣。”海瑞和吕坤的这一“复井田”和“清均地土”的改革方案为后世思想家解决土地兼并问题开辟了思路。颜李学派的王源在这一基础上进行了发挥，在其《平土》一书中专设“制田”一节阐述自己“惟农为有田”和“制民恒产”的土地制度方案[1]，明确地提出土地应归农民所有，不自耕的地主乃至士商工和官僚集团均无占有土地的资格，反映了自耕农的利益和呼声。但怎样才能实现“耕者有其田”这一目标呢？他提出前提条件是先把全部土地都先收缴国有，掌握在国家手中，然后再将土地以“疆”（六百亩）为单位分配给农民。王源田制的设想，仍是以井田制为蓝本又糅合均田制成分所构成的一种田制模式，虽具有浓厚的空想色彩，但其历史影响不容忽视。王源之后，以孙中山为代表的资产阶级革命派提出了在土地国有的基础上实现平均地权的思想主张，并对王源的思想大加赞赏。

明中期以来社会矛盾还反映在赋役繁重与不均上，救世思想家便提出了“均赋”论。均赋论以海瑞、张居正和吕坤为代表。海瑞认为明中期社会矛盾和财政危机出现的根源在于赋税不均，表现形式是富人有田不税，贫民无田却承担重税，导致了百姓困苦逃亡，税源流失，国家的财政也就出现了危机困难。他在主张“复井田”的同时提出均赋主张，均赋的原则就是使百姓的赋役负担与其贫富程度相适应，这就要增加富人的税赋，减轻穷人的税赋。如海瑞在《贺兵宪见庵陈公膺三朝锡命序》中指出：“日之不均者，与民均之，民之利也。”均赋的主要根据是田产，

[1]“明告天下以制民恒产之义，谓民之不得其养者，以无立锥之地，所以无立锥之地者，以豪强兼并。今立之法：有田者必自耕，毋募人以代耕……不为农则无田，士商工且无田，况官乎？官无大小，皆不可以有田，惟农为有田尔。”（《平书订》卷七）

丁、田在赋役中的比例是人丁占一，田产占九。对于有丁无田者取消赋役。在《兴革条例·户属》中规定赋役“仍照各贫富各田多少，贫者轻，富者重；田多者重，田少者轻，然后为均平也。”按田产征税，就必须对土地进行清丈，摸清税源。他任淳安与兴国县令时，都把清丈土地作为头等大事来做。对于豪绅拖欠钱粮及隐瞒丁口使贫民负担加重的行为，他坚决打击。他在《督抚条约》中提出官绅特权之家的赋役优免过滥是造成税赋不均的一大原因，应严厉制止：“今再免者，官吏坐赃问罪。”百姓所困苦的，不是国家的正赋，而是各级官吏加在百姓头上的额外征敛。他在《均徭申文》中揭露地方官吏的均徭里役之费日甚一日，比国初增加了十倍、百倍，“是以民间不苦朝廷正差，独苦均徭里役”。在《督抚条约》中海瑞主张取消对百姓的各种额外征敛，严禁府县官任意“借口上司，科派里甲”。对于一条鞭法，海瑞给予支持。在《复淳安大尹郑》中他肯定一条鞭法对解决各种税赋不均具有积极作用：“小民既知一定之数，官亦得通融缓急，应解两便。”均赋役还包括在一县之内或几县之间均平赋役，反对实行包税制，因为包税人旨在谋利，必然会对百姓加倍征敛。

张居正，字叔大，号太岳，江陵（今湖北荆州）人，世宗嘉靖二十六年（1547 年）进士，历任翰林院编修、翰林院侍读学士、礼部右侍郎、吏部左侍郎兼东阁大学士、礼部尚书兼武英殿大学士、吏部尚书、建极殿大学士等。隆庆六年（1572 年）明穆宗死，子朱翊钧嗣位，年仅 10 岁，张居正任首辅秉政。著有《张太岳集》。在经济政策上，张居正以富国为目标，提出富国之策在于“厚农资商”和“厚商利民”，农商并荣，财政政策上量入为出，提倡节用。张居正认为在土地兼并中，田赋之弊端百出，其大者有飞诡、影射、养号、挂虚、过都、受献，久久相沿而为故业，形成豪民有田无粮（税）、而穷民无田有粮（税）。“豪强兼并，赋役不均”[1]是导致国家财政困竭的一个重要原因，因此清丈土地、限制兼并、均平赋役是改变国家财尽民穷现状、增加国家收入必须采取的重要措施。他在《答应天巡抚胡雅斋言严治为善爱》中论证说吴中豪家有田至七万顷，粮至二万石者却不依法向国家输纳赋税，“吴中财赋之区，一向苦于赋役不均，豪右挠法，致使官民两困。”如果赋役均平，使豪强和平民一样按田产纳税，国家的财政收入自然就会大幅度增加。同时，均赋还可以减轻贫民负担，有利于缓和社会矛盾。他分析说大地主的财产利益是依靠国家法律保护的，赋役不均，社会矛盾增加，社会动乱，大地产者的财产利益也无法得到保护：“富者，怨之府，利者，祸之胎。而人所以能守其富而众莫之敢攘者，恃有朝廷之法故耳。”若豪富之家“持顽不纳田粮，偏累小民”，社会矛盾必然增加，富豪之家又“乌能长有其富乎？”他在《陈六事疏》中分析贫民亡逃山林、聚众造反的根源就在于豪强“持顽不纳田粮，偏累小民”。如果赋役均平，贫民得以维持生存，就不会造反为乱了。均赋有助于社

[1] 张居正曾论述明中叶土地兼并与赋役不均后果之严重：“先是，高皇帝时天下土田八百五十万顷，岁久伪滋，编户永民，无所得衣食，其势必易常产，令豪民得以为奸。以故田赋之弊孔百出，而其大者曰飞诡，曰影射，曰养号，曰挂虚，曰过都，曰受献，久久相沿，引为故业。于是豪民有田无粮，而穷民特以力薄莫可如何，始受其病矣。及县官责收什一，贫民鬻子妻不能输纳，则其势不得不行摊派。盖自浮粮所在多有，而天下尽受其病矣。然民愁无聊，亡逃山林，转为盗贼，则其势又不得不请减额……盖自所减额日以益多，而国家又受其病矣。”（《张太岳集》卷四七）

会的稳定,也保证了大地主的财产利益。土地兼并者隐匿土地和人口是赋役不均的根源,张居正对此有清醒的认识。在他秉政之后,所推行的一个重要改革措施就是清丈土地、计亩征税。张居正清丈土地成绩卓著,查出了大量隐田。据万历《沧州志》卷三《田赋志》载,"清丈之后,田有定数,赋有定额,有粮无地之民得以脱虎口矣",部分地改变了税粮负担不均的状况。在清丈土地的基础上,张居正又在全国推行一条鞭法改革,将徭役与田赋合并,《明史·食货志二》载:"皆计亩征银,折办于官。"一条鞭法的推行,使得占有土地多的大地主多缴赋税,无地或少地的农民少交赋税,使赋役以土地为基础实现了均平,既增加了国家的财政收入,也减轻了贫民的负担。一条鞭法在中国财政史和财政思想上都具有重要地位。

吕坤也揭露赋役不均导致了贫富的严重分化,《呻吟语·治道》揭露"有余者盈溢于所欲之外而死,不足者奔走于所欲之内而死"。万历二十五年,他上《忧危疏》,揭露赋役不均导致的后果是"官仓空而库竭,民十室而九空",百姓"冻骨皴肌,冬无破絮者居其半;饥肠饿腹,日不再食者居其半"。与海瑞、张居正一样,他在《实政录·明职》也提出了在"清均地土"的基础上"平均赋役"。在《上巡按条陈利弊》中对当时豪强大户优免过滥提出批评:"一县之中,四境之内,优免者十八,应役者十二。小民饮恨,莫敢声言。此宇宙间一大不平事也。"对于张居正推行的一条鞭法给予支持,认为它有助于清均地土和平均赋役。

这一时期还出现了否定白银货币、要求增加其他货币供应以满足市场交易和经济发展需求的思想主张。明朝的田赋本来以征米、麦为主，还附征丝、麻、棉等，但明中期以后，尤其是随着一条鞭法的实施，规定一州、县的徭役统一均派，不分银差、力差一律用银折纳，最终确定了白银的货币本位地位。但随着货币白银化，货币地租也逐渐发展，高利贷和商业资本更加活跃，农产品商品化的过程加快了，也促进了商人阶层的兴起。但随着经济的发展，用于交易的商品量不断增加，白银货币的供给却不能保持同步增加，就出现了“银之少而贵”的新问题，“见亩征银”的政策也加重了农民所受的盘剥。顾炎武在《病起与蓟门当事书》中提到：“目见凤翔之民，举债于权要，每银一两，偿米四石，此尚能支持岁月乎！”在这一背景下，社会上出现了否定货币白银的意见，谭伦、靳学颜是代表性人物，陈子龙和钱秉镫在此基础上进一步提出了恢复行钞的主张。

谭纶，字子理，江西宜黄人。嘉靖二十三年进士，授南京礼部主事，后升台州知府，历任福建巡抚、四川巡抚、两广总督、兵部尚书等职，著有《谭襄敏奏议》。他在《恳乞圣明讲求大经大法以足国用以图安攘以建久安长治疏》中分析了当时由于货物贱而银贵造成百姓的贫困：“夫天地间惟布帛菽粟为能年年生之，乃以其银之少而贵也，至使天下之农夫织女终岁勤动，弗获少休。每当催科峻急之时，以数石之粟、数匹之帛不能易一金（一两白银）。彼一农之耕，一岁能得粟几石？一女之织，一岁能得帛几匹？而其贱若此，求其无贫不可得也。”民贫“则府库必竭”。为改变这一状况，他提出要整顿钱法，减少白银货币的使用，改用其他货币如铜钱替代，可增加货币供给。铜钱货币的数量增加后，就“可使银与钱不至于甚贵，而布帛菽粟不至于甚贱”，从而使“农织不伤”,“国用自裕”。为此,他建议增加赋税收钱比例,“如此则百姓皆以行钱为便,虽欲强其用银,不可得矣”。

靳学颜,字子愚,号两城,山东济宁人。嘉靖十三年(1534年)举人,十四年进士,历任吉安知府、左布政使、太仆寺卿、右副都御史、山西巡抚、工部右侍郎、吏部左侍郎,著有《靳两城先生集》等。《明经世文编》收录了他的《讲求财用疏》。在这一疏文中,他认为在没有发生灾疫的情况下,人们“以一岁之功而供一年之用”是足够的,但现实上之所以出现百姓经济状况愁苦、地方政府也“日夜忧烦,遑遑以匮乏为虑”,并不是由于生产上“布帛五谷不足”,而是由于“银两不足”所致。他反对“用银而废钱”,认为用银有利于豪右,“银独行则豪右之藏益深而银益贵”,遂导致“银之积在豪右者愈厚,而银之行于天下者愈少。再逾数年,臣不知其又何如也”。他认为货币的作用在于流通,用钱比用银更能发挥作用。因此,他主张“自朝廷始”要大力推广用钱,除正赋(田赋)外,国家的其他收入都以钱为主,在支出方面也扩大用钱范围。

陈子龙早年曾写有《钞币论》,提出他行钞的主张。他首先回顾了纸币流通的历史,认为元以前纸币流通的历史是从兑现纸币向不兑现纸币转化的历史。其次,他提出恢复纸币流通的办法是用纸币来纳税,纸币流通恢复以后,另印新钞来收回不堪使用的旧钞核销,“以彰大信”,并对恢复行钞充满了乐观的预期,认为“民以钞易钱者听,以钞纳赎者听,则人晓然知钞之即可当钱。凡若军士之颁赐,工役之稍食(给食),谁不可以钞给者?明示人以津关必借钞而通,输纳必借钞而给,人亦何苦持极重不便携持之白镪金钱，以听低昂于吏胥之手哉?”他还把行钞看作理财和获取财政利益的主要手段。钱秉镫曾作《钱钞议》讨论钱法和钞法。与陈子龙一样，他强调官府收受纸币是纸币能够流通的条件，“盖必官司中喜于收受，民心不疑，自可转易通流，增长价例”。他认为明代纸币的失败在于用银，纸币与银势不两立，“不禁银则不能行钞”，“钞法惟在禁银”，他明确提出“废金银论”，主张限制用银以行钞法。

但明中期以来，在商人阶层中却出现了反对货币用银的思想。商人由于海外贸易的关系手中存有大量白银，一方面利用农民需要白银纳税的需求高价将白银售出，一方面又把商品卖给政府收回大量白银，循环盘剥，加快了资本的积累。在这一资本积累的过程中，商人阶层壮大了，日渐成为社会上的新兴力量，但农民却深受其害，也加剧了财富的两极分化，不利于社会的稳定。加之晚明“银力已竭”，已难以满足经济发展的需要，自然也就出现了要求启用其他货币以增加货币供给的主张。这一主张到了明清之际的救世思想家顾炎武、王夫之和启蒙思想家黄宗羲、唐甄那里则得到了进一步的发展，他们认为以钱替银能够增加货币的供应，有利于经济的发展，在一定程度上反映了当时市场上增加货币流通数量的客观现实需要。

这一时期，针对海外贸易还出现了“宽海禁，通有无”的主张。在明代，中国封建历史上占主导地位的对外贸易形式即朝贡贸易表现得最为典型。明朝严禁民间商人出海贸易，对外国商品，只有附带来朝贡的贡舶在呈献贡品之后，才可以在官府严格控制下同中国进行互市。明朝廷只选定少数口岸进行这种朝贡贸易，对商品种类、数量都严格限制。但随着明代东南沿海商品经济的发展，进行对外贸易越来越成为沿海地区发展经济的需要，也有越来越多的商人为对外贸易的高利润所吸引，不顾禁令私自进行贸易。为了对抗政府的缉拿，有的海商还建立了自己的武装，形成了武装走私的局面。在这一情况下，嘉靖中后期开始出现了宽海禁、开放对外贸易的呼声，代表性人物有唐枢、许孚远及傅元初等人。

唐枢，嘉靖五年（1526 年）进士，因上疏谏诤获罪，被斥为民，隆庆初复官。《明经世文编》卷二七〇收有唐枢《复胡梅林论处王直》一文。唐枢在对外贸易问题上批驳了“严海禁”的主张，论述了开放对外贸易的利益和必要性。他认为允许对外贸易会招引海寇的说法是站不住脚的，相反，嘉靖时的倭寇之患是明朝禁海政策导致的。因为“商道不通，商人失其生理，于是转而为寇”，“海禁愈严，贼伙愈炽”，解决办法只有“宽海禁，通有无”。他论证了开放对外贸易在财政和经济上的利益，认为允许商人从事对外贸易既可以收税以供沿海地区军饷，又可以减轻沿海百姓的财政负担，还有利于沿海地区广开就业门路，使百姓“各安本业”。唐枢还提出了两个有创意的观点来为开放对外贸易辩护，即“华夷同体，有无相通”和“利之所在，民必趋之”。第一个观点“华夷同体”已把中外贸易双方之间的关系看作对等的关系，把双方之间的贸易看作平等互利的“通有无”关系，已不是传统的“贡”和“赐”之间的不平等关系了，这是一个认识上的进步。第二个观点“利之所在，民必趋之”，把求利看成人的本性，认为对外贸易可以使人获利，因而想禁是禁不住的。在开放海禁呼声的压力下，隆庆二年（1568 年）明政府在少数口岸取消了海禁，允许民间有条件地进行对外贸易。数十年后，唐枢弟子许孚远总结了隆庆二年以来开放海禁的历史经验，对开放对外贸易的收益做了进一步的论证。这些思想主张反映在《明经世文编》卷四百收录的许孚远《疏通海禁疏》中。他总结隆庆二年开放海禁后出现的“饷足民安”“民生安乐”的经验，认为开放对外贸易非但不会“导寇”，而恰是“安反侧，杜乱萌”的举措。他根据沿海地区经济地理的特点，提出沿海地区“襟山带海，田不足耕”，且“半系斥卤之区”，不宜农业，只能靠“贸易往来”，“以有余济不足”。并且沿海地区“非市舶无以济衣食”，百姓“多赖海市为业”，如果禁限对外贸易势必使沿海经济遭受打击。事实也印证了许孚远的这一判断，万历时期朝廷再度禁海，结果沿海经济很快陷入萧条：“生路阻塞，商者倾家荡产，佣者束手断飧，阖地呻嗟，坐以待毙。”许孚远还以人性好利为开放贸易辩护：“民情趋利如水赴壑，决之甚易，塞之甚难。”

明末的傅元初在论证对外贸易可使贸易双方都得到利益时，已接触到了经济学中的比较利益的观念，据顾炎武《天下郡国利病书·福建》篇记载，他说西洋诸国（指今泰国、马来西亚一带）“产苏木、胡椒、犀角、象牙诸货物，是皆中国所需”。东洋国家（指菲律宾一带）“有银山，夷人铸作银钱独盛”。中国的生丝、绫缎以及“江西瓷器、福建糖品果品”也为东西洋所喜好，中国与他们贸易交易，互通有无，对双方都有利益。例如“中国湖丝百斤，值银百两者，至彼得价二倍。”

综上所述，明中期以来开放贸易的思想已突破了前人从政治统治和财政收入来考虑对外贸易问题的局限,开始从经济发展角度来认识对外贸易,并已接触到了经济学中比较利益的观念。但需要指出,他们的对外贸易思想仅把对外贸易作为解决某些沿海地区经济发展不足的举措,总体上仍是把自然经济的农业看作决定国运、民命之“本”,仍属于中国传统经济思想的范畴。与西方此时大力发展海外贸易、已进入资本主义工商业时代相比,明显落后了。

随着明中期商品经济的活跃与发展,人们的消费观念也发生了变化,出现了崇奢黜俭的消费观念,代表性人物有陆楫。陆楫,字思豫,号小山,松江上海人。生于正德十年(1515 年),卒于嘉靖三十一年(1552 年)。以父荫入太学,未入仕,著有《蒹葭堂稿》,其中部分内容以《蒹葭堂杂著摘抄》之名收入《纪录汇编》丛书。陆楫生活的明中期,商品经济活跃。他指出苏杭地区虽民风奢侈,但市场活跃、经济发达。他反驳那种认为苏杭地区商业发展造就了奢侈民风的观点,认为恰恰相反,是民风的奢侈创造了市场的消费才使得商业发展与富裕。[1] 没有民风的奢侈消费,工商业生产就没有市场,又侈谈什么发展?在《蒹葭堂杂著摘抄》中,他以自己的家乡上海为例:“吾邑僻处海滨,四方之舟车不一经其地,谚号为小苏州,游贾之仰给于邑中者,无虑数十万人,特以俗尚甚奢,其民颇易为生耳。”一句话,是奢侈的民风造就了消费市场的兴旺,造就了商业的繁荣。“吴越之易为生者,其大要在俗奢,市易之利特因而济之耳。”陆楫进一步强调了

[1] “是有见于市易之利,而不知所以市易者,正起于奢。使其相率而为俭,则逐末者归农矣,宁复以市易相高耶?”(《记录汇编》卷二〇四《蒹葭堂杂著摘抄》)

“奢”对活跃经济的作用,“盖俗奢而逐末者众也”,意思是说由于俗奢,从事“末者”的人就多。这里的“末”包括工商业和服务业。他以苏杭为例:“以苏杭之湖山言之,其居人按时而游,游必画舫、肩舆、珍羞、良酝、歌舞而行,可谓奢矣。而不知舆夫、舟子、歌童、舞妓,仰湖山而待爨者不知其几。”苏杭富人的奢侈消费创造了许多贫者就业的机会。他接着论证:“不知所谓奢者,不过富商大贾豪家巨族,自侈其宫室、车马、饮食、衣服之奉而已,彼以梁肉奢,则耕者、庖者分其利;彼以纨绮奢,则鬻者、织者分其利。”强调富人花钱,贫者就有了谋生之路。俭则不然,“凡以其俗俭,而民不能以相济”,即不能提供更多的为奢者服务的就业岗位。他举当时风俗“最号为俭”的宁波、绍兴、金华、衢州等地为例,说那里的人民“至不能自给,半游食于四方”,因此“俭”并不能使民富。据此,陆楫提出奢不应禁,而应鼓励。在这一认识的基础上,他对传统的“黜奢崇俭”的消费观念进行了批判:“论治者类欲禁奢,以为财节则民可与富也。噫!先正有言,天地生财,止有此数,彼有所损,则此有所益,吾未见奢之足以贫天下也。自一人言之,一人俭则一人或可免于贫;自一家言之,一家俭则一家或可免于贫。至于统论天下之势则不然。治天下者,将欲使一家一人富乎?抑亦欲均天下而富之乎?”这一论证的理论意义在于强调了俭虽可以使一人一家免于贫困,但不能使天下富,执政者应追求的是天下富。这说明陆楫已认识到了“俭”的消费行为对“家”(微观个体)和“国”(宏观总量)经济的影响是不同的。为促使经济发展,他提出崇奢黜俭:“予每博观天下之势,大抵其地奢,则其民必易为生;其地俭,则其民必不易为生者也。”

崇奢黜俭这一消费观念早在《管子·侈靡》篇中就已有表述，宋代范仲淹还曾巧妙利用刺激富人的侈靡消费以工代赈成功地进行了一次赈荒行动。陆楫延续的就是这一消费观念，但这一消费观念在中国传统经济思想中不占主导地位。明中叶以来出现这一崇奢思想不是偶然的，而是与当时苏杭地区商品经济的活跃和发展有关。商品经济的发展使人们的消费观念发生了改变：市场的发展改变了人们的生产方式，即为出卖而生产，为市场交换而生产，生产能否持续也取决于市场需求大小，市场需求大小则取决于社会的消费能力，社会的消费能力很大成分取决于富人的奢侈消费。现代经济学中凯恩斯学派揭示出的就是这一消费刺激经济的原理，陆楫的崇奢黜俭论已接近了这一认识。应该说，陆楫的崇奢黜俭的消费观念是当时进一步扩大发展工商业、服务业要求在消费思想观念上的反映。

二、自为论的经济思想

在晚明商品经济发展、市民阶层崛起的时代背景下，自由主义的经济思想开始活跃。倡导这一自由主义经济思想的既有救世思想家如丘濬、王夫之等人，也有启蒙思想家如李贽、唐甄等人。晚明自由主义经济思想的主要内容，既有强调“听民自为”的自由放任的经济政策主张的，也有强调“私者，人之心也”、主张民富优先的富民思想。

自为论提倡“听民自为”，其经济思想的核心是主张政府对各种经济活动不要强加干预和限制，放任民间自由选择，听民自为。自为论的经济自由思想在先秦就已出现，秦汉时期由司马迁在《史记·货殖列传》中发展到高峰。司马迁主张在经济的政策上“善者因之，其次利道（导）之，其次教诲之，其次整齐之，最下者与之争”。这里的“因”是顺应、听任的意思，“善者因之”的意思是说，政府管理国家最好的经济政策是顺应经济的自由发展，听任私人进行生产、贸易等经济活动，政府不必进行干预。司马迁还将这一“善者因之”的经济政策作为他全部经济学说的基石，成了中国传统经济思想史中主张自由放任的理论典范。“利导之”主张在顺应、听任私人进行经济活动的前提下，由国家在某些方面进行一定的引导，鼓励人们从事某些经济活动。司马迁认为这种“利导之”的方法是次于“因之”的方法的。“教诲之”是指政府用教化的方法诱导人们从事于某些方面的经济活动，或劝诫人们勿从事某些方面的经济活动，这是一种又次于“利导之”的方法。“整齐之”是指由政府采取行政或法律手段来干预经济，对私人的经济活动加以限制和强制。“与之争”是指政府直接经营工商业，借以获利。对后两种经济政策，司马迁是坚决反对的。在他看来，从事营利性的经济活动是私人的事情，政府从事这些活动是与民争利，是最坏的经济政策。因此，他反对政府对经济活动的干预。

司马迁之后，主张在某些时期、某些方面对民间的经济活动少加干涉和限制者有之，但把自由放任作为一种经济政策思想并从理论上加以充分论证的则没有了。明中期，丘濬提出自为论，则是继司马迁之后又一次把自由放任作为一种发展经济的政策指导思想提出来的救世思想家。

丘濬,字仲深,广东琼山(今海南海口琼山区)人。生于永乐十八年(1420 年),卒于弘治八年(1495 年)。自幼聪明好学,少年时期是在明王朝的全盛时期度过的。景泰五年(1454 年)进士,累官至文渊阁大学士,长期从事编撰工作,参编过《英宗实录》《宪宗实录》《续通鉴纲目》等书。后进礼部右侍郎,掌祭酒事;再进礼部尚书,掌詹事府事。丘濬在学术思想上祖述程朱,对晚明朱学的发展贡献甚大。对《论语》《孟子》和《大学》推崇备至,强调治学要以"治国平天下"为本。由于他长期居住京师担任专司文墨的官职,不能实现他的"治国平天下"的抱负,所以他并不满意。《明史·丘濬传》说他"尤熟国家典故,以经济自负"。丘濬的著作很多,重要者有《大学衍义补》《朱子学的》《世史正纲》《家礼仪节》等,另有诗文集和传奇作品数部。《大学衍义补》是丘濬利用业余时间编写的,此书集中表现了他对经济的关心。《大学衍义补》全书共 160 卷,其中,第十三卷到第三十五卷共 23 卷专谈经济,囊括了当时的主要经济问题。丘濬在这里就集中论述了"自为论"的经济思想。

丘濬生活在明中期,但他的经济思想对晚明的经济思想有着很大的影响。丘濬的经济思想是在讨论田制问题时提出的。他强调,自秦汉以来,成功的发展经济的政策都是"听民自为"的。所以他反对由国家规定田制及对私人占地施加种种的限制,认为这些做法都是徒劳无益的。如他在《大学衍义补·制民之产》中明确论述说"井田既废之后,田不在官而在民",土地"皆为庶人所擅,有赀者可以买,有势者可以占,有力者可以垦。有田者未必耕而耕者未必有田，官取其什一，私取其大半”。因此，他认为井田“卒无可复之理”，“限田之议，均田之制、口分世业之法，然皆议之而不果行，行之而不能久”，都是因为这些做法是违背人性人情的，所以是“可以暂而不可以常也”。这虽是在说田制问题，但代表了他对发展经济的政策观点，即强调把市场竞争看成自然的，是不以人的意志为转移的，因而是合理的。在《大学衍义补・山泽之利（上）》中他明确提出对待工商业者要“以便民为本，苟民自便，何必官为”。在《大学衍义补・市籴之令》中提出对待市场交易要允许“民自为市”，反对政府干预侵犯工商业者的利益；同时批评王安石的市易法侵犯了工商业富人的利益：“呜呼，天生众民，有贫有富，为天下王者惟省力役、薄税敛、平物价，使富者安其富，贫者不至于贫，各安其分，止其所得矣。乃欲多夺富与贫以为天下，乌有是理哉？夺富之所有以与贫人且犹不可，况夺之而归之于公上哉？吁，以人君而争商贾之利，可丑之甚也。”他主张给商人充分的经营自由，更反对国家从事商业活动。从明初开始，明王朝就禁止私人进行海外贸易，丘濬是较早提出开放海外贸易的人。他认为中外通商既有利于外国，也有助于增加国家的财政收入，何乐而不为？丘濬的自为论是有利于商品经济发展和商业资本积累的，因而具有历史的进步意义。对于如何把“自为”作为指导思想贯彻于经济活动的各种过程、各个方面，邱濬的分析、论述要比司马迁更加周到和具体。

李雯在经济政策上也主张自由放任。李雯，字舒章，生于明万历三十六年（1608 年），卒于清顺治四年（1647 年）。松江府华亭（今上海松江区）人，出身世家。明崇祯十五年（1642 年）举人，清初荐授内阁中书舍人。李雯少年时代就学涉古今，不耻下问，遂得才学过人。在学术思想上，他与救世思想家、《明经世文编》的编撰者陈子龙、宋征舆并称“云间三子”。李雯颇为重视治国经邦的救世之学，反对读死书、咬文嚼字。他将那些只知读书应试、不识治国方略的文人讥讽为“儒蠹”，认为只有真正能“明古今之务、察治乱之数，经术之学通于政事”[1]的“国之秀民”才称得上是“儒者”，方有资格位列朝班，与闻国事。李雯从政时间很短暂，但对当时诸多社会经济问题都做过研究思考，反映在他的著作《蓼斋集》中。在李雯的政论性文章中，对经济问题的探讨占了很大篇幅。他对经济问题的研究侧重于赋役、盐政、奢俭等社会热点问题。李雯的经济思想主要表现在盐业改革的设计中。

盐业自西汉桑弘羊以来就由政府垄断，丰厚利润成为国家财政收入的重要来源。李雯在《蓼斋集》卷四五《盐策》这篇文章中对盐政的历史做了回顾，他认为自桑弘羊的盐铁国营实践以来，盐利尽归国家，“利出于一孔而有以操其轻重之权也”。但到明代情况已发生变化。李雯发现，在明代（盐）钞法敝坏之后，盐业名为国家经营实际上已被权贵垄断，盐利既不在官，也不在商，只在权贵：“自钞法坏……权豪擅煮海之利，官盐也而私夺之，割没为奸商之地。”李雯主张盐政改革。他将盐业看作一种纯粹的商业活动，反对政府干预。他称赞唐代的理财大臣刘晏，认为刘晏之所以能将盐业管理好，并使盐业为国家提供多达二

[1] 李雯：《蓼斋集》卷四十二，《儒蠹》。

分之一的财政收入，其经验就在于放手让商人进行食盐的生产和经营，实行了自由放任的经济政策。他向执政者建议，将盐业生产经营权全部交予商人，听任商人自主经营，国家仅为商人提供各种服务，从盐业生产经营中获得一定的财政收入即可："朝廷为之设官，以平其价值，理其讼狱，辨其行盐之地分，然后度其岁之所出者重为之额而一税之。"在他所设计的盐政改革方案中，政府已不再是直接的经营者，而仅成为一个对盐商经营进行宏观调控和为盐商提供经营服务的角色。这是一种放开盐政垄断交由市场经营的改革方案，既可以提高盐业的经营效益，增加国家财税收入，又有利于市场的活跃。

李雯特别提醒，盐政大权表面上由国家控制，实际上是掌握在少数权贵手中，成了他们中饱私囊的工具，国家财税从盐政获利甚少，民间商人负担却倍增，严重影响了盐业生产者的积极性。他《盐策》篇中主张开放盐禁，允许盐商自由经营，不仅能激发盐业生产者的积极性，也可以节省盐政的管理费用，增加政府的盐利收入，使之前被权贵、吏胥中饱私囊的盐利都以税收的形式收归国家："夫使商人为无名之费而入于多门，不若使为有羡之课而入于朝廷。"盐政改革之后，"不夺之商贾，而夺之于官吏又何伤哉！"李雯设计了一个中国盐政史上前所未有的自由经营的方案，具体内容是政府将盐滩按面积全部分给商人，由商人自行购置生产资料，自主雇佣灶户，自由生产经营，国家为其提供各项服务，同时行使征税权。盐产地征税后，任其行销各地，不再纳税。如此一来，就可以达到"天下皆私盐，天下皆官盐也"的效果，既可富民，又可增加国家的财政收入，一举两得。李雯的改革仍有其局限性，即方案实施仅限于东南各产盐区，其他各地则仍由政府垄断经营，以其所生产的盐利来换取粮食满足戍边部队的粮食需要。但这一改革毕竟历史性地在盐业官营的格局下从思想上开了一个口子，不妨看作东南沿海一带商品经济活跃在思想上的反映。李雯的盐业改革思想对之后的盐业改革产生了积极影响，如顾炎武在其《日知录》中就对其“一税之后，从其所之”的主张大加赞赏，清中叶以后的盐政改革者如包世臣、魏源等也都称赞其说，并在盐业改革中加以参照。

明中期以来主张自为论者在论证其经济自由思想时，都对人性做了一个假定，认为人在本性上是自利的，故只有“听民自利”的经济政策才是最合乎人的本性的。如丘濬在《大学衍义补·总占理财之道上》中就认为“民自为”的动机就是求利、求富之心，他认为人都有追求财利的欲望，“财者人之所同欲也”，“人心好利”。在对人本性属“私”这一理论观念中，启蒙思想家李贽的观点最有代表性。在李贽的经济思想中，首要的内容就是他的崇私论，他把“私”看作人们从事经济活动的基本动力。他认为追求私利是人的本心，强调人有了占有、获得经济利益的要求后才会有心去努力从事有关的经营活动，如为了占有农产品而努力耕田、为了积累财富而经理家计等。在经济活动中，各自有私而又各自为私的个人之间，只能通过“互市”的商品交换相联系。在明代中叶以后商品经济已有相当发展的时期，李贽崇私的观点也就必然导致对商品交换关系的肯定。他不但不反对商品交换，不主张抑商，甚至还把人与人之间的一切关系都看作商品交换的关系，还把封建社会中最神圣的师生关系也纳入商品交换关系中。[1] 既然势利之心是人的“秉赋之自然”，人们为追逐势利或富贵而竞争，并在竞争中发生分化也就是自然的了。在《明灯道古录》中，李贽认为势利之心虽人人有之，但个人取得富贵之“材”或“资”是天生不同的，竞争起来必然有胜负，有分化：“强者弱之归，不归必并之；众者寡之附，不附即吞之。此天道也，虽圣人其能违天乎哉？”因此，他肯定竞争，承认优胜劣败的市场竞争规律。李贽的特点在于把市场竞争中的“吞并”说成“天道”，不可违背，而把干预、抑制这种“吞并”的行为说成“违天”，加以反对。这是一种强调竞争的市场经济的观念。

救世启蒙思想家在国富与民富的关系上，多主张民富先于国富。

在中国传统经济思想史中，就富民与富国的关系，一直存在两种相反的观点。一种观点主张富国第一，这种观点与国家干预的观点相应，主张国家对经济应实行官营。此说突出了国家财政的意义。另一种观点则相反，主张富民第一，持这种观点者多是主张经济自由的思想家。他们反对政府对经济的强权专卖，更反对“与民争利”的官营，肯定老百姓对自身物质利益追求的合理性，把民富放在第一。晚明时期主张民富先于国富的观点十分流行。

依照“自为论”的经济思想，听民自为，反对政府的干预，经济发展的结果必然是富者愈富、贫者愈贫。因此，经济活动中提

[1]《续焚书》卷二《论交难》：“以天下尽市道之交也……七十子所欲之物，唯孔子有之，他人无有也；孔子所可欲之物，唯七十子欲之，他人不欲也……以身为市者自当有为市之货，固不得以圣人而为市井病；身为圣人者自当有圣人之货，亦不得以圣人而兼市井。”

倡自为论者就必然在财富的占有和分配方面主张安富论，为富民辩护。丘濬就公开为富人辩护，提出了系统的安富论。他认为应该"安富"而不是"抑富"，"抑富"是那些"偏隘"之人干的，如在《大学衍义补·善民之生》中明确指出"彼偏隘者，往往以抑富为能"。在《大学衍义补·市籴之令》中他一反抑商的传统，认为不能因为富商大贾富有而加以"摧抑"。他说贫困的人民是我们的人民，富裕的人民也是我们的人民。所以他反对那种"富能夺，贫能与，乃可以为天下"的说法，明确提出"天生众民，有贫有富"，社会上存在贫富差别是自然的、合理的，"夺富与贫"是没有道理的，"乃欲夺富与贫以为天下，乌有是理哉"。在《大学衍义补·蕃民之生》中他强调富民是社会的支柱，这是因为"富家巨室，小民之所依赖"，"非独小民赖之，而国家亦将有赖焉"。所谓藏富于民，也就是藏于"富家巨室"。在《大学衍义补·详听断之法》，他提出不仅地主、商贾等富民是"小民之所依赖"，连高利贷者也是有利于人的，"通有无以相资助，使人不至于匮乏"。禁止民间借贷，虽本意是"抑富强"，结果却会使"贫民无所假贷，坐致死亡多矣"。据此，他主张保护债权人的利益，提出债务"虽有死亡，苟有佐证，亦必追偿"。

东林学者也提出"贫富两便"的富民思想，如《徐念阳公集·候吴县万父母书》云"不使富者因贫者而倾家，斯为两便"，要求恤贫而不累及富民。所谓的"富民"，是指一般中、小地主和工商业的市民阶层；所谓的"两便"，其实质是为了便于富民。

李雯的富民思想最富有特色。他十分看重富民的社会作用，将富民视作为社会的中坚力量，认为富民上养天子，下养百姓，功劳很大。针对中国历史上延续数千年的抑兼并传统观念，他大声诘问：富民何罪哉！在他的眼中，富民不仅无罪而且有功。其功劳之一是“养民”，他认为富民将土地从贫民手中买来，再租给他们耕种，并代其交纳赋税，是为贫民提供了衣食，故此李雯称富民为“贫民之母”。其功劳之二是“养君”，李雯认为贫民与游民，或者无力为国家纳捐服役，或者飘浮不定，国家无法使他们为国家交粮纳税。只有富民才是国家赖以获取赋役收入的来源。正因为富民有如此的功劳，所以古代上自天子，下至百官，对富民均表示尊重和礼遇。出于保护富民的考虑，李雯对于当时赋役负担过重的经济政策予以了抨击，认为这损害了富民的利益，使富民苦不堪言。此外，各级官吏也纷纷向富民伸手，巧取豪夺。官府过重的赋役负担再加上各级官吏的贪求勒索致使众多富民破产。站在安富论的立场，李雯要求政府减轻富民的赋役负担。在《赋役》篇中，他要求对一般富民与豪强权贵加以区别，采取不同的赋役政策。李雯分析了富民与豪强权贵的区别，指出豪强权贵凭借其拥有的政治权力，暴取豪夺，这种靠政治权力致富的行为是对贫民的一种掠夺。而富民致富靠的是自己的勤劳，这种勤劳致富的行为与豪强权贵对百姓的掠夺有所不同。因此，国家应对富人采取不同于豪强权贵的赋役政策。李雯认为，豪强权贵一方面大肆侵占土地，另一方面又借助其势力逃避国家的徭役。县官为完成征纳任务，就将本应由豪强权贵承担的赋役转嫁给百姓，由此更加重了普通百姓的赋役负担。鉴于江南地区豪强贵族甚多而富民甚少的实际状况，李雯建议政府制定一套稳定的徭役制度，规定官户多的地区，征发以官户为主；民户多的地区，征发主要由民户承担，以此使豪强权贵与富民共同来承担国家的徭役负担。李雯还要求天子面向全社会公开表示对富民的尊重和爱护，打击各级官吏借征收赋税之机层层加码、盘剥富民的行为。只要天子带头表示对富民支持、爱护，地方官吏就不敢慢待、刻剥富民了。在此基础上，政府再对那些作奸舞弊、隐瞒财产、逃避赋役负担的奸民逐一查处，就可以完全杜绝奸诈的行为。李雯思想上的贡献，在于他不仅明确区分了两类富人，即一类是豪强权贵，一类是靠自己的财富和经营来发展的富人，并对这种区分的意义以及在国家政策中如何实施做了明确、详尽的论证。他的富民思想主要是"富"后者。应该看到，他所指的这类富人，在当时来说是带有市民阶层倾向的富人。他倾其全力为这种富人的辩护，是他经济思想中所具有的市场经济倾向比同时代的人要更为明显和进步的地方，也是其他主张安富、保富者所不及之处。

三、"工商皆本"的阶层新论

在中国传统思想中，由于受先秦法家重农抑商思想和政策的影响，商人的社会地位不高。如在中国古代，《管子》一书最早将中国社会的庶民阶层划分为四个职业等级，即士、农、工、商。士居四民之首，商居四民之末。在这一观念的影响下，形成了中国古代重农抑商的价值观念，商利成了"末利"，经商成了小人之事。商业活动备受轻视，官僚士人经商更觉自惭形秽。中国古代的轻商意识逐渐形成后，成为封建社会里一种占据支配地位的价值观念。在这一价值观念的支配下，从事经济活动的商贾贩夫自然被列为九流之末。社会上对职业座次的排列，也一直是“士农工商”，商处末位。

在中国封建社会里，从经济政策上来说，抑商一直是主流，偶有重商意识出现，但只是若隐若现的一股暗流。据文献记载，至少从西汉王朝开始，“贱商”已是国家明确规定的法律条文。法律规定商人不得骑马，不得穿锦绣、绸纱，甚至于饮食、屋舍、婚姻、丧葬等，皆有一系列规制，不许商人僭越。经魏晋南北朝，到隋唐之后，随着科举制度的出现及其成熟发展，经商更是为士人所不齿，“万般皆下品，惟有读书高”，十年寒窗，金榜题名，才是士人的正途。士之子恒为士，商之子恒为商。治学向道成为士人的人生第一要义，他们以此为荣，即令家道中落、门衰祚薄，也不愿自己的子孙“弃儒就贾”。如南宋时的大诗人陆游在《家训》中就告诫自己的子孙，只能在士农二业中谋生，或做塾馆蒙师，或力田种菜均可，但绝不可流为市井商贩。陆游的职业观具有很大的普遍性，代表了他那个时代士人对经商的一般态度。这种价值取向笼罩了中国社会千余年，直至两宋以降，才渐渐显露出松动的迹象。

宋元以后，随着商业及城市的发展，士、商关系发生了很大的变化，士人们对商人的社会功能也有所再认识。[1] 商人的地

---

[1] 沈垚：《落帆楼文集》卷二四：“宋太祖乃尽收天下之利权归于官，于是士大夫始必兼农桑之业，方得赡家，一切与古异矣。仕者既与小民争利，未仕者又必先有农桑之业，方得给朝夕，以专事进取，于是货殖之事益急，商贾之势益重。非父兄先营事业于前，子弟即无由读书以致身通显。是故古者四民分，后世四民不分。古者士之子恒为士，后世商之子方能为士。此宋、元、明以来变迁之大较也。天下之士多出于商，则纤啬之风益甚。然而睦姻任恤之风往往难见于士大夫，而转见于商贾，何也？则以天下之势偏重在商，凡豪杰有智略之人多出焉。其业则商贾也，其人则豪杰也。为豪杰则洞悉天下之物情，故能为人所不为，不忍人所忍。是故为士者转益纤啬，为商者转敦古谊。此又世道风俗之大较也。”

位有所提高，这种变化主要表现在以下两个方面：一是南宋以后的士大多出身于商人家庭，以致士与商的界限已不能清晰地划分；二是因商业在中国社会上的比重日益增大，有才智的人逐渐被商界吸引过去，又因商人拥有财富，许多有关社会公益的事业也逐步从士大夫手中转移到商人手中。由于这些变化，士人的传统价值取向也随之动摇，治学已不再局限于修齐治平上。以往是鄙薄经商，视“经商”“治生”是有碍道义的贱业末技，而宋、元以后则对治学提出了新的要求，强调士人必须在经济生活上获得独立的保证，才有可能维持个人的尊严和人格。伴随着人口的增长与都市化，明中期以来社会上还出现了“弃农趋末”的趋势，如时人吕楠在《经野子内篇·鹫峰东所语》分析这一趋势的原因在于务农远已抵不上经商的利润：“天下势而已矣。如北方田土出几多征求，是以人多逃走，田多荒了。若新河，一间门面便得一二十金，耕田得利几何？”明末的陈确还直言不讳地写出了《学者以治生为本论》阐发“治学”与“治生”经商之间的关系，认为“治生”比“治学”来得更要紧，每一士人都必须把“仰事俯育”看作自己最低限度的人生义务，而不能“待养于人”，士人必须有独立的经济生活才能生存和发展。明中期之后，人们关于金钱、财富的基本看法也发生了改变，士大夫群体也“以货殖为急”，“士非利无学”，天下之士多有市心，已经忘记了圣贤之书的教诲，虽遭人笑骂，仍能泰然处之，“曰：笑骂任尔，富贵吾自受之！”[1]这一切正如徐芳《三民论》所言：“今天下之士，未有不

[1] 丰坊：《万卷楼遗集》卷一《遇言序》。

汲汲于利者也。夫果其汲汲于利也，而可谓之士乎？吾直以为商焉而已。固今天下之士，非士也，商也。”这一重利观念加之侈靡之风的盛行，社会上对商人的地位开始了重新评价和尊重。

明中后期，随着儒家内部王学的崛起，重商意识开始兴起，并逐渐影响到了社会大众，使人们对待商人的观念发生了变化。

明代重商意识的特点，是较之以往对商人表现出了相当的尊重，并公开为商人的经商活动进行辩护。王阳明就对商人的社会价值予以了明确肯定。他认为古代士、农、工、商这四民虽然职业不同，但都为社会所需要，都有各自的贡献。王阳明还提出了一个全新的命题：四民异业而同道。就是说，在道的面前士、农、工、商完全处于平等地位，不存在地位的高低、职业的优劣，对商人的社会地位给予了明确的肯定。王阳明还特别批判了传统的重士贱商的观点，认为“治生”的经商也是圣学（“讲学”）中事。如《传习录拾遗》有云：“直问：‘许鲁斋言学者以治生为首务。先生以为误人，何也？岂士之贫，可坐守不经营耶？’先生曰：‘但言学者治生上，尽有工夫则可。若以治生为首务，使学者汲汲营利，断不可也。且天下首务，孰有急于讲学耶？虽治生亦是讲学中事。但不可以为首务，徒启营利之心。果能于此处调停得心体无累，虽终日做买卖，不害其为圣为贤，何妨于学？学何贰于治生？”余英时先生认为王阳明的这段话是新儒家社会思想史上一篇划时代的文献。[1] 的确如此，新的社会四民论打破了旧的价值观念，矫正了对商人所持的传统偏见。王阳明的

[1] 余英时：《士与中国文化》，上海人民出版社，1987，第 526 页。

这一观点到了其后学泰州学派那里，又有了进一步的发展。如泰州学派的何心隐在《答作主》中就提出“商贾大于农工，士大于商贾”，四民的排列应是士、商、农、工，而且四民又可以再进一步归纳为两类：士与商同属于“大”，而农与工则并列于社会的底层。李贽则一反前人观念，为商人张目，认为商人挟带着数万资本，经历风涛骇浪，还要受官吏的污辱，在市场上辛苦交易，十分不容易。何心隐甚至对商业经营理论也颇有研究，据顾宪成《小心斋札记》卷十四载，万历年间大官僚耿定向挑选家僮四人，每人给银200两，让他们做生意。其中一人曾向泰州学派的何心隐请教经商的诀窍，“心隐授以六字曰：一分买，一分卖。又益以四字曰：顿买零卖。其人尊用之，起家至数万。”

东林学派也提出了商为“本业”和“惠商”的思想。东林人士赵南星在《秦仰西雷翁七十序》中首先提出了商为“本业”的新观点。他说：“士农工商，生人之本业也。”在《贺李如立应乡举序》中提出“农之服田，工之饬材，商贾之牵牛而四方，其本业然也。”赵南星已经把历来列为“末”的工商与士、农并列而为“本业”，早于黄宗羲“工商皆本”思想的提出。另一位东林人士李应升在《落落斋遗集·上巡道朱寰同书》中也进一步提出“为商为国”的观点，把经商与“为国”联系起来。这些思想的出现，无疑是对重农抑商传统经济思想的一大突破，代表了新兴市民阶层的利益，反映了他们要求自由发展经济的迫切愿望。正是基于这一商为“本业”的思想，顾宪成和高攀龙等东林人士提出了减免商税、以“惠商”发展商业，严惩肆虐乡里的税棍、维护商人利益的经济主张。

明中期以来一些出身于商贾之家的名儒也提出了商农"交相重"的理论，既维护了商人的利益，也是对传统重农抑商政策的挑战，代表性人物有明嘉靖时期出身于富商之家的汪道昆（汪道昆曾任兵部侍郎）。收录在其《太函集》里的一系列关于经济思想方面的论述，是很值得注意的。如汪道昆在《虞部陈使君榷政碑》中对传统的"重本抑末"进行了有力的批判，他说："窃闻先王重本抑末，故薄农税而重征商，余则以为不然，直壹视而平施之耳。日中为市肇自神农，盖与耒耜并兴，交相重矣……要之各得其所，商何负于农？"汪道昆在这里明确主张"壹视而平施"。这种商农"交相重"的思想，反映了当时商人群体的心声。《新安歙北许氏东支世谱》卷八载，明弘治、正德年间歙商许大兴也曾说过："予闻本富为上，末富次之，谓贾不耕若也。吾郡保界山谷间，即富者无可耕之田，不贾何待？且耕者什一，贾之廉者亦什一，贾何负于耕？古人非病贾也，病不廉耳。"从许大兴的这席话中可以看出，汪道昆所言道出了当时商人的心声，是从维护商贾利益出发的。汪道昆为了说明他的"交相重"思想是正确的，还就商贾对国家的贡献作了具体的阐述。他说国家的税收来自盐商者十之二三，支撑着国家的边防与财政开支，国家不应"抑商"，而应"便商"。徽州富商巨贾，以盐商居多。汪道昆希望封建政府给予"从商之便"，无异代盐商向官府进言，以期谋得更大的利益。商人们为了维护和扩大自身的经济利益，为了提高商户的社会地位和社会声誉，也千方百计地结交名公巨卿，寻求政治上的靠山，或者鼓励子弟竞逐科第，博取功名富贵。在商贾之家也确实出了不少名儒显宦，如汪道昆、顾宪成、高攀龙、徐光启、李贽等，其先世皆为商贾，曾逐“什一之利”。具有远见卓识的商人认识到提高自身文化素养同卓有成效地进行商业活动关系很大，注意吸收地理、舆图、交通、物产、会计、民俗、历史等方面的知识。商人在醉饱之余，也好附风雅，留心艺文之事，研习诗文书画，收藏图书珍玩。袁宏道在《新安江行记》一文中说：“徽人近益斌斌，算缗料筹者，竟习为诗歌，不能者亦喜蓄图书及诸玩好，画苑书家，多有可观。”由此可见，商人在经济、政治、文化诸领域的影响日益扩大了，在经济生活中的作用也日益明显。世人对商人也开始刮目相看，社会上轻商的观念有了一定的改变。有人已意识到，善商良贾和政治家、理财家、军事家、哲学家，其学问才能有相通之处。如竟陵派创始人钟惺在《隐秀轩集·程次公性略》中说：“货殖非小道也，经权取舍，择人任时，管、商之才，黄、老之学，于是乎在。”经商也不是卑污之事，前七子首领李梦阳在《空同集·明故王文显墓志铭》中也说：“夫商与士，异术而同心，故善商者，处财货之场而修高明之行，是故虽利而不污。”世人选择职业比过去灵活多了，不是把眼光死死盯在科举上面，而是把商贾作为一条重要的发家致富的出路。苏州、徽州等地的缙绅士夫之家也多做这样的选择，弃儒经商的事屡见不鲜。当然，就整个社会价值体系而言，传统的偏见仍然存在。否则李贽发出的“商贾何鄙之有”的呐喊，岂不成了多余之言？这说明晚明时期商人的社会地位虽较明初有了提高，但四民之末的地位并没有根本转变，商人远没有迈进他们的理想王国。而继续冲击这一偏见为商贾呐喊的又有黄宗羲、傅山、唐甄等一批启蒙思想家们。

由于商品经济的发展和儒家重商意识的兴起，晚明时期社会上已有了士不如商的观念和说法。如归庄在《传砚斋记》中便记载，在他的时代已开始"士商相杂"，他有一位朋友严舜工就是太湖地区的一位身兼士商两种身份的人物，归庄劝他应该专力于经商，不要让子孙读书。这反映当时社会上已存在有"士不如商"的价值观念了。新安士人汪道昆在《明故处士溪阳吴长公墓志铭》中也提到，在新安不是"右儒而左贾"，而是"右贾而左儒"，视商人的地位在读书人之上。这说明时人已意识到了商贾社会地位的提高，认为可以与士人相抗衡了。

儒者经商，商人业儒，儒商关系交融，日见密切。那些求名好儒的商人大都喜爱结交文士名流，陈继儒《晚香堂小品·冯咸甫游记序》有言："新安故多大贾，贾啖名，喜以贤豪长者游。"据《珂雪斋集·吴龙田生传》，徽商吴龙田自云："吾虽游于贾，而见海内文士，惟以不得执鞭为恨。"文人也改变了不屑与商贾为伍的清高态度，而乐意与之往还，为之效劳，为其撰写寿序、碑铭、传记，为其子弟讲授诗文，为书商评选小说、戏曲、八股程墨，从中获得一笔丰厚的酬金。不少"寒士"无钱刻印著作，便希求商人给予赞助，也确有愿意为此辈慷慨解囊的。名士俞允文死后，徽商程元利不惜重赀梓其遗稿千余篇，使不泯没，做了一件大好事，获得了士林的广泛赞扬。为此钟惺《隐秀轩集·题潘景升募刻吴越杂志册子》发出呼吁："富者余赀财，文人饶篇籍，取有余之赀财，拣篇籍之妙者而刻传之，其事甚快，非惟文人有利，而富者亦分名焉。"富人有的是钱财，文人有的是著作，双方可以进行合作，建立起一种互济互利的关系。通过合作，文人的著作能刊行于世，商人也得了成全才士的美名，因而“造化之精神（即篇籍）”得以泄，“造化之膏脂（即资财）”得以用，两全其美，各得其利。钟惺的这番话，反映了下层知识分子的愿望，也反映了在商品经济有了长足发展的时代士夫文人商品交换意识的觉醒。明代中期以来，书院的发展相当蓬勃，据已有的研究成果，也与得到了商人的资助有关。徽州、山西商人大都在从事书院的修建。[1]

余英时对这一时期士商互动的情况有所概括，他指出在16—18世纪的中国社会里，“士多出于商人之家，以至士与商的界限已不能清楚地划分……由于商业在中国的比重日益增加，有才智的人便渐渐被商业界吸引过去。又由于商人拥有财富，许多有关社会公益的事业也逐渐从士大夫手中转移到商人的身上。”[2]在这一历史趋势下，思想界开始出现了为商人经商利国、利民进行公开辩护的言论。如明末有一个宁波人华夏在《过宜言·惠商论》中就明确提出商人中有很多豪杰之士，商人经营商业和政治家治理国家是同样重要的，从而对知识分子只能走“修身、齐家、治国、平天下”道路的狭隘偏见提出了挑战。又如信奉王学的陈确所写的《学者以治生为本论》（见《陈确集》卷五），公开为儒者经商辩护。他认为读书和经商谋生都是很重要的，二者相较，经商谋生又重于读书。早年宗主王阳明之学、晚年转而经商的唐甄，公然为自己“以贾为生”辩解。明清之际像

[1] 陈宝良：《明代士大夫的精神世界》，北京师范大学出版社，2017，第15页。
[2]《中国近世宗教与商人伦理》，载《中国思想传统的现代诠释》，联经出版事业公司，1987，第342页。

唐甄这样由士入商的儒生不乏其人。明清笔记、方志、宗谱等资料中记载有许多“商而兼士”、弃文经商的事例，一些颇有名气的文人墨客开始涉足文化市场，开设书肆、笔庄、墨店，办起印刷工场。如著名小说家、戏曲家凌濛初，小品文评选家陆云龙，不但从事著述，也兼营刻书业。常熟汲古阁主人毛晋能诗善文，以藏书、刻书闻名海内，其印刷工场规模很大，有刻工数百人。毛晋等人大概是中国最早出现的一批文化商人了。即使明末大儒之类的领袖人物中，也有从事商业活动的。如顾炎武就曾从事过“抱布为商贾”[1]的经营活动。据《吕晚村文集》卷二《复姜汝高书》，吕留良也行医和从事刻书业。据《朱舜水集》卷七《答安东守约书》，朱舜水在日本“亦与诸商贸易往来”。明末清初的大思想家黄宗羲则公开提出了著名的“工商皆本”的思想命题。这一切都反映了晚明商人地位的提高及对商业经济发展的积极影响。

晚明商人社会地位的提高在当时的文艺作品中也多有反映。在唐宋传奇中偶尔出现的商人形象，多是一些可怜虫。如唐人张读的传奇小说《闾丘子》，描写了家产万计的大商人之子仇生，为了做官千方百计巴结门望清高的官僚郑氏。郑氏虽多次接受这位商人之子的金钱贿赂，却从未对这位商家子弟以礼相待，反而对其百般羞辱，责骂他为“市井小民，只知道经商赚钱，哪里也配做官”。仇生自惭形秽，只得弃官闭门，最后竟因此忧虑而死。《闾丘子》真实地表现了在封建门阀制度盛行的唐

[1] 查永玲：《万寿琪〈秋江别思图〉》，《文物》1991年第10期。

代，商人受辱和受歧视的情景，向世人昭示：没有适当的社会氛围，商人的钱袋是难以与封建贵族的权势相匹敌的。然而，晚明以“三言二拍”为代表的文艺作品展现在读者面前的工商业者的形象再也不是受人凌辱的下等人，再也不是猥猥琐琐的可怜相，他们以正面形象扬眉吐气地站在读者面前。对“商贾事体”的着力渲染，对工商业者的称颂褒扬，形成“三言二拍”的一个鲜明特色。如在《喻世明言》卷十八《杨八老越国奇逢》中，作者塑造了一个被倭寇掳去、几经艰辛、终于回到祖国的爱国商人的形象，同那些与倭寇串通一气的士大夫和无赖游民形成鲜明对比。在《醒世恒言》卷十八《施润泽滩阙遇友》中，作者歌颂了小手工业者拾金不昧、助人为乐的品德。《初刻拍案惊奇》卷八《乌将军一饭必酬　陈大郎三人重会》则讲述了一个商人虽历经坎坷但坚定不移走经商道路而终成巨富的故事，歌颂了商人经商发迹的执着精神。诸如此类的描述，在“三言二拍”中还有许多。

“三言二拍”还公开为商人的经商事业进行辩护。传统的偏见是把商人看成不劳而获的寄生虫，冯梦龙则认为“人生最苦为行商”。他在《杨八老越国奇逢》中引古风一首，“单道为商的苦处”，对商人寄予深切的同情。凌濛初也有类似的描写，《乌将军一饭必酬　陈大郎三人重会》里的人物说：“江湖上做些买卖，也是正经”。这类观念都与传统观念大相径庭。翻开“三言二拍”，我们可以看到许多弃农经工商、弃官经工商、弃举业经工商的描述。过去，商人赚了钱便千方百计跻身于官宦行列，而书中却有人一反故习，做官的“觉得心里不耐烦做此道路”，而告脱了官职去经商。《二刻拍案惊奇》卷三七《迭居奇程客得助》描述读书人并不想穷经到白首，当“读书不就”时便另图门路，“凑些资本，买办货物……图几分利息”。《醒世恒言》卷三十三《十五贯戏言成巧祸》描写一位“祖上原是有根基”的官人刘君荐，“先前读书，后来看看不济，却去改业做生意”。在徽州，更呈现“以经商为第一等生业，科第反在次着”[1]的风尚。这类现象在明清的一些野史笔记中亦有反映，如清朝王昊的《当恕轩偶笔》就载有明代景德镇市民子弟为窑利所吸引，数年无登第之人。嘉靖年间因发生许万年起义，镇中瓷窑停火三月，这年秋天才有一人中举，此后数年间终“无一人举者”。封建地主放弃土地经营而改营工商业的更多，如“三言”描写的江苏太湖大财主高赞、苏州大地主王宪等。这些封建统治集团的成员加入工商业者行列，一方面表明商人地位确实发生了变化；另一方面，加入工商业者行列的士大夫成了商人利益的代表者，工商业者由于有了这些权贵们的加入而使身份和地位得以提高。《醒世恒言》卷十七《张孝基陈留认舅》展示了这种变化。一位身居尚书之位的“老贵人”，“家财万贯，生得有五个儿子。只教长子读书，以下四子农工商贾，各执一艺”，旁人认为此举“非上人之所为”，劝他让五个儿子都“习儒”。而老尚书听罢旁人的劝言后哈哈大笑，说出了一番与“万般皆下品，惟有读书高”的传统观念相背的话来：“世人尽道读书好，只恐读书读不了！读书个个望公卿，几人能向金阶走……农工商贾虽然贱，各务营生不辞倦……春风得力总繁华，不论桃花与菜花……一脉书香付长房，诸儿恰好四民良。”这位

[1] 凌濛初：《二刻拍案惊奇》卷三七《叠居奇程客得助　三救厄海神显灵》。

尚书已经把工商业者列入了与士子平等的地位。更有甚者,“三言”中有的篇章还表现了明代民间流传的“一品官,二品客”的俗见,商客紧接士大夫之后,为人们所尊崇,传统的士、农、工、商的等级秩序已开始发生移易。这使一些封建文人产生了危机感,据清沈垚《落帆楼文集》卷二十四载,他们惊呼古代士农工商的四民有所区分,现在四民不分了。古代读书人的子孙永远为读书人,现在商人的子孙才能为读书人。“三言二拍”中的一些小说,还以艺术形象表现了这种社会生活格局的变动。在贵族与商人、门第和财富二者的选择中,人们以富贵相高,而看不起那些没落的旧日贵族。如《醒世恒言》卷一《两县令竞义婚孤女》的头话说到:浙江衢州府王奉的女儿原来许配给本郡别驾之子萧雅,侄女则许配给本地富家潘百万之子潘华。后萧雅家庭中道衰落,而潘华家事则日盛一日。王奉自思“萧家甚穷,女婿又丑,潘家又富,女婿又标致”,遂在结婚时“暗地兑转”,将女儿充作侄女嫁与潘家,而将侄女嫁给萧雅。《二刻拍案惊奇》卷二九《赠芝麻识破假形 撷草药巧谐真偶》描述了商人蒋生替乡宦马少卿女儿医好了癞病,担心少卿碍于门第差别,不肯把女儿嫁给他时,少卿却说“经商亦是善业,不是贼流”,允准了这门婚事。晚明袁宏道的《梦中题尊经阁醒后述之博笑》还写出了时人儒不及贾的感叹,显示出商人在士大夫心目中地位的升格:“壮哉尊经阁,缥缈入烟雾。千山列鲁儒,拱揖不知数。俗竞形家言,两塔遥相顾。累土作尖峰,上有参天树。海阳多贾人,纤啬饶积聚。握算不十年,丰于大盈库。富也而可求,执鞭所忻慕。金口亲传宣,语在《述而》处。师与商孰贤?赐与回孰富?多少穷乌纱,皆被子曰误!”总之,晚明时期商人已用金钱击败了封建权贵的门第观念。

明代中晚期重商意识盛行,进一步促进了明清时期(主要指从明中叶到乾嘉时)商业的发展与活跃。中国历史上的十大商帮(山西商帮、陕西商帮、宁波商帮、山东商帮、广东商帮、福建商帮、洞庭商帮、江右商帮、徽州商帮、龙游商帮)就是形成并活跃于这一时期的。在明代以前,我国商人的经商活动多是单个的、分散的,是“人自为战”,没有出现具有特色的商人群体,也就是说有“商”而无“帮”。自明代中期以后,由于商品流通范围的扩大,商品数量和品种的增多,以及王学重商意识的影响,在全国各地先后出现了不少以地域为中心,以血缘、乡谊为纽带,以“相亲相助”为宗旨的商人群体——商帮(上述十大商帮则是其中的主要代表),从而在商业战线上出现了前所未有的喧闹局面。这些商帮中的商人,其资本也相当雄厚。如其中的徽商,在商界“称雄”于东南半壁。明末宋应星《野议·盐政议》中认为万历时在扬州业盐的秦、晋、徽三帮商人所拥有的资本总计不下 3 000 万两;清人李澄在《淮鹾备要》卷一中则说乾隆时在扬州业盐的山西、徽歙富商共有一百数十家,其资本总额约七八千万两。若此说无误,说明从万历到乾隆在扬州的商业资本急剧扩张,已增加了两倍多。清朝在其财力最充沛的乾隆四十六年(1781 年),国库存银也不过 7 000 万两,尚不及两淮资本之多。据《国朝遗事纪闻》,乾隆南巡时就曾惊叹两淮盐商之富有。徽商之外,晋商也积累起了巨额的商业资本,成了一支财力雄厚、在全国商界具有举足轻重地位的强大商业集团,在北方名列首位。在国内商界也只有南方徽商可与之分庭抗礼。据万历时人谢肇淛《五杂俎》卷四载，晋帮商人的巨额资本已在百万银两以上。这些商帮的出现，标志着我国封建社会中商品经济已发展到了一个新的阶段。马克思在谈到商人的社会作用时指出："商人对于以前一切都停滞不变、可以说由于世袭而停滞不变的社会来说，是一个革命的要素……现在商人来到了这个世界，他当然是这个世界发生变革的起点。"[1]晚明商帮的出现，其作用也应作如是观。这些商帮的出现不仅促进了晚明商品经济的发展，推动了区域之间商品流通的扩大，有利于社会分工的深化和全国性市场的形成，也促进了城市经济的发展。

四、与西方经济观念的比较

晚明时期，中西方社会经济已开始向不同的方向发展，这一特点明显地反映在这一时期中西方经济观念的不同上。就西方(主要指西欧)而言，与理性资本主义的崛起相应，经济思想开始从中世纪经济思想向西方古典经济学过渡。而在中国，经济思想仍局限于封建经济的形态，讨论的依然是诸如土地、财政等旧经济范畴，并与西方分化加剧。

概括而言，这一时期的西方经济思想提出了许多新的经济观念，如政治经济学概念的提出，对国家发展经济职能的强调，有关生产要素、价值观念分析的深化以及为高利贷资本的辩

[1] 马克思：《资本论》第3卷，人民出版社，1975，第1019页。

护等。

政治经济学这一概念是由法国人安图安·德·孟克列钦(Antoyne de Montchretien，1575—1621年)最早提出的，他的主要著作题名《献给国王和王太后的政治经济学》(1615年)，在经济思想史上第一次提出了“政治经济学”这一概念。孟克列钦把他的书题名《政治经济学》，虽然他没有想到把这部著作名视为一门新学科的命名并创立政治经济学理论，但在此书中他论述的已不是古希腊以来仅限于“家政管理”范畴的“经济”议题，而是涉及了整个国家的经济问题，研究范围已涵括了现代政治经济学研究的内容。孟克列钦还是早期法国重商主义的代表，他强调国家在经济活动中的重要作用，从而开启了经济研究的新领域。重商主义开始于文艺复兴时代，当时君权衰落，重商主义推崇一种“权力经济学”，主张强化国家权力，强调通过国家干预发展对外贸易，提升国家的经济发展水平。这一时期强化国家权力论述的代表性人物还有意大利的尼科洛·马基雅弗利(Niccolò Machiavelli，1469—1527年)、法国的米歇尔·德·蒙田(Michel de Montaigne，1533—1592年)和让·博丹(Jean Bodin，1530—1596年)以及萨拉曼卡学派的经济思想家路易斯·德·莫利纳(Luis de Molina，1535—1600年)等人。马基雅弗利的代表作是《君主论》(1513年)，在这部著作中他提出只有国家的利益才是最高目标，必须把国家放在第一位。蒙田对重商主义的著名贡献是强调国家权力在经济方面的职能，他提出在贸易中一个人只有损害其他人才能获益，以此类推，在国际贸易中一国所得就是另一国之所失，因此法国政府要尽可能多从别的国家掠夺更多的利益。博丹则将国家权力的思想发展到了顶峰,其国家主义理论的核心是主权概念,主权的核心在于君主是社会的立法者。莫利纳则强调国家的职能是保护私有产权,明确界定了“权利”并不是对于另外某个人的财产的要求权,而是一个人拥有自己所有财产的权利,强调国家立法保护这种权利。

这一时期西方经济思想的成就还反映在对生产要素和价值观念分析的深入上:生产要素包括劳动、资本(投资)和企业家,其对应的收入或费用是工资、利息(包括高利贷)和利润。这些探讨中有的是前人思想的深化,有的是发前人所未发的思想创新。如西班牙萨拉曼卡学派的莱昂纳德·莱修斯(Leonardus Lessins, 1554—1623 年)在其著作《论正义、法律及其他枢德》(1605 年)中对工资和劳动市场的运作进行了分析,提出工资受供给与需求法则的支配。在询问对于任何给定职业什么是“最低的公平工资”时,他回答,如果在任何给定的工资水平存在着其他愿意从事这种工作的人,那么这个工资水平就不算“最低的公平工资”。莱修斯还提出工人被雇主所雇佣是因为后者从中得到了好处,而这些好处将要由工人的生产力来衡量。这可以看作劳动需求的边际生产力理论决定工资理论的初始形态。莱修斯还强调企业家才能决定了收入,这种企业家才能包括勤勉的素质、有效地组合工作的素质。企业家的才能是稀缺的,所以有才能的企业家要比他的同行获得更高的收入。在资本理论上,莱修斯对于担保的投资合约提供了迄今为止最彻底的辩护,他对资本的高收益率采取宽容的态度,肯定投资应该获利,包括所有的基金，理由是它们都属于流动性资产。他还提出了投资的机会成本的概念，不仅为企业界人士的货币投资进行辩护，也为拥有流动性资金的任何人包括职业的货币贷放者进行辩护。当贷款给自己不了解的人或者其信用值得怀疑的人时将面临更大的风险，所以就要收取更高的费用。莱修斯还为收取利息提供了新的正当理由，就是因为货币稀缺所以要收取费用。同时强调贷款者在整个放贷期间承受了货币缺乏的痛苦和流动性缺失的痛苦，所以他有权对于这种经济损失收取利息。每一个人都会从流动性以及从占有货币中得到效用，而这种效用被剥夺就是一种缺失，对此贷款者应该要求补偿。[1] 这里已经有了"时差利息"的概念。小约翰·T. 努南(John T. Noonan)这样评价莱修斯：这样一位神学家，其关于高利贷的观点最有决定性地标志了一个新的时代的到来。也许比起他的任何前辈，他都能更加自在地适应现代的金融世界。[2] 这一时期经济思想的深化还反映在价值理论上，现代经济学中的效用价值理论、时间偏好理论、生产费用理论、稀缺理论等都有所涉及。如西班牙萨拉曼卡学派的学者、耶稣会的枢机主教胡安·德·卢戈(Juan de Lugo, 1583—1660 年)在他发表于 1642 年的《论正义与法律》一书中也提出了主观效用的价值理论，他认为物品价格的波动"是源于它们满足人们需要的效用，从而唯一地源于人们的估计"；"物品的价格不是由它们的性质所决定的，而是由它们满足

[1] 默瑞·N. 罗斯巴德：《亚当·斯密以前的经济思想》第一卷，张凤林等译，商务印书馆，2012，第 206 页。

[2] J. T. Noonan, Jr., The Scholastic Analysis of Usury, Harvard Unikersity Press, 1957, p.222.

人类需要的能力大小决定的。”他还提出了类似今天机会成本的概念。如在对商人活动的讨论中，他对先前有关商业费用的概念做了补充，提出对于一个商人，只有当价格能够补偿他的费用并且利润率达到他在其他活动中能够挣得的水平时，他才愿意继续供给一种产品。同时他也承认一种销售中所包含的“劳动、麻烦与风险”也将影响价格决定。科瓦鲁比亚斯·莱瓦(Covarrubiasy Leyva，1512—1577年)在1554年提出了效用价值论的观点，认为市场上物品的价值是由效用以及该产品的稀缺程度决定的，物品的价值并不依赖于物品所固有的东西或者它的生产，而是依赖于消费者的估计。他强调，在思考一件物品的价值时，一定不能考虑它的原始成本，也不能考虑它的劳动成本，唯一要考虑的只能是它的共同的市场价值。当买者人数少而物品充裕时价格就下降，反之则相反。

虽说这一时期中西方都产生了重商的观念，但本质上有所不同：西方重商主义是一种国家政策，推动了西欧资本主义的发展；中国的重商意识仅是启蒙学者的思想观念，虽说有助于晚明商业的发展且代表了新兴市民阶层的利益，但终究无法突破封建经济体制的束缚。

西方重商主义产生的历史条件是15世纪末16世纪初的地理大发现进一步扩大了世界市场，促进了商业、航海业和手工业的发展，加速了资本的原始积累，促进了资本主义经济关系的发展。中世纪从15世纪后半期开始，随着社会生产力的进步，西欧的资本主义经济获得了长足的发展。这一时期的海上贸易也有所扩大，各种船只穿过直布罗陀海峡到达大西洋东岸地区，越来越多地驶往安特卫普，并使这座城市成为 16 世纪北欧最大的贸易中心。商业也转移积聚到安特卫普，在那里，商业和贸易不受立法、特权和高额税收的阻碍而发展繁荣起来。大西洋的船队也驶往南部和西部。地理大发现改变了世界历史的面貌，使得非洲和新大陆开始被纳入欧洲经济体。西班牙和葡萄牙这两个最强的新大陆的探险者成为 16 世纪占支配地位的帝国。这一时期由于西班牙人从西半球新发现的矿藏中带回的黄金和白银数量激增，使得欧洲物价在 16 世纪增长了三倍，出现了通货膨胀。英国和法国由于结束了两国之间长达百年的战争，其商业和海外贸易也很快发展起来。在政治上，西欧各国尚处于封建领主割据下，而商业资本的发展需要建立统一的市场、消除地方割据。国王为了削弱封建领主的力量、加强中央的权力、维持庞大的军队和豪华的宫廷生活，也需要大量货币和商业资本的支持。在这样的背景下，西欧重商主义的思潮兴起。

西方的重商主义者深受文艺复兴思潮的影响，从人文主义思想出发，主张用人的观点，更确切地说是用商人的观点观察事物和考察社会生活的一些现象。他们力图从中世纪的宗教神学和伦理观念的束缚中解放出来，把经济现象作为独立的研究对象。他们认为衡量一切经济事物的尺度是人，更确切地说是渴望发财致富的商人。他们是把商业实践反映到理论上来的经济研究者，把注意和研究的中心放在论证与商品货币关系发展有关的“世俗利益”上，并在研究中开始注意寻找经济现象之间的因果关系，这在经济思想发展史上是一个重大的进步。重商主义思潮的理论要点是以商业资本的运动为研究对象，强调财富的直接源泉在流通领域，即生产物转化为货币的领域，因此商业是财富之源，强调对外贸易的顺差，强调将本国商品输出国外换回金银的对外贸易才是财富的来源。在经济政策上，他们强调国家干预，包括通过免税手段、配额手段、行政管理以及汇率手段来保护和发展本国的制造业，防止外来制造品的竞争。他们主张限制人口外流，鼓励外国人口特别是有熟练手艺和掌握科学技术的人才移入本国。他们强调工业是为商业服务的，主张国家通过制定法令保护国内的工商业发展，促进对外贸易。重商主义最早产生于意大利，之后相继出现在西欧其他国家，流行于 15 世纪末至 17 世纪。18 世纪后半期，重商主义思潮逐渐为古典政治经济学所取代。

晚明的经济自由主义思想对促进晚明商品经济的发展具有十分重要的理论意义，这不妨通过与英国古典经济学中的主要代表人物亚当·斯密的经济自由主义理论进行比较中来说明。

亚当·斯密（Adam Smith，1723—1790 年）生活的时代晚于救世启蒙思想家，处于英国产业革命前期的工场手工业时期。在斯密的时代，以追求利润为目的、不受干预的私人经济活动，不仅没有使连成一体的国民经济出现混乱，而且能够满足社会各方面的需求。对于这一重大的经济现象，斯密第一次做出了理论的说明。他认为，在自由竞争的条件下，生产并不是毫无规划地进行的，而是有一只“看不见的手”在进行调节。这种调节的作用，除主要表现在通过市场价格与自然价格的矛盾运动而使商品的种类和数量与社会的有效需求相一致外，还表现在对生产要素或资源的调节上，使之按照最优的比例配置于不同的生产部门,进行均衡的生产。斯密强调私人追求利润的打算是决定资本用途的唯一动机。每个资本家所考虑的不是社会的利益,而是自身的利益,但其对自身利益的研究自然会引导他选定最有利于社会的用途。斯密具体论证说,如果一些资本家把过多的资本投于某种用途,其产品必然供过于求而导致价格下降,这种用途利润的下降和其他用途利润的提高,会使其立即改变这错误的分配。他强调用不着法律干涉,个人的利害关系与情欲自然会引导人们把社会资本尽可能按照最适合全社会利害关系的比例分配到国内一切不同用途。所以,每个资本家都会受到一只"看不见的手"的指导。斯密依据他的这一"看不见的手"的理论,提出了理想的经济发展模式,即自由市场经济。他认为,在理想的社会里,"每一个人,在他不违反正义的法律时,都应听其完全自由,让他采用自己的方法,追求自己的利益,以其劳动及资本和任何其他人或其他阶级相竞争"[1]。据此,斯密对欧洲各国以重商主义为依据制定的各种干预经济政策的法令进行了猛烈的抨击,认为"如果政治家企图指导私人应如何运用他们的资本,那不仅是自寻烦恼地去注意最不需注意的问题,而且是僭取一种不能放心地委托给任何个人,也不能放心地委之于任何委员会或参议院的权力。把这种权力交给一个大言不惭、荒唐地自认为有资格行使的人,是再危险也没有了。"[2]斯密所主张的经济自由主义,实质上就是反对以垄断和国家干预

---

[1] 亚当·斯密:《国民财富的性质和原因的研究》(下),商务印书馆,1974,第27页。

[2] 同上书,第27—28页。

为特征的经济政策主张，提倡自由竞争、自由贸易、自由经营，以及劳动、资本和其他生产要素的自由流动。在他看来，国家最好的经济政策就是废除一切特惠和限制制度，就是经济自由放任的政策。

斯密在《国民财富的性质和原因的研究》一书中，从独立的商品生产者及其行为出发，强调了在经济领域中追求私利的意义。斯密在考察经济生活时，把具有多种品质的人和作为"经济人"的人区分了开来，在经济思想史上第一次运用了"经济人"的思想假定[1]，把经济运行和发展过程中一切经济现象都看作"经济人"活动的结果，而驱使"经济人"努力的动机，则是人类追求自身物质利益的利己主义的本性，即"利己心"。斯密所强调的"利己心"，其特点就是追求个人的经济利益。斯密认为，这是人的本性的要求。而为了利己，每个人还必须考虑利他，损人利己不能达到利己的目的，只有激发他人之利己心，才能使之为自己提供某种利益。所以，在斯密看来，个人利益和社会利益是一致的。他认为每个人为追求个人利益和改善自身境遇所做的一贯的、恒常的努力，是社会、国家和私人财富所以产生的本源和动力。斯密的"经济人"假定与其"看不见的手"的理论是相联系的，这一"看不见的手"和"经济人"的论述揭示了资本主义经济运行的内在机制，提出了一些具有普遍意义的重大问题，如经济生活中的社会利益和个人利益的结合问题，国民经济需要通过局部的经济利益和动机、由独立的商品生产者加以实现的问题。

---

[1] 虽然斯密没有明确提出"经济人"的概念，但"经济人"的思想已蕴含在其著作中。

同时，这些论述阐发了资产阶级经济自由主义理论的要点，提供了经济自由主义政策的理论依据。斯密认为通过这种经济自由就可以使每个人从利己的动机出发，做出利人之事，达到增进社会利益的效果，既富国家又富人民，即所谓"富国裕民"。而"富国裕民"又包括"两个不同的目标：第一，给人民提供充足的收入或生计，或者更确切地说，使人民能给自己提供这样的收入或生计；第二，给国家或社会提供充分的收入，使公务得以进行"[1]，即增进国民财富，使资本主义经济繁荣发达。但在富民与富国的关系上，他主张"富民"为先。他认为所谓的"国富"，就是在自由竞争的环境下，人民在追逐个人利益的基础上形成个人收入与资本的增加。换言之，如果社会让每个人都有自由去选择职业、选择工作方式，每个人都会追求自己的经济利益，使个人的收入和投资增加，累加起来后就是一个国家财富的增加，这就是"国富"。斯密实质上就是认为"民富"先于"国富"，社会应鼓励个人经济、私人经济的竞争与发展，鼓励社会收入的分配向个人倾斜而不是人为地向国家集中。斯密的这一思想，鼓励了自由资本主义的发展和国民财富的生产与创造。斯密的自由经济理论促进了早期产业资本主义的发展，也就成了资产阶级的经济理论。

晚明救世启蒙思潮中的自由经济思想，内容上与斯密的自由经济理论有许多相同的成分，也有促进晚明商品经济发展和早期市场经济成长的积极作用。例如，这些主张自由主义的经

[1] 亚当·斯密：《国民财富的性质和原因的研究》(上)，商务印书馆，1983，第12—13页。

济思想家要求封建国家对民间的经济活动采取放任态度，反对政府的过多干预，就有些接近于斯密让“看不见的手”充分发挥作用、政府只充当守夜人角色的理论观点。斯密的理论是为势力日益强大的工业资产阶级最终战胜商业资产阶级服务的，而晚明的救世启蒙思想家则处于商品经济在封建社会母腹里逐渐发育、生长的封建社会晚期，他们的自由经济理论也就有了为刚刚成长的市民阶层利益服务的进步意义，旨在破除封建政权对他们的压迫、干扰从而有助于商品市场经济进一步成长。这里举李雯主张的盐业自由经营作一论证。这一时期，商品市场经济虽然在东南沿海一些地区已有所发展，但在封建体制的压抑下还相当孱弱，如能在盐业这一封建时代市场最为广大、赢利率又极高的商品中，能使带有雇佣劳动性质生产经营方式占有一些阵地，那对加速商品市场经济的发展、壮大意义十分巨大。盐业的生产几千年来一直是封建政府牢固控制的阵地，私商要进入这一禁区并成为一支重要力量，十分困难。但按照李雯的盐政改革方案，不但能一举荡除几千年的禁盐，使盐业经营完全成为商人自由活动的领域，还将引起这一领域生产方式的革命。这是因为历代盐业都是由灶户担任的，灶户被国家分派在固定的盐滩，不得移动，是一种特殊性质的依附劳动者，灶户使用官府给予的生产工具，由官府给予生活资料，产品归官，灶户的人身依附性就更甚于一般的农民，成了一种同农奴相近的封建性生产劳动者。而取消对盐区及灶户的官府所有和控制，将其分给商人自由经营，商人经营的商品关系也就在商人与灶户之间体现了出来。如果商人对灶户供给生产工具并给予一定工资，那就发展成了一种包买商同雇工之间的关系了。显然,这有着破坏旧的封建生产方式、促进新的生产方式发育滋长的积极作用。

救世启蒙思想家关于"经济人"的假定,把"自利"看作人的本性,并且把它宣布为一切社会和经济活动的基本动力,这应当看作封建社会已近于没落时期的富民,尤其是同商品经济发展相联系的市民,在私欲的驱动下力图通过经济活动使自己财富增值的利益愿望的表现。他们的富民、反对"抑兼并"的思想,在当时的历史条件下也有着新时代内容:他们反对"抑兼并",就是反对封建国家打着"抑兼并"的旗号来压制、侵夺民间的财富。晚明的自由经济思想与当时商品经济的活跃和发展是紧密相关的,理论上的积极意义也是十分明显的。

第六章

救世与启蒙思潮的交汇

明清之际，既有震撼全国的李自成、张献忠领导的明末农民起义，表明农民和地主阶级的矛盾已达到了白热化的程度，又有清兵入关和明朝覆亡而引起的民族矛盾的激化，还有伴随着商品经济的发展而产生的市民阶层反抗封建统治者的新的政治力量的兴起。在这种错综复杂的社会矛盾和明朝覆亡的痛苦现实面前，思想界提出了建立新的学术理论的课题。救世与启蒙思想家们分别试图对传统思想加以反省和总结，延续了明中期以来对理学和心学末流空疏无用的深刻批判[1]，以求有新的发展。在这一过程中，不仅出现了对整个宋明理学（包括心学）进

[1] 黄宗羲在《南雷诗文集·碑志类·左副都御史赠太子少保谥忠介四明施公神道碑铭》中记述了时任都察院左副都御史的施邦曜当李自成率军攻占北京崇祯帝身殉社稷时恸哭而书云："惭无半策匡时艰，唯有一死报君恩。"随后投缳自缢，仆人将其救醒，他厉声斥责道："汝辈安知大义？"最终用砒霜投烧酒饮下，九窍血裂而死。此例颇能说明晚明空疏无用学风对士大夫不良影响之后果。（载《黄宗羲全集》第10册，浙江古籍出版社，2012，第239页）

行批判总结的趋势，也提出了反映商品经济发展和新兴市民阶层利益的新观念，例如对封建专制体制的批判和对经济自由、贵贱平等的呼唤，具有强烈的解放思想的启蒙色彩，并形成了中国思想文化史上又一个兴盛时期。在对封建专制体制的批判和对自由、平等思想的呼唤上，启蒙思潮与救世思潮出现了交汇。启蒙思想家黄宗羲、傅山、唐甄和救世思想家王夫之、顾炎武是其代表性的人物。

一、天下兴亡，匹夫有责

明清之际的救世启蒙思想家们，面对日益严峻的社会现实危机和明朝的覆亡，反思历史的教训，提出“天下兴亡，匹夫有责”的口号，关心时势，力图救世。明亡前夕，他们积极参加反清的武装斗争，保卫大明政权；明亡之后，他们又积极从理论上探讨明亡的历史教训，批判封建专制体制，呼唤自由与平等。

黄宗羲，字太冲，号南雷，世称梨洲先生，浙江余姚县黄竹浦人。生于明万历三十八年(1610 年)，卒于清康熙三十四年(1695 年)，终年 85 岁。黄宗羲的学术思想，倾向于王学，但又不完全囿于王学的思想体系。他痛感王学末流的“空疏”于事无补，因而又转入了对封建专制体制弊端的分析与批判。黄宗羲一生不仅积极从事学术思想的整理工作，还积极不懈地总结明亡教训，反思、摸索改革社会的方案，成为这一时期重要的启蒙思想家。

明末社会的黑暗，吏治的腐败，宦官的专权，进一步加剧了社会的矛盾,使农民起义连年不断,市民反抗运动日益高涨。与此同时,思想界也掀起了批评现实、提倡救世、反对理学禁锢等具有某些启蒙因素的新思潮。黄宗羲接受了这一新思潮的洗礼,又成为推进这一新思潮的倡导者。黄宗羲的一生大致可以分为前后两个时期。在前期,黄宗羲主要从事政治活动。黄宗羲的父亲黄尊素是当时著名的东林党名士,黄宗羲深受其父的影响。黄尊素在激烈的反阉宦的斗争中死于狱中,给了他以极大的刺激。他继承父志,继续进行反阉宦的斗争,斗争矛头直指封建专制统治。黄宗羲 19 岁那年,崇祯帝即位,魏忠贤伏诛,黄宗羲便袖藏长锥"入京讼父冤",惩罚魏党余孽,由此而名闻朝野。这是黄宗羲所进行的第一次反对宦官的斗争。十年后,崇祯十一年(1638 年),即黄宗羲 29 岁时,宦官势力再起,阉党蠢蠢欲动,黄宗羲再次进行了反对宦官的斗争。他与一批英年才俊作《南都防乱揭》,举起了东林后裔复社名士与统治阶级中保守反动势力之间斗争的旗帜。这场斗争,在坚定崇祯皇帝反宦的决心与支持太学清议中发挥了积极作用。明亡后,"身遭国变"的黄宗羲曾在家乡浙江组织了黄竹浦子弟数百人举行起义,以保国卫家,阻止清兵东渡。起义失败,复明无望。此时的黄宗羲深感亡国的哀痛。后来他曾写有《鲁纪年》,以追忆这段史事。明亡后的黄宗羲奉母家居,潜心于著述和讲学,反思明亡的历史教训。这一时期他的重要代表作是写于康熙二年(1663 年)的《明夷待访录》,此书深刻地反思了明亡的历史教训,系统地总结了黄宗羲的社会政治思想。在书中,他猛烈地抨击封建君主专制,提出君主是"天下之大害",主张把君民的从属关系颠倒过来，变“君”主“民”客为“民”主“君”客；他还揭露封建专制无“公法”，其所谓法者“一家之法，而非天下之法”，主张以“天下之法”取代“一家之法”；主张把学校变成“公其是非”的清议机关，反对以天子的意见定是非的封建专制思想。这些思想和观点，是黄宗羲思想中最富有民主性精华的内容，它闪烁着批判封建主义的光芒。这部著作的完成是黄宗羲一生中具有重要意义的大事，也是中国学术史上最光辉的一页。它的问世比 1762 年问世的卢梭《社会契约论》还要早一百年。它启迪了一代谋求民主自由的进步分子，成为戊戌变法乃至旧民主主义革命的重要理论武器。梁启超多次说过这部书给予戊戌变法以积极影响，并承认自己受这部书的影响最早、最深。

在后期，黄宗羲专门从事学术研究，于理学、经学、史学、天文、历算等方面均有高深的造诣，尤其注重经史之学的研究。这方面的主要著作有《明儒学案》《宋元学案》《孟子师说》《易学象数论》等。其中《明儒学案》是中国第一部独立的学术史。

傅山，字青主，山西阳曲（今太原市）人。生于明万历三十五年（1607 年），卒于清康熙二十三年（1684 年），终年 78 岁。傅山亲眼看到了明王朝由于政治腐败而覆亡的全过程。他在清初积极参与了反对清王朝民族压迫的斗争，走上了反专制之路。他的思想就是在“思以救世”的引导下逐渐深入展开的。傅山出身于一个书香门第，从小就受到严格的传统教育，15 岁时成为秀才，20 岁时为贡生。30 岁时进入山西最高学府三立书院学习。在书院学习期间，傅山组织并领导了晋府生员赴京请愿反对阉党的政治斗争，这场斗争与江浙地区反矿监税使的市民运动相呼应，属于东林党复社反对阉党权贵的斗争，具有近代学生运动的特点，并最终取得了胜利，全祖望《阳曲傅先生事略》说"先生以是闻天下"。在京请愿期间，他撰写了《喻都赋》，提出社会改革的主张。在经济上，他提出强国富民的主张，认为富民必须"宽徭""缓征"，主张撤除矿监税使等权贵宦官，深得顾炎武的赞赏。顾炎武在《赠傅处士山》中首句写道："为问明王梦，何时到傅岩。"用典故说明如果明王朝像殷王武丁起用在傅岩从事版筑的傅说那样起用傅山，也会像殷商极盛时那样振兴起来。诗人对于明王朝未能如此做而感慨万千，以致在清初相见时"有泪湿青衫"。在学术思想上，傅山自称老庄之徒，敬仰李贽，赞赏王阳明蔑视权威的精神。他涉猎广泛，对于经史子集、佛经道藏、医学医术、书法绘画无所不及。他读书的目的不是为了科举，而是为了救世，读有用的书，做救世的学问。

清军入关后，很快挥师入晋。此时的傅山，积极投身反清的武装斗争。他声援山东榆园义军，参加了义军与清兵在太原西晋祠镇的大会战，参与了策划宋谦在河南起义的准备，不慎事露被捕入狱。经营救出狱后，又赴江南江淮一带进行反清斗争。失利后，他怀着悲愤的心情，回到了晋地太原。傅山返回故里后，作"太原人作太原侨，名士风流太寂寥"[1]的诗句表达他沉重和悲愤的心情。反清复明无望，他便执着于学术领域的研究，对古代的思想文化进行批判总结，与黄宗羲、王夫之、顾炎武等共创了一代文化之盛。他在其《霜红龛集》卷五《病极待死》中写

[1] 傅山：《口号十一首之三》。

道“生既须笃挚，死亦要精神”，生动地体现了他要救世济民的精神风骨。73岁时，清廷下诏让傅山应试博学鸿词科，他称病不出，地方官府命役夫用板床抬他入京。离京三十里，傅山托言病重，坚卧古寺，拒不入城参加考试，充分表现了他的民族气节。傅山与顾炎武交谊深厚，两人相互切磋学问、砥砺气节。傅山的著述很多，《霜红龛集》是其代表作。傅山学识渊博，能以哲理贯通诸家，自成一家之言，在诸多领域都做出了重要贡献，是这一时期启蒙思想家的主要代表性人物，在同时代中也是罕见的，近人梁启超评价他“其学，大河以北莫能及者”[1]。

唐甄，字铸万，别号圃亭，四川达州（今四川达州市）人。生于明崇祯三年（1630年），卒于清康熙四十三年（1704年），终年75岁。唐甄出身于一个官僚地主家庭，8岁时随父到吴江，明亡后又随父避难于浙江山阴、新昌等地。顺治十四年（1657年）中举人，次年到京参加会试，不第，即参加吏部试，被分往山西。康熙十年，任山西长子县知县。据《西蜀唐圃亭先生行略》载，唐甄在任职期间，努力尽职，“首先蚕务，导民树桑，以身率之，日省于乡，三旬而树桑八十万本，民业利焉。其俗很斗嚣讼，先生拘摭明敏，剖决如神。夹棍非刑，废置不用，民化其德，狱讼衰息”。政绩突出，但因与上司意见不合被革职，只做了十个月的县官。仕途失意的唐甄潜心于学术研究，仍不忘“天下兴亡，匹夫有责”，重视对现实政治问题的研讨，以“治天下”为治学的目的，关心和同情民间疾苦，力图通过学术探索找到一条救世济民的道

[1]《梁启超论清学史二种·清代学术概论》，复旦大学出版社，1985，第22页。

路。他的探索成果主要集中在《潜书》一书中。唐甄在学术思想上继承了"心学",在《潜书·悦入》中自述"甄晚而志于道,而知即心是道",是这一时期有代表性的启蒙思想家。时人在《西蜀唐圃亭先生行略》中也评论他说:"先生晚年宗阳明良知之学,直探心体,不逐于物。"

唐甄一生除仕途不亨通外,经济状况也每况愈下。他出身于一个官僚地主家庭,祖父时代尚拥有万亩土地。明亡后这一切发生了根本性的改变,他自述其经济状况,"昔者明之亡也,唐子从其父避于南洲,有田一顷,有圃五亩,有竹延山三里,父食鸡豕,奴牧羊耕灌,春葛蕨",说明唐甄的家庭经济状况在明亡后已经由官僚地主下降到了一般中小地主的水平了。被罢官后,家庭经济状况又进一步恶化,最后到了贫困的境地。他自述虽有田四十亩,所获收入交税外丰年不足一家之用,歉收时只够交税,荒年时连交税也不够,一家人常常要受冻挨饿,最后卖掉了这四十亩地而去经营蚕丝生意。但为时不长,不久经商失败,又不得不转而为"牙"(经纪人),受尽了士大夫的白眼。晚年的唐甄穷途潦倒,无衣无食,生活凄惨,死后安葬费都没有。[1] 这一经历对其反封建专制思想的形成应有一定的影响。

王夫之,字而农,号姜斋,湖南衡阳人。生于明万历四十七

[1] 时人记述他晚年的惨状说:"贫困,食不继,每举家阖门卧。出则衣败絮,蒙单缯于外,怅怅行市中……而困益甚。其友姜实节、汪撰劝之卖文,不听。撰持买者金,给大陶至其家,示以金,闭之室中强之,乃一应。"(杨宾《唐铸万传》)又,唐甄"僦居吴市,仅三数椽,萧然四壁,炊烟尝绝,日采废圃中枸杞叶为饭,衣服典尽,败絮蓝缕"(《潜书校释》附录一《西蜀唐圃亭先生行略》,岳麓书社,2011,第289页)。

年（1619年），卒于清康熙三十一年（1692年），终年74岁。晚年因隐居于衡阳金兰乡（今衡阳县曲兰镇）石船山下，被称为船山先生。王夫之的父亲王朝聘是尊尚程朱理学的学者，王夫之受其父影响很深。在学术思想上，王夫之基本上学宗程朱，但又修正程朱，反归张载。他在哲学上倡导元气说，学风上提倡一种批判现实的救世精神，是这一时期重要的救世思想家。王夫之的一生，是积极救世的一生。青年时期他就关心动荡的时局，与好友组织"行社""匡社"等社团，以匡时救国为宗旨，立志改革社会，从事爱国主义的进步活动。崇祯十七年（1644年），当他听到李自成攻入北京、明朝覆亡的消息后，作《悲愤诗》一百韵，表达他的悲痛心情。顺治五年（1648年），南明抗清的形势有所好转，王夫之与其好友在南岳策划武装起义，企图配合南明部队抵抗清军。起义失败后，王夫之投奔南明永历政权，任行人司小官，因弹劾权奸又险遭残害，经营救才辗转逃回到清朝统治的湖南。为保持民族气节，王夫之誓不剃发。为逃避清朝当局迫害，他辗转流徙，四处隐居。流亡中有机会广泛接触社会，看到了明王朝腐朽统治所激化的各种社会矛盾，写出了《周易外传》《老子衍》等反映明清之际社会矛盾运动的哲学名著，完成了《黄书》这部总结明亡教训、阐述自己改革主张的理论著作。其间他曾短期授徒讲学，通过讲解《春秋》中的"夷夏之辨"，向青年学子灌输反清思想。

顺治十七年，清朝当局为缓和激烈的民族矛盾"大赦天下"，王夫之结束了流亡生活，隐居在衡阳石船山麓，在艰苦的条件下，仍孜孜不倦地从事学术研究。他对中国传统学术，尤其是通过对历代统治者，特别是明代统治者的成败得失的探究钻研，为民族的复兴提供了理论依据，写下了大量富有创建性见解的著作，仅目前流传在世或有目可考的就有100种，共398卷[1]，内容涉及政治、经济、哲学、历史、文学、宗教、文字、训诂、天文等许多方面。其中除上面提到的几部外，重要的还有《尚书引义》《诗广传》《张子正蒙注》《思问录》《读四书大全说》《四书训义》《庄子通》《春秋世论》《续春秋左氏传博议》《读通鉴论》《宋论》《永历实录》《噩梦》等。死前，他自题墓石，总结自己一生政治、学术活动的宗旨，“抱刘越石之孤愤而命无从致，希张横渠之正学而力不能企”，意思是说怀着反民族压迫的政治情操，坚持张载的学术路线。王夫之把汉民族的败亡看作陆王心学“狂妄流害”的恶果。

顾炎武，字宁人，原名绛，明亡后改名炎武，江苏昆山人。学者因其家乡有亭林湖，故又尊称为亭林先生。生于明万历四十一年(1613年)，卒于清康熙二十一年(1682年)，终年70岁。在学术思想上，顾炎武深受朱熹理学影响，在其著作中屡次称引朱熹；对王阳明心学持一种否定的态度，批评王学是“禅学”，清谈误国。在《日知录》卷十八《心学》中，他数次引用程朱派理学家黄震的话批评王学“即心是道”是“陷于禅学而不自知”。在《亭林文集》卷三《与友人论学书》中他主张通经致用，“博学于文”“行己有耻”：“博学于文”意在讲求“天下国家之事”，以救世为旨归；“行己有耻”意在强调民族气节，针砭那些阿谀取容、丧失民

[1]《王夫之著作目录考略》，《船山学报》1985年第21期。

族气节的小人。

顾炎武出身于没落的官僚世家，祖父以上三代都是进士，做过明朝的大官。早年他攻读经史，究心于兵家著述，参加过复社，逐渐确立了学以救世的志向。正当顾炎武在求学以救世的道路上辛勤探索的时候，明清更迭的历史变迁把他驱赶出了书斋。他先是投笔从戎，奔走呼号，救亡图存，在苏州武装抗清。失败后蓄发明志，潜踪息影，辗转于太湖沿岸。顺治十二年(1655 年)，他因事入狱。出狱后，来到了中原大地。他看到复明的大势已去，遂不登权门，不涉利路，耿介自处，刚直不阿，笃志经史，把自己的后半生贡献给了学术事业。晚年的顾炎武行万里路，读万卷书，以其深湛的学术造诣而名著朝野。其间清廷几度征聘，他都断然拒绝。对那些降清变节之人，他极表愤恨和藐视。妻子去世，顾炎武作《悼亡》诗："地下相烦告公姥，遗民犹有一人存。"顾炎武的立身大节，正如其在《精卫》诗中所说："长将一寸身，衔木到终古。我愿平东海，身沉心不改。大海无平期，我心无绝时。"顾炎武就像精卫鸟那样怀抱遗恨，赍志以终。

顾炎武生活的明清之际，是中国封建社会危机重重的时代。明末封建社会已极度腐朽，顾炎武予以广泛而深刻的批判。27 岁时顾炎武就开始纂辑《天下郡国利病书》，以大量的社会历史资料为依据，对土地兼并、赋役不均的社会积弊进行了猛烈的鞭挞。及至明清更迭，顾炎武的这一救世思想更加成熟。他在顺治二年及稍后一段时间所写的《军制论》《形势论》《田功论》《钱法论》和《郡县论》等，既反映了他改革救弊的思想，也是这一时期救世思想的代表作品。顾炎武的一生，始终以"国家治乱""生民根本”为怀，早年奔走国事，中年图谋匡复，暮年独居北国，依旧念念不忘“东土饥荒”“江南水旱”。直到他逝世前夕，病魔缠身，仍以救民水火为己任，[1]充满着一种关注国家和民族前途、命运，并为之奔走呼号的救世精神。后世梁启超将他的这一思想精神归纳为“天下兴亡，匹夫有责”，这一精神成了中华民族爱国主义传统的一个重要组成部分。他的救世思想也随着历史的步伐而深化，烙上了鲜明的时代印记。

二、天下为主君为客

在中国传统的政治文化中，君与国合一，甚而君与天下合一，“天下”是皇帝“私产”的观念十分盛行，意识形态上也占据着支配性的主导地位。在这一政治体制下，为国尽忠也就是为君尽忠，天下由皇帝一家来统治就是“家天下”的含义。这里的“天下”指大一统的王朝。在封建社会的中国，“家天下”不仅是皇帝，也是帝王以外臣民们的共识。[2] 启蒙思想家在政治上以民本主义为武器，抨击封建专制，主张限制封建君权，甚至提出了君臣共治天下的主张。

---

[1] 顾炎武主张：“天生豪杰必有所任……今日者，拯斯人于涂炭，为万世开太平，此吾辈之任也。仁以为己任，死而后已。”(《亭林文集》卷三《病起与蓟门当事书》)

[2] 这一概念大约形成于汉代：“古者人君敬事爱下，使民以时，天子以天下为家，臣妾各以其时供公职，古今之通义也。”(《盐铁论·散不足》)中常侍吕强上汉灵帝的疏中也有这样的话：“天下之财，莫不生之阴阳，归之陛下。归之陛下，岂有公私?”明代士人沈榜说：“夫王者以天下为家，所在吾宫也，以万国为土，所在吾庄也。”(《宛署杂记》卷八)在古代还流行一句谚语：“学成文武艺，货与帝王家。”反映“家天下”的观念已深入民间。

黄宗羲在《明夷待访录·原君》中振聋发聩地提出“天下为主，君为客”的著名论点。依照传统的儒家理论，国家的主体天经地义是君主，黄宗羲却反其道行之，提出完全相反的观点。他提出国家的主体原本是天下百姓，人人自由自在；只是后来，历史发生了颠倒，君主反客为主，成了国家的主宰，从此天下也就不得安宁：“古者以天下（即天下百姓）为主，君为客，凡君之所毕世而经营者，为天下也。今也以君为主，天下为客，凡天下之无地而得安宁者，为君也。”围绕应以天下百姓为主体的原则，他提出了处理国家事务的准则，即衡量国家治乱的标准“不在一姓之兴亡，而在万民之忧乐”。但现实却是“授田之法废，民买田以自养，犹赋税以扰之；学校之法废，民蚩蚩而失教，犹势利以诱之”，真可谓“不仁之甚”也！他从先秦儒家孟子的“民本论”与《礼运》“天下为公”的“大同”说出发，阐明了立君为民与君臣乃人民公仆的观念：提出三代之前的尧舜时期的君主都是“不以一己之利为利，而使天下受其利；不以一己之害为害，而使天下释其害”的，但后世的“为人君者”违背了这一做法，把天下视为自己之私产，在其未得天下之前是“屠毒天下之肝脑，离散天下之子女，以博我一人之产业”；在其既得天下之后，则“敲剥天下之骨髓，离散天下之子女，以奉我一人之淫乐，视为当然。曰：此我产业之花息也”。君主视天下为一己之私产的封建专制制度造成了君和民的深刻矛盾。明清之际的启蒙思想家们对这一封建君主“家天下”的观念进行了挑战，他们从公私之辨的角度否定了这一传统观念，并对封建专制主义的弊端进行了深刻的批判。

黄宗羲纵观历史，认识到了君享其利则民必受其害，君主

“一人”之乐是建立在“万民”痛苦的基础之上的。这本来是私中的“大私”，却被美化为是“天下之大公”。在这种“家天下”的君主专制下，整个官僚机构都是君主的爪牙、帮凶，他们全然不顾人民的死活，把人民创造的财产看作君主的私产。这样的封建君主体制理应受到批判，并大胆喊出了“为天下之大害者君而已矣”的论断，振聋发聩，“向使无君，人各得自私也，人各得自利也。呜呼，岂设君之道固如是乎”，并由此得出了应该“天下为主君为客”这一具有民主启蒙意识的结论。黄宗羲从“有生之初，人各自私也，人各自利也”的观念出发，公开肯定了市民阶层谋求私利的合理性。在他看来，封建君主专制制度之所以要批判，就是因为君主视天下为自己的私产而侵夺了民众的私利。他在解释《周易》中的颐卦时抨击了君主以天下为一己之产业的做法，提出为什么三代以下天下都是混乱而无治。其原因就是“后世之君”只知追求一己之私利“剥民自养……贪得无厌”而剥夺了民众的利益。黄宗羲认为，天子的职责是设法满足民众的利益，民众利益的满足才是国家治理的“天下之理”。黄宗羲提出君主职分是“为天下”服务的，但后世发生了颠倒，“今也以君为主，天下为客”，从此天下不得安宁。这种君民关系的新解释和主客地位的再颠倒，是对君贵民贱传统封建思想观念和封建专制体制的大胆否定。黄宗羲把君主专制视为万恶之源，实际上是意识到了资本主义商品经济若要有进一步的发展，就必须去除君主专制这一阻碍。只有去除了封建君主的阻碍，资本主义商品经济的萌芽才能有所发展，百姓才能有幸福的生活。他把一姓之君主同天下万民看作社会的两极，把天下万民看作社会的主体，把“万民之忧乐”看作社会治乱的标志和衡量一切政治措施是否得宜的试金石。民为主非为客，君为客非为主。这种君民关系的新见解富有民主性，是启蒙思想的精华。

黄宗羲通过长时间的观察、思索，从国体、政体、制度等方面，包括政治、经济、法律、教育等领域形成了他具有民主政治因素的社会理想设计，并提出了相应的改革实施方案，这集中反映在他的《明夷待访录》和《留书》中。按照黄宗羲的政治体制设计，主宰国家的不再是君主而是天下百姓，君主、宰相、学校三者在国家管理事务中互相制约。黄宗羲之前，明朝人张宪周已提出了国君、宰相、言官三权鼎立之说，张在任给事中时曾著有《政归》一文，提出“天下之政归于一而寄于三，寄君故法行，寄相故道行，寄谏官故言行”，一旦“行此三者而政自一”[1]。黄宗羲将“谏官”改为“学校”，有些类似于西方近代三权鼎立的分权政治设计。在这一政治体制设计中，君主不能独裁专制，宰相不能无原则听命于君，而要与君主共治天下；学校被定位为“公断天下之是非”的舆论机关。法律也是独立的，“有治法而后有治人”，朝廷之事、官衙之事、百姓之事，都要一断于法。君与臣“共为曳木之人”，宰相是“分身之君”，类似于西方近代的内阁，学校祭酒可以指陈朝政得失，近似于西方的议院，国家治理在君主、宰相、学校三者间的相互制约下运行。在《明夷待访录·学校》篇，黄宗羲十分强调学校在治理国家中的作用，认为“明之无善治，自高皇帝罢丞相始也”。“使治天下之具，皆出于学校”，让学校成

---

[1] 薛冈：《天爵堂文集笔余》卷三，载《明史研究论丛》第5辑，江苏古籍出版社，1991，第346页。

为参与国事决策的机构，国家政事诸如宣战、媾和、献俘、大狱以及安抚老孤这些大事，学校都要参与讨论决策。他明确提出“天子之所是未必是，天子之所非未必非。天子亦遂不敢自为非是而公其非是于学校”。他盛赞汉太学和宋诸生的“危言深论”和“伏阙搥鼓”[1]，认为通过学校议政可以限制君权。他提出国家设立“太学”，太学由“祭酒”掌管，“太学祭酒推择当世大儒，其重与宰相等，或宰相退处为之”。每月初一，“天子临幸太学，宰相六卿谏议皆从之”，祭酒南面讲学，天子亦就弟子之列，“政有缺失，祭酒直言无讳”，朝廷政事接受太学的监督。郡县设立学校，有学官，每月初一、十五两次，郡县官就弟子列，“郡县公议，请明儒主之”，“郡县官政事缺失，小则纠绳，大则伐鼓号于众”。大是大非不能由君主独断，而要提交学校讨论。他认为舆论可以除奸、安君、保国。这种学校议政的主张，是对“庶民不议”的传统观念的否定，也是对东林党和复社的“议政”干政斗争经验的肯定。[2]

十分明显，黄宗羲的社会理想已带有西方近代民主议会政治的成分。唐甄继黄宗羲之后，在《潜书·抑尊》篇提出“天子之尊，非天帝大神也，皆人也”，认为“自秦以来，凡为帝王者，皆贼也”。他们企图通过“置相”(接近于近代的责任内阁总理)、“学

[1] “东汉太学三万人，危言深论，不隐豪强，公卿避其贬议。宋诸生伏阙搥鼓，请起李刚，三代遗风，惟此犹为相近。使当日之在朝廷者，以其所非是为非是，将见盗贼奸邪，慑心于正气霜雪之下，君安而国可保也。”(《明夷待访录·学校》)

[2] 黄印辑《锡金识小录》卷九《屡易邑令》引《梁溪杂事》记载，东林书院所在地无锡知县的选用上，若东林人不满意，就“调之去，又择所爱好者，推毂于两台”。黄宗羲在《明儒学案·东林学案》中对东林党人的“清议”给予极高的评价。他企图用“清议”来阻止封建统治者的倒行逆施。

校”(接近于近代议会)来实现《明夷待访录·原法》中提出的“有治法而后有治人”的政治理想。这一社会理想的中心是为天下百姓争取独立自主、财产私有和参加政治的权力。这是一个大胆的设想,无疑带有近代的民主启蒙色彩,是对中国封建专制体制弊端深入全面反思的结果,近似于近代西方启蒙思想家的政治分权学说。这些思想,正如顾炎武所说,在当时只是少数有“识者”之论,不可能付诸实施,所发挥的积极作用有限。过了二百年之后,即1898年的戊戌变法时,却被当时进步的知识分子如谭嗣同、梁启超等人引为知音,奉为号角。谭、梁等人将之大量节印,广为散发,以致《明夷待访录》中所表述的这一理想成了改良派乃至革命派的重要思想武器,在当时发挥了很大的进步作用。

在启蒙学者当中,对传统政治文化批判最为大胆、尖锐、激烈的当数唐甄。在《潜书·止杀》篇,他将皇帝和盗贼并论,认为皇帝不但是全国最大的盗贼,还是杀人的刽子手,“周秦以后,君将豪杰,皆鼓刀之屠人”,“杀一人而取其匹布斗粟,犹谓之贼;杀天下之人而尽有其布粟之富,乃反不谓之贼乎?”在这些“屠人”中间,皇帝是最大的刽子手。在唐甄的眼里,历代皇帝并不是什么“仁君圣人”,而是一帮“惨刻少恩,谲诈无实”的小人。他们一旦取得天下,就置百姓的苦难于不顾。这些人实无功德可言,只是无德无义失掉民心的独夫民贼。对这些人,不但不应该歌功颂德,而必须治以重罪。[1] 这些言论,实属当时最为大胆的言

[1] 唐甄说:“若上帝使我治杀人之狱,我则有以处之矣。匹夫无故而杀人,以其一身抵一人之死,斯足矣;有天下者无故而杀人,虽百其身不足以抵其杀一人之罪。是何也?天子者,天下之慈母也,人所仰望以乳育者也。乃无故而杀之,其罪岂不重于匹夫!”(《潜书·室语》)

论，也反映了他对封建专制制度的憎恶。唐甄还论证说，做皇帝的人完全是为了一己之私利，这就必然要与天下人的利益发生冲突。这就同传统的那种“天下无不是的君”的观念完全对立。唐甄对帝王进行了尖锐的批判之后，又进一步揭露和批判了封建专制体制下官吏的罪行，说他们对老百姓的“虐取”比强盗还厉害，盗贼再厉害也不能“穷山谷而遍四海”，而贪官污吏却遍布全国的每一个角落，日夜掠取着老百姓的钱财，使老百姓“无所逃于天地之间”。自明朝以来专制主义的统治得到了高度的强化，废宰相表明绝对君权达到了巅峰状态。在这一封建专制极为强盛的历史时代，唐甄敢冒杀身灭族的风险对君主专制进行深刻的批判，不能不令人十分敬佩，无疑具有反封建专制的启蒙意义。

救世思想家中对封建专制“家天下”观念提出挑战的还有王夫之。王夫之反对集权，主张地方分权，他在《读通鉴论》中明确提出“天下之治，统于天子者也，以天子下统乎天下，则天下乱”。认为君主集权于一身导致了天下混乱，故主张分天子之权，“分其统于州”，州牧刺史要“分其统于郡”，郡守要“分其统于县”。他的结论是“上统之则乱，分统之则治”。王夫之还提出了“不以天下私一人”的主张：“地之不可擅为一人有，犹天也。天无可分，地无可割，王者虽为天之子，天地岂得而私之，而敢贪天地固然之博厚以割裂为己土乎？”[1]这是对传统政治观念中的天下为皇帝一己之产业观念的彻底否定。他公开倡导公财利于天

[1]《读通鉴论》卷一四。

下，理由是土地本是天地间固有的自然物，帝王不得据为私有；土地是先民用劳动开垦出来的，帝王没有授予他人和征税的权力；财富应分散于天下而应不聚于帝王。王夫之在他的著作中反复指出，“财聚则民散，财散则民聚”，帝王聚财不仅无助于国力的增强，反而会滋长统治阶级的穷奢极欲。在《读通鉴论》卷一九，他提出隋朝即亡于“敛天下之口食，贮之无用之地”；反之，财富若散之于天下之民，民富则国强。他的这一把社会财富分散于民众手中的主张，是对封建“家天下”观念的彻底否定。在“不以天下私一人”观念的基础上，王夫之在《读通鉴论·叙论一》还提出了“公天下”的主张：“以天下论者，必循天下之公，天下非夷狄盗逆之所可尸，而抑非一姓之私也。”王夫之这里所讲的“公”，指的是“天下”之通义，即民族的共同利益。他认为与这种天下之通义相比，“一姓之兴亡”是次要的东西，是一家一姓之“私”。绝对君权论者把一家一姓的私利看得高于一切，为了保护这种私利甚至不惜牺牲“天下”的公利，王夫之对此坚决反对和蔑视。他反复强调“公”“私”之辨，提倡与“家天下”观念相对立的“公天下”意识。他在《黄书·原极》篇明确反对把国家视为一家一姓的私产，反对把帝王之位私于一姓，认为帝王若沉湎于个人淫乐和只顾一姓之尊而不管百姓死活，就是昏主、暴君，应“可禅、可继、可革”。

顺着公私之辨对“家天下”进行批判的还有顾炎武。顾炎武在《亭林文集》中提出公私之辨的大意有二：一是视“私”为人之常情，言私的存在有它的客观性，是人的正常情欲的表现，不容抹杀。他批评理学家所倡言的“有公无私”仅是后世某些“君子”

的说法，绝非“先王的至训”，故没有权威性。既然“有公无私”非“先王”遗言，也就可以不加理会。二是提出“合天下之私以成天下之公”。这可以从经济与政治两个方面理解。在经济上，顾炎武认为既然人人自私，为达目的必然“自为”，即为获得私利而努力。天子无论多么关心百姓总不如每个人自己关心自己，天子欲为百姓谋利益也总不如听任百姓自谋利益。因此，发展经济最好办法就是听任百姓“自为”，鼓励百姓从自私的动机出发为自己谋利。这样，从听任每人自私、自为出发就能达到天下百姓人人实现自利富裕的目标，这也是最好的经济体制设计。在政治上，顾炎武设想，如果以一个县为一个基本单位，把县令看作这一家的主人、一县的民众为这一家的成员，那么，县令与民众都会把属于自己的一份当作私产，非常自觉地去爱护。这就叫作“用天下之私，以成天下之公而天下治”[1]。这一说法表面上是维护“王政”，希望封建王朝长治久安，实质上是提倡财产自由与神圣。他认为只有维护每一个人的私产权，那么“王政”才是真正公平合理的。由此公私之辨出发，顾炎武主张“众治”，反对“独治”，呼吁“以天下之权寄之天下之人”[2]，“人君之于天下，不能以独治也。独治之而刑繁矣，众治之而刑措矣”[3]。“众治”就是实施地方分权治理，“以天下之权寄之天下之人”，认为分权制度最大的好处在于有矫正纠偏的功能。他在《日知录·

[1] 顾炎武：《郡县论五》。

[2] 同上。

[3]《亭林文集》卷六《爱百姓故刑罚中》。萧公权认为：“亭林盛称《明夷待访录》，自谓其主张与相合者十之六七。观其反对专制之论，实大体呼应梨洲，互相发明。”（《中国政治思想史》（下），商务印书馆，2017，第317页）

守令》篇对“众治”分权治理有所设计：“自公卿大夫，至于百里之宰，一命之官，莫不分天子之权以各治其事。”他在《亭林文集·郡县论五》中分析了分权制的好处，“天下之人各怀其家，各私其子，其常情也。为天子，为百姓之心，必不如其自为。此在三代以上已然矣，圣人者因而用之。”[1]他反对集权力于君主一身，分析君主集权之弊会导致民穷国弱[2]。在《日知录·清议》中他呼吁重视社会舆论的作用，把这种舆论称为“清议”，认为“清议尚存，犹足以维持一二。至于清议亡，而干戈至矣”。在《日知录·正始》篇顾炎武还特别强调“国”与“天下”有两种不同的内涵：“亡国”只涉及皇帝一家一姓的灭亡，是改朝换代，“保国”不过是“肉食者谋之”的事情；政治腐败，道德沦丧，统治者任意鱼肉民众，人与人之间互相残杀，则是“亡天下”。与“保国”是皇帝与达官贵人们的事情不同，“天下兴亡”才是关系整个民族生死存亡的大事，“保天下”才是“匹夫之责”。封建君主一家一姓的私利并不代表民众的共同利益，王朝的灭亡只是权贵们的事；民众不必为这一部分人的私利而操心，更无必要去作愚忠式的报效。这样的亡国与亡天下之辨，尽管有时代和阶级的局限，但能如此关注国家和民族的前途、命运并为之奔走呼号，其精神是十分可贵的。顾炎武的这一辨析还赋予“匹夫”这一主体以强烈的

[1] 顾炎武：《郡县论五》。

[2] “今之君人者，尽四海之内为我郡县，犹不足也，人人而疑之，事事而制之。科条文簿日多于一日，而又设之监司，设之督抚，以为如此，守令不得以残害其民矣。不知有司之官，凛凛焉救过之不给，以得代为幸，而无肯为其民兴一日之利者，民乌得而不穷，国乌得而不弱？率此不变，虽千百年，而吾知其与乱同事，日甚一日者矣。”（《郡县论一》）

时代责任感与历史使命感。

三、人无贵贱

救世启蒙思想家在批判封建专制“家天下”的同时，提出了他们理想的社会设计，其中蕴含着许多民主、平等思想。

围绕着天下为主君为客的理论，启蒙思想家黄宗羲在《明夷待访录》中提出君与民是平等的，“贵不在朝廷也，贱不在草莽也”；君与臣也是平等的，“君与臣，共曳木之人也”，“名异而实同”，臣之“出而仕也，为天下，非为君也，为万民，非为一姓也”，都应为民各尽职守；君与臣不是主仆关系，臣出仕不是为了君，是为天下，是为万民。黄宗羲不仅否定了“君权神授”这一封建制度的理论基础，也否定了以“君为臣纲”为核心的三纲五常的封建伦理体系。按照黄宗羲这一原则所建立起来的社会，不再是封建君主独裁专制的社会，而具有了近代民主平等性质。对《明夷待访录》中体现出的君民平等思想，顾炎武推崇备至。他赞同黄宗羲的看法，认为皇帝一职是为民众利益考虑才设立的。皇帝与其他官僚在爵位序列上虽有差别，但绝无“绝世之贵”，实际上是平等的；皇帝以处理政务“代耕”，和官僚们一样拿俸禄以维持生计。同黄宗羲一样，顾炎武也指责君主将“天下”视为一己之私产的想法是错误的。他在《郡县论一》中广征博引，证实古代的圣人是以“公心待天下之人”的；他在《日知录・君》中指出“君”也并非是封建帝王称谓的专用语，而是“上下之通称”，天子、人臣、诸侯、卿大夫，乃至府主、家主、父、舅等皆可称“君”，对封建专制下“家天下”观念进行了无情的嘲弄。救世思想家王夫之也有类似的主张，认为君臣在人格上是平等的。[1] 这是一种社会平等的意识，反映了救世启蒙思想家对君权的否定以及欲改善现实政治体制的理想。

启蒙思想家唐甄的自由、平等观念的深刻之处在于他批判封建君主专制时把罩在帝王头上的神圣光环给去掉了，使之与民众平起平坐。《潜书・善游》强调“天子虽尊，亦人也”，“人无贵贱”。按照传统政治文化的观念，天子具有至尊无上的地位，“奉天承运”，臣民必须服从天子，这是不可违的“天意”。唐甄却公开说天子也是一个普普通通的人，这显然是一种反传统的平等观念。唐甄的深刻之处是从人的欲求平等来论证君臣的平等。他认为无论是人们的自然欲求（好色），还是人们的社会欲求（好财等），都是出于人的自然情感。人们的欲望是一致的，所以人生来就是平等的，天子亦人，“人无贵贱”，这是天地之理。唐甄的这种“天地之道故平”的原则，有些类似于西方启蒙思想家的天赋人权论。天赋人权论设想有一种自然状态，在这种自然状态中每个人的权利都是相同的。唐甄也认为，只要是人类的一分子，每个人对情欲的要求也是相同的。平等是天地万物的根本性质和规律，人在情欲方面也应是平等的。人与人之间虽有差别，个人的内心想法也会有所不同，但“其为情则一也”。

[1] “古之天子虽极尊也，而与公侯卿大夫士受秩于天者均。故车服礼秩有所增加，而无所殊异……昭其为一体也。故贵士大夫以自贵，尊士大夫以自尊，统士大夫而上有同于天子，重天之秩，而国纪以昭。”（《读通鉴论》卷八）这里王夫之虽然用了“天秩”之类的神秘概念，但很明显，他强调君臣自然权利是平等的。

一旦出现了不平，就会产生厚薄不一、苦乐不均的现象，破坏事物之间、人与人之间的良好秩序。这是唐甄最担心的。从“情一”的观点看，天子与庶民应是平等的。另一方面，“好游”“好色”“好财”“好古器”“好宫廷”等方面的各种欲望，也都是“人之恒情”。

从“人无贵贱”和“情一”的平等观念出发，唐甄认为皇帝的权力过大必定会产生各种弊端，因此主张对皇帝的权力必须加以限制和约束，即“抑尊”。他在《潜书·六善》中提出天子也必须“违已”“从人”。所谓“违已”，是指“勿已之是，惟道之归，是谓违己”，臣可以“攻君之过”；所谓“从人”，是指“我有好，不即人之所好；我有恶，不即人之所恶；众欲不可拂也。以天下之言谋事，何事不宜！以天下之欲行事，何事不达……人无贤愚，皆我师也，是谓从人”。要求皇帝要向普通民众学习，将天下的智慧集中起来，依据民众的愿望行事。唐甄从皇帝“违已”“从人”的观念出发，进而提出庶人可以议政，反映了市民阶层的利益和诉求，如他在《潜书·抑尊》中强调：“庶人谤于道，皆谏官也。”这是一种具有近代民主意识的思想。他主张在中央政府机构中设置“六卿”，用“六卿”分权缩小皇帝的权力。唐甄特别强调宰相的重要作用，认为宰相之所以重要，是因为能掌握皇帝的一部分权力。唐甄主张皇帝必须要和老百姓吃一样的饭，穿一样的衣，住一样的房屋，要像尧舜那样，“无不与民同情”[1]。皇帝不仅对“六卿”待之以礼，对普通老百姓也应以礼相敬。皇帝与臣民应是完全平等的。唐甄在《潜书·大命》对平等有所阐述，认为平

[1] 唐甄：《潜书·抑尊》。

等是“天地之道”，不平等是违反自然和社会规律的，也是反人性的，“人之生也，无不同也”。基于这种平等思想，唐甄《潜书·利才》《潜书·守贱》《潜书·备孝》等篇对君为臣纲、父为子纲、夫为妻纲的封建伦理说教进行了大胆的否定。唐甄提出传统的忠孝仁义之类的封建道德是可以置人于死地的“祟”，危害很大，如屈原投汨罗江致死、伍子胥为父报仇而被迫自杀、宋襄公与楚兵打仗被打败受重伤而死等都是因“忠祟”“孝祟”和“仁祟”所害，所以必须予以破除[1]。他还对传统伦理的“君为臣纲”“父为子纲”“夫为妻纲”的三纲说进行了大胆的否定，提出“君臣，险交也”[2]。自称“自古有五伦，我独阙其一焉”，“君臣之伦不达于我也”，“不敢言君臣之义也”[3]。唐甄反对“君亢”，主张君民平等，也反对“夫亢”，主张男女平等。他说：“男女，一也；男之子，女之子，亦一也。”“父母，一也；父之父母，母之父母，亦一也。”[4]不论是男儿，还是女儿，都是一样的。既然男女应该是平等的，那么对待父母也应该是平等的，不能重父轻母。他痛斥当时存在的丈夫虐待妻子的卑劣行为，反对长期以来封建士大夫把夏、商、西周的灭亡归罪于妹喜、妲己、褒姒等妇女的偏见。唐甄在《潜书·大命》还提出了政治平等的主张，强调“平则万物各得其所”，社会安定，“不平以倾天下”。这一结论，是唐甄对历史经验的总结。这种关于情欲平等的学说，包含着追求个性解放的意义。欧洲的文艺复兴是资本主义萌芽时期的思想解放运

[1] 唐甄：《潜书·破祟》。
[2] 唐甄：《潜书·利才》。
[3] 唐甄：《潜书·守贱》。
[4] 唐甄：《潜书·备孝》。

动，而人文主义则是这一解放运动的旗帜。人文主义主张人性自然，个性解放，主张把人从封建禁欲主义的枷锁中解放出来。唐甄从古典的人文主义观点出发，反对“存天理，灭人欲”的说教，强调生重于死，情欲重于天理。情欲是人性的一个方面，就人的情欲来说，人人都是一样的，每个人都有满足自己需求的欲望，禁欲是扼杀人性的行为，是违背自然之理的。这是当时市民阶层力量的壮大在政治领域中的折射，也具有民主启蒙的意义。

傅山的社会理想反映在他所自称的“反常之论”中。他所说的“常”，主要是指传统政治文化与伦理道德。他的“反常之论”中的一个重要原则就是平等原则。他主张个性解放，提倡自由独创，赢得了顾炎武的高度评价，如《亭林文集·广师》云：“萧然物外，自得天机，吾不如傅青主。”傅山在《杂著录·圣人为恶篇》中主张圣凡、君民的人格平等说，认为统治者能“为天下，必见其功”，自然能得到人民的拥护；反之，“横征以病之”，就将成为百姓仇敌，百姓必然起来将其推翻，“则时日曷丧而乱矣”。他认为天下兴亡取决于人心的向背，“非圣人亦能王”，并从“市井贱夫最有理”的认识出发，为提高工商业者的地位呐喊，明确肯定了市井贱夫能“理财”，懂理、有理，能够平治天下。[1] 这无疑是市

[1] 傅山说：“理不足以胜理，无理胜理，故理不足以平天下，而无理始足以平天下……读书者闻是言也，嗓之曰：市井贱夫，无理者也，足以治天下耶？曰：市井贱夫，最有理者也，何得无理？曰：彼为利而已，安得所理？曰：贩布者，不言缯帼于布之理也；贩金者，不言玉精于金之理也。缯者、玉者如之，焉得不谓之理！曰：理，天理也。吾穷理而意必诚，心必正。彼知天理乎？曰：适吴、越者，不肯枉于燕、齐，心奚翅正？期销者，不折阅于铢，意奚翅诚？凡金玉布缯，物无贵贱，生之造之，莫非天也。天生之，天也。人为之，人所共天也。所共天而精之，不翅精于记诵糟粕之鄙夫也。”（《傅山全书》，第1册，尹协理主编，山西人民出版社，2016，第540页）

民阶层对自身价值觉醒的宣言书,也是启蒙学者对传统政治文化的强有力的挑战书。历来被统治阶级视为“小人”的“市井贱夫”,恰恰是社会各阶层中的“最有理者”。这一“反常之论”在当时是振聋发聩的。“市井贱夫”历来是指商贾,与人们所轻视的“小人”乃是同义语。在封建正统学者看来,“小人”一心求利,别的什么都不顾。傅山却大胆提出“小人”谋利是堂堂正正的,他们懂得布比丝织品要差的道理,也知道金子较玉石精贵的理由,“焉得不谓之理”。傅山的所谓“理”,指的是商业活动经营的道理,他认为这种“理”比只知背诵章句之学的理学信徒(“鄙夫”)所穷的“意诚心正”的“天理”要高明得多。到吴越去的商贩,绝不会随便跑到燕齐;销售货物的商贩,懂得价值的规律,个个精打细算,绝不愿意出现一铢钱的亏损。对经商活动的道理,他们的追求也是意诚心正的。在古代中国,尊贵者往往是最有道理的,因为他们有权有势;卑贱者常常是没有道理的,这与他们的社会地位低下有关。傅山提出市井贱夫最为有理,这就肯定了商人在经济生活中的作用,理论上提高了他们的社会地位。他这一观念的形成,与山西商业发达有一定的关系。山西的商业在明清之际相当活跃,对全国也有重要影响。傅山说市井贱夫最为有理,当视为晋地商人地位有所提高、商业资本发展在理论上的一种反映。

在封建专制时代,古圣成训,像梦魇一样压抑着人们的心理。人们顶礼膜拜唯恐不及。傅山反对盲目尊崇古圣,认为他们和普通人一样,不是超人或神。在君民关系上,主张人格平等。他在《霜红龛集》卷三六对李白不为权贵折腰的精神极为赞扬，说“李太白对皇帝只如对常人，做官只如做秀才”。他反对把忠君的心理归结为人性，认为如果把忠君心理视作人性，则做君主的无所事其忠，岂不是没有人性了吗？这些都是他主张人格平等的思想反映。他藐视圣人和君主的无上权威，从而提高了人的尊严。他同黄宗羲、王夫之、顾炎武一样，对“家天下”有着强烈的反感，在《霜红龛集》卷三二引用《吕氏春秋》的名言：“天下者，非一人之天下，天下之天下也。”君臣关系在封建社会里，常常是一种主奴的关系。傅山反对那种因传统政治文化而来的奴性，对那些奴性十足、攀龙附凤者十分鄙视的。傅山在《霜红龛集》卷三一提出了不事王侯“正平等耳”的“反常之论”，正是针对这一奴性而发的。在傅山看来，那些品德高尚、待人平等、不用他人伺候的人才是真正的圣贤，这样的圣贤才可以称为“王侯”。而现在的所谓“王侯”，并非真正的王侯，他们待人不平等，“何高尚之有”？他赞美有个性、知平等、自由的人，贬低依附他人的奴才。[1] 在他的理想社会中，平等原则是自由的前提。奴性这一畸形政治社会心理严重地束缚了人们的自由与平等，只有根除奴性的顽疾，社会才能有前途。傅山希望在他的理想社会中能有“圣武”出来，一扫这种世间的奴性。[2] 把奴性的消除寄托于圣人的出现，说明傅山的思想还没有脱离圣人崇拜的框架，但正是在这一旧框架中透露出了平等、自由、个性解放的新曙光。

---

[1]《霜红龛集》卷三七：“矮人观场，人好亦好；瞎子随笑，所笑不差。山汉啖柑子，直骂酸辣，还是率性好恶。而随人夸美，咬牙挨舌，死作知味之状，苦斯极矣！不知柑子自有不中吃者，山汉未必不骂中也。”

[2]《霜红龛集》卷九：“天地有腹疾，奴才蛊其中。神医须圣武，扫荡奏奇功。”

当然，晚明是中国历史上一个特别复杂的时代，商品经济的发展与政治腐败共存，专制的强化与个性解放思潮同在，必然出现许多矛盾的现象。在一个思想家的身上同时存在彼此冲突的思想倾向亦不足怪。明清之际救世启蒙思想家们的政治思想与传统思想的联系是根深蒂固的，他们毕竟仅是代表地主阶级和市民阶层的进步思想家，其思想还无法超出传统思想的藩篱。如黄宗羲一方面猛烈地抨击封建君主专制，提出君主是“天下之大害”，主张把君民的从属关系颠倒过来，变“君主民客”为“民主君客”；但另一方面在《易学象数论·原象》篇中又提出“固守名教”是一个人的“天则”。在《孟子师说》中强调“死忠死孝，当死而死，不失天则之自然，便是正命。若一毫私意于其间，舍义而趋生，非道而富贵……此世人所以不知在旦夕命也”。这种观念在个人行为上可以导向凛然大义的民族气节，不失为中华民族的传统美德；但在政治上要求个人为忠孝殉节且要无一点一毫的私意，并将之视为“天则之自然”与“正命”，则又容易导向维护皇权和专制政治。如在新发现的黄宗羲著作《留书》中就有“夫三纲五常，中国之道，传自尧舜”之类的话。又如王夫之一方面提出“公天下”的政治要求和主张，反对把国家、民族视为一家一姓之私产，反对把帝王之位私于一姓；另一方面在《读四书大全说》中又推崇“礼”，把“礼”看作“天理自然之则”。在《四书训义》中还强调“礼者所以通深谨之士，而使悠然有余于名教之乐”，“礼”即指“名教”。王夫之将“礼”和“天理”等同齐观，也就等于明确地肯定了封建等级制度和三纲五常伦理规范的合理。王夫之在《读通鉴论》卷一九中还明确说过“人不可一日无君”；在《诗广传·小雅》强调“亲与我胥生于天地之间，无所逃于君臣之义”。这些矛盾在救世启蒙思想家们身上存在不足为怪：黄宗羲本身在学术思想上属王学范畴，王夫之则是一位尊信程朱派的理学大家。即使同是启蒙思想家，在同一个时代里由于每个人所处的社会地位、学术背景、个人际遇、文化修养和前后阶段不同，在思想上反映出来的见解也会有不同。但这不妨碍他们是救世启蒙思想家，只要他们在当时能够提出给人们以启迪的新见解，给社会带来清新的气息，这就足够了。

四、人则未有不自谋其生者

救世启蒙思想家在经济思想上主张自利和竞争。王夫之十分肯定人们在经济生活中的自利行为，《读通鉴论》卷一九就强调说人都有一种追求私利的本性，为适应人的这一本性，经济活动中最好的政策就是听民自谋自为："人则未有不自谋其生者也。上之谋之，不如其自谋。上为谋之，且弛其自谋之心，而后生计愈蹙。"《四书训义》卷二四强调“天有时勿夺之，地有产勿旷之，人有力勿困之，民自利也”。在《噩梦》中论证了土地私有的合理性，“天地之间，有土而人生其上，因资以养焉，有其力者治其地，故改姓受命，而民自有其恒畴，不待王者之授之”，“若土，则非王者之所得私也”。在工商业领域，王夫之也主张听民自为，强调开放盐业流通领域，取消盐的地界限制，允许商人自由贩运，鼓励竞争。他认为这样做的好处是使盐价低平，商人的利润也能有保证。王夫之有时也主张国家干预经济，但那是在出现了富商大贾垄断“山泽之利”的时候。国家干预的目的是反对富商大贾的垄断，而非干预一般商人正当的自由经营。对于一般商人的自由经营活动，他主张国家应予保护。对当时处处设卡、限制商业自由经营的“钞关制度”，他坚决反对。王夫之看重价格机制在市场调节中的作用，如在稳定粮食的价格方面，他主张利用市场机制自发调节价格的涨落，反对国家强制定价。他反对人为压低价格，赞赏唐宪宗时卢坦关于开放粮食市场的主张，认为如果当时的官府实施强制减价势必“拒商贾于千里之外”，既无助于解决百姓的生存问题，也无益于经济的发展。看重市场机制对市场价格的调节作用，是王夫之经济思想的一大特色。

王夫之鼓励市场竞争，在“求富”和“求均”的矛盾中更看重“求富”。他不大热衷谈抑兼并的问题，认为人民对兼并已习以为常、安之若素了。他认为“兼并”并不是豪民对贫民土地的强夺，农民失去土地是由于“赋重”“役繁”导致的，只要减赋节役就可以解决这一问题。他在《读通鉴论》卷二提出富人的存在是合理的，“国无富人，民不足以殖”。在《读通鉴论》卷三中，他为贫富分化辩解，认为富贵是“擅之于智力”的结果，最终导致“智者日富，而拙者日瘠”[1]。在《黄书·大正》中提出富人具有济养贫民的功能，说国家在发生自然灾害时贫民就常靠民间富人出面救济，“故大贾富民者，国之司命也”。在《宋论》卷一二中，王夫之提出无论限田还是均田，抑或是行井田之法，都无异于“割

[1]《读通鉴论》卷五。

肥人之肉置瘠人之身,瘠者不能受之以肥,而肥者毙矣"。在这里,王夫之把富民的垄断和兼并称为"擅",把贫富分化归于人的聪明才智的不同。他把财富的兼并、贫富的分化看作一种必然的、不可改变的趋势,反对以政治手段来抑制财富的兼并和贫富的分化。他的这一思想观点和宋代叶适以来的"保富"论是一脉相承的。

在经济政策上,王夫之提出减赋。在《读通鉴论》卷二十和卷二四中,他对中国历史上封建王朝所推行的赋役制度和政策逐一进行了评述,认为三代实行的"什一之赋"、唐"租庸调法"、宋"两税法"和明代中期推行的"一条鞭法",其最大弊端在于实施过程中到后期都出现"法外之征",即条外有条,鞭外有鞭,导致人民的税负愈来愈繁苛沉重。王夫之提出的减赋主张是兼顾国家财政的需要,同时平均各行业赋税负担,在满足国家财政、减轻传统田赋的同时开辟更多样的财政收入来源。如《噩梦》提出在"以丁夫为本"征收农业税的同时普遍征收工商税:"不论客户、土著、佃耕、自耕、工商、游食,一令稍有输将,以供王民之职。"在《宋论》卷二中,他提出要区别工商税率,盐茶因是"富民大贾操利柄",税率要高些;酒税因再重也"不为民病",还可以"厚民生,正风俗",并起到"宽农田之税"的作用,所以应重些。

在黄宗羲所设计的理想社会中,平等、自由的观念在经济上体现为承认"人各自私,人各自利"[1],肯定个人牟利的合法性,主张工商皆本,发展商品经济。黄宗羲出生于工商业已有发展

[1]《明夷待访录·原君》。

的浙江地区，封建统治者唯恐工商业的发展会破坏封建经济的基础，顽固地推行“崇本抑末”政策，使社会经济日益衰退。黄宗羲站在市民立场，在《明夷待访录·财计三》呼吁为工商业的发展扫除障碍，第一次在中国历史上喊出了“工商皆本”的口号：“工固圣王之所欲来，商又使其愿出于途者，盖皆本也。”他提出国民经济各部门间存在着有机联系，不存在哪个是“本”，哪个是“末”的问题。“本”和“末”不应按农业和工商业的关系来划分，但凡有利于社会财富增长的生产和流通产业都是“本”；反之，浪费和损耗社会财富的行业都是“末”。他认为正当的工商业原应视为根本，工商业之所以受到压抑，是因为有一部分从事佛巫、奇技淫巧等不切民生一类货物的生产经营的结果。世儒不察，就笼统地视工商行业为末，妄加抑制，岂不知“工”正是圣王要千方百计加以招徕的，而“商”正是使工之所出输之于途的，所以都是国家的根本。黄宗羲把工商扶为立国之本，既反映明清之际商品生产日益发展的现实向社会提出的要求，也反映还有不少“世儒”仍主张“以工商为末，妄议抑之”的现实。黄宗羲的这一思想反映了新兴市民的要求，符合工商业的发展和需要。

黄宗羲提出政府职责在于“授田以养民”，但反对“夺富民之田”，其方案的独特之处是主张用国家的屯田（军屯）土地来授田。他在《明夷待访录·田制二》中明确指出：“余盖于卫所之屯田，而知所以复井田者亦不外于是矣。”授田方案是对每一户无地农民授田五十亩。他统计当时的耕地面积和户口总数，认为土地总数减去授田总数尚有余田。在这一计算的基础上他才得出了“井田可复”的结论：“天下之田自无不足，又何必限田、均田纷纷，而徒为困苦富民之事乎？故吾于屯田之行，而知井田之必可复也。”问题是，黄宗羲设计了授田的方案但没有设计还田的方案，土地只授不还，土地授田后就会变成私有。实际上，按照黄宗羲的思路是通过复井田之名化公为私，把国有土地通过授田来私有化。

赋税政策上，黄宗羲主张“轻其赋敛”。他最大的理论贡献是提出了在封建专制政治体制下赋税改革呈现越改越重的必然趋势。如黄宗羲在《明夷待访录·田制三》中阐述了“井田可复”的观点，“或问：井田可复，既得闻命矣。若夫定税则，如何而后可？曰：斯民之苦暴税久矣”。他认为只解决土地问题不行，还必须解决赋税过重的问题。他把封建社会赋税沉重的原因归结为“三害”，即“积累莫返之害”“所税非所出之害”“田土无等第之害”。“所税非所出之害”是指田赋由征实物改为征银，银非农业所出，势必因折银而加重纳税人负担。“田土无等第之害”是指不分土地的肥瘠按同一标准征收赋税，也会加重土地贫瘠者的负担。“三害”中最重要的是“积累莫返之害”，说的是赋税制度每经过一次变革都导致赋税加重，已到了积重难返的程度。他对历史上赋税制度的演变逐一分析、评论，认为三代实行的贡、助、彻“止税田土而已”；发展到魏晋的户调制则是“田之外复有户矣”；唐初租庸调制除了“租出谷，庸出绢，调出缯纩布麻”外，“户之外复有丁矣”；杨炎两税法则“并庸、调入于租也”；相沿至宋，两税之外“复敛丁身钱米”；嘉靖末推行“一条鞭法”，力差、银差归并，与田赋同折为银，同时征收，未几“杂役仍复纷然”，后又有“旧饷”“新饷”“练饷”等；明末又“合三饷为一”，使之成为固定税收。黄宗羲由此感叹："嗟乎！税额之积累至此，民之得有其生也亦无几矣。"他得出结论，赋税制度每一次改革，人民的税负不是越来越轻，而是越来越重。针对如何解决"三害"问题，黄宗羲在《明夷待访录·田制一》中提出了"止税田土""下下为则"的方案，在《明夷待访录·田制三》中提出"任土所宜"的方案。"止税田土"指赋税只征收国家规定标准的农业税，不得违反既定标准加征或多征；"下下为则"指以最差田地（下下）的产量作为确定田赋的标准；"任土所宜"是指按当地所产征收实物，反对田赋征银。这些解决办法虽然没有能超出儒家轻徭薄赋的政策思想范畴，但他提出的在封建专制体制下财政开支缺少民主法制硬约束的条件下，赋税繁重问题无法解决，最终必然导致政权覆亡的这一规律却是振聋发聩的。

唐甄也主张自由放任，强调市场调节在经济发展中的作用。《潜书·富民》提出财富的生产和增值是一个自然而然的过程，经济发展无须国家干预，政府该做的就是听任这一过程自然进行："圣人无生财之术，因其自然之利而无以扰之，而财不可胜用矣。"他还生动地描绘了政府不干预经济活动、听任民间"因其自然之利"自会促进社会生产的发展和国民财富的增加："陇右牧羊，河北育豕，淮南饲鹜，湖滨缫丝，吴乡之民编蓑织席，皆至微之业也。然而日息岁转，不可胜算，此皆操一金之资，可致百金之利者也……海内之财，无土不产，无人不生。岁月不计而自足，贫富不谋而相资。"这是自司马迁之后对市场自由经营活动与气氛最为生动的描述。他认为衡量政治得失的尺度，是其能否使人民富裕。他在《潜书·考功》中强调"为治者不以富民为功，而欲致太平，是适燕而马首南指者也……天下之官皆养民之官，天下之事皆养民之事，是竭君臣之耳目心思而并注之于匹夫匹妇也，欲不得治乎？诚能以是为政，三年必效，五年必治，十年必富”。唐甄强调“富民”，认为民众是国家的根本，只有民众丰衣足食，国家才能兴旺发达。所以，“富民”应是施政的根本任务，国家必须以“富民”为宗旨。要使民富裕，就必须“因其自然之利而无以扰之”，实行自由主义的经济政策，鼓励民间工商业的发展。唐甄充分肯定工商业者的地位，提出农商并重，否定了传统的“农本商末”和“古者言富，唯在五谷”的错误认识。他认为要使人民富裕起来，不仅要发展农业，还要大力发展工商业。唐甄身体力行，在长子县任知县时，曾亲自导民树桑，发展纺绸业。唐甄还做过商人。如前所述，唐甄晚年时因经济状况困窘卖田经商，去做蚕丝生意。由于经营不善，不久又由“贾”转而为“牙”（经纪人），为此还受到了持传统价值观念的士大夫的奚落。这些人坚持传统的四民观，坚持士贵贾下的观念，承袭着君子不言谋利的传统偏见，强调做商人对士大夫来说乃是一种耻辱。唐甄在《潜书·养重》中理直气壮地辩解说，他“以贾为生”正是为了保持自己的人格尊严，“我之以贾为生者，人以为辱其身，而不知所以不辱其身也”。他在《潜书·食难》中还提出“吕尚卖饭于孟津，唐甄为牙于吴市，其义一也”，没有什么可耻。

在货币制度上，不论是启蒙思想家黄宗羲和唐甄，还是救世思想家王夫之和顾炎武，都反对货币用银。他们认为在银供应不足的情况下货币用银一定导致人民的贫困，加大贫富分化，也不利于经济的发展。黄宗羲看到在商品经济有长足的发展后，必然要有一个同等程度的货币经济与之相适应。他憧憬着货币在国内市场不停顿地流通的蓝图，认为只有充足的货币流通才能促进市场经济和工商业的发展。他提出"后之圣王而欲天下安富，其必废金银"，[1]主张废金银货币，增加纸币的发行。他陈述当时货币用银引发的弊端：银荒的出现不仅导致市场价格下跌、通货紧缩，更严重影响到人民的生活。[2] 他还从金银的来源和流通上分析银荒的原因。从金银的来源上说，由于封建政府封闭银矿，间或允许开采，又尽由"宫奴专之，以入大内，与民间无与，则银力竭"。从金银的流通上说，由于官吏和富商不断聚敛，"以其资力尽敛天下之金银而去"，这又使得留在民间的银数更少。银少的后果就是价格下跌，工商业者利益受损。因此，他主张废除金银货币，并分析："废金银其利有七：粟帛之属，小民力能自致，则家易足，一也；铸钱以通有无，铸者不息，货无匮竭，二也；不藏金银，无甚贫无甚富之家，三也；轻赍不便，民难去其乡，四也；官吏赃私难覆，五也；盗贼胠箧，负重易迹，六也；钱钞路通，七也。"认为废除了金银，就可以使人民努力工作，自给自足；货币流通充足，有利于经济的发展活跃，有利于控制贫富两极分化，有利于鼓励人民安土重迁，有利于官吏保持清廉，有利于减少盗贼作案，有利于货币制度的完善。针对纸币的发行数量，他在《明夷待访录·财计二》中提出要坚持"官之本钱，当使与所造之钞相准"的原则。从纸币必须能够兑现的要求

---

[1] 黄宗羲：《明夷待访录·财计一》。

[2] "夫银力已竭，而赋税如故也，市易如故也，皇皇求银，将于何所？故田土之价，不当异时之十一，岂其壤瘠与？曰：否，不能为赋税也。百货之价，亦不当异时之十一，岂其物阜与？曰：否，市易无资也。"（《明夷待访录·财计一》）

出发，他批评不兑现纸币是“徒见尺楮张纸居然可当金银……官无本钱，民何以信”。在白银供给严重不足的情况下，黄宗羲主张废白银货币，发挥钞钱的货币功能，认为这更有利于市场的交易和经济的发展，也有助于减轻纳税人的实际负担。唐甄也是废金银论者，他主张“救今之民，当废银而用钱”[1]。这一货币思想反映了新兴市民的要求，符合工商业的利益和发展的需要。顾炎武以自己在关中所见揭露田赋征银的弊端，如《顾亭林诗文集·钱粮论》中指出：“今来关中，自鄠以西至于岐下，则岁甚登，谷甚多，而民且相率卖其妻子。至征粮之日，则村民毕出，谓之人市。问其长吏，则曰：一县之鬻于军营而请印者，岁近千人，其逃亡或自尽者，又不知凡几也。何以故？则有谷而无银也。所获非所输也，所求非所出也。”顾炎武认为银荒造成了经济困境：“谷日贱而民日穷，民日穷而赋日诎。逋欠则年多一年，人丁则岁减一岁。”他批评田赋征银是“夫树谷而征银，是畜羊而求马也；倚银而富国，是恃酒而充饥也”，完全错误。货币用银不仅加剧了社会的矛盾，还助长了贪污和盗贼的盛行。[2] 王夫之在《读通鉴论》卷二十中分析用银之害说：“自银之用流行于天下，役粟帛而操钱之重轻也，天下之害不可讫矣。”王夫之反对

[1]《潜书·更币》。在此篇中他进一步分析说：“自明以来，乃专以银。至于今，银日益少，不充世用……无人不穷，非穷于财，穷于银也。于是枫桥之市，粟麦壅积，南濠之市，百货不行；良贾失业，不得旋归。万金之家，不五七年而为窭人者，予既数见之矣。”由于“银日益少”导致市易不通。他还分析用银加剧了贫富的分化：“夫财之害在聚。银者，易聚之物也。”

[2] 如他分析前者说：“近代之贪吏，倍甚于唐宋之时。所以然者，钱重而难运，银轻而易赍；难运，则少取之而以为多，易赍，则多取之而犹以为少。非唐、宋之吏多廉，今之吏贪也，势使之然也。”（《顾亭林诗文集》卷一《钱粮论下》）

用银的理由和黄宗羲、顾炎武一样，认为用银导致了天下的贫困，助长了官吏贪赃枉法和盗贼的抢劫。王夫之在《读通鉴论》卷一三陈述自己的社会观感说："近自成化以来，大河南北单骑一矢劫商旅者，俄顷而获千缗之值。是银之流行，污吏箕敛，大盗昼攫之尤利也，为毒于天下，岂不烈哉？"有趣的是，不论是救世思想家，还是启蒙思想家，反对用银几乎成了一种共识。他们反对用银，但不否定使用货币。相反，他们都十分强调货币在经济发展和国计民生中具有不可替代的重要作用。如王夫之在《读通鉴论》卷二七指出："金钱者，尤百货之母，国之贫富所司也。"这就把货币的作用提高到了决定货物流通繁荣、国家贫富的重要地位，与现代货币主义者认为货币决定经济在思想上有相近之处。

五、与晚明科学思潮的联系

明清之际的黄宗羲、王夫之、顾炎武、傅山等在《大学》"格物致知"思想和西学东渐的影响下，都与科学救世思潮有着或多或少的思想联系。

黄宗羲是一位通晓哲学、文学、史学、经学的全才，对自然科学也有浓厚的兴趣，这主要表现在他对天文、地理、数学和乐律的研究上。依据他的图书存目，他所撰写的自然科学著作共有26种，其中天文类11种、地理类5种、数学类5种、乐律类1种、象数类1种。这些著作大多失传或散佚，现存的仅有7种，即地理类的《今水注》《四明山志》和《匡庐游录》，象数类的《易学象数论》，天文历算类的《授时历故》《西历假如》和《授时假如》[1]。从以上这些著作来看，黄宗羲深受“格物穷理”思想的影响，强调研究事物发生和发展的原因，把握自然现象背后客观规律性的重要性。他认为自然界的运动变化是有秩序的、有规律的，这种规律不是玄虚的杜撰，而是客观地存在于天地万物之中的。据此，他高度评价徐光启主持的《崇祯历书》，是“青出于蓝，冰寒于水”[2]。在数学方面，从他曾著有《勾股图说》《开方命算》《测园要义》《割图八线解》和《气运算法》来看，他的造诣是很深的。

王夫之不仅在哲学方面贡献很大，对天文、地理、历法与数学也都有研究。他和西方的传教士没有直接交往，却十分熟悉新传入的西学，对利玛窦和西学的论述屡屡见诸他的著作。对于方以智提倡的分门别类地研究客观事物的特征和运动规律的学问“质测之学”，他十分赞同[3]。在比较了中西历法后，他承认西历较中历优越。对烧汞炼丹的化学反应与烧柴取墨的工艺过程，他也有过仔细的观察并有详细的记载。他还运用中国哲学中的气一元论的观点说明了物质不灭的道理[4]。

顾炎武学究天人，贯通古今，对自然科学也有涉猎。他在科

[1] 地理类的3种已收入《黄宗羲全集》第2册（浙江人民出版社，1986）；《易数象数论》与关于历法方面的著作，收入《黄宗羲全集》第9册（浙江人民出版社，1992）

[2] 黄宗羲：《答万贞一论〈明史·历志〉书》。

[3] 王夫之在《搔首问》中谈到方以智时说：“密翁（指方以智——引者）与其公子为质测之学，诚学思兼致之实功。盖格物者，即物以穷理，唯质测为得之。若邵康节、蔡西山，则立一理以穷物，非格物也。”（《船山全书》第15册，岳麓书社，1996，第637页）

[4] 参见《张子正蒙注·太和篇》。他的结论是：“生非创有，而死非消灭，阴阳自然之理也。”（《周易内传》卷五）进而又提出，物质的各种变化形态是“用”，而永恒不灭的气是“体”：“变者用也，不变者体也。”（《俟解》）

学上的一个突出贡献就是对归纳法的倡导。科学归纳法的特点在于对事物比较研究后先提出一个见解或假设，进而广泛搜集证据进行论证，证据有力且并无反证就可作为定论；若发现有力之反证，便抛弃这个见解或假设。顾炎武在《日知录》《音学五书》与《亭林文集》中就充分运用了这一方法。他认为治学一定要进行科学的比较和归纳。好友潘耒在《日知录序》中评价顾炎武的治学方法说："有一疑义，反复参考，必归于正当（正确）；有一独见，援古证今，必畅其说而后止。"顾炎武在治学过程中，为解决"疑义"，经常用书本与书本对勘，用书本与当时的现实比照，经反复考订后才得出结论。顾炎武还提出研究中要运用"本证"和"旁证"，并利用这一方法纠正了前人的许多错误。李约瑟赞同这一观点："我们可以说，17 世纪初期的中国文字学者就系统地应用了归纳法，并使用了现在西方人在归纳法中所使用的术语。"[1]

生活在三晋大地上的傅山，知识渊博。他工于书画，通经史，能诗文，接触过西学，更精于医理。他的医学成就集中体现在《傅氏女科》中，世称傅青主妇科，他也被尊称为仙医、神医。他的医书，至今仍受到医学界的重视。从内容上看，傅山医术全面、高明，擅长内、外、儿、妇、眼等科，对于老年医学与预防也深有研究。他的医学著作对上述诸科均有专篇论述，且理、法、方、药齐全，这是很难得的。傅山的友人顾炎武曾请傅山看过病，他

[1] 李约瑟：《中国科学技术史》第 1 卷，科学出版社、上海古籍出版社，1990，第 149 页。

评价傅山“学问渊博，精实纯萃，而又隐于医”[1]，概括了傅山整个学术思想的特点。傅山行医主要有以下三个特点：(1) 熟悉生理与病理，善观气色，有时不用诊脉，就能知道有病无病，又深通脉理，往往二指一按，就能诊断出病人得病的原因；(2) 善于结合病人的身体条件进行诊断，又擅长心理治疗，常常能用各种办法使病人心情愉快；(3) 往往能用一二味药材甚至代用品就能治好奇症怪病。他的一些处方，如生化汤、老妇血崩方、完带汤、宣郁通经汤、宽带汤、清经散、定经汤等，至今还见于现代人所撰的医案中。

六、与西方启蒙运动的比较

西方在16、17世纪也出现了对专制主义的批判和对自由平等的呼唤，并在18世纪发展成一场声势浩大、影响深远的启蒙运动。

西欧中世纪后期，随着消除封建割据与王权的加强，走进了君主专制时代。[2] 法国是当时专制主义的典型。亨利四世(1589—1610年在位)时期奠定了君主政体的基础。路易十三时期进一步强化了君主集权，确立了国王对土地贵族的支配权，改善了国家的中央管理制度。到了路易十四统治时期(1643—

[1] 顾炎武：《大小诸证方论》序。

[2] 欧洲的君主专制时期在16世纪出现于西欧的法国、英国和西班牙，后蔓延至瑞典、奥地利、俄国、普鲁士。在17、18世纪，英国、法国的君主专制先后被革命所颠覆。

1715 年在位），法国的君主专制制度达到了高峰。路易十四对朝臣明确宣布“朕即国家”，还运用“国家的威仪”来装扮自己，强调自己权力的至高无上，并在 1680 年被巴黎高等法院正式宣布为“大帝”。在路易十四的统治下，法国形成了“一个信仰、一种法律、一位国王”的一统局面，并为欧洲其他国家提供了追随和仿效的样板。法国之外，尽管每个国家的君主专制程度不同，但也都经历了同样的过程。如普鲁士在三十年战争之后开始加强君主专制的权力，其特点是以军队为中心来掌控国家，军队控制了行政、财政等各个方面，建立了军事专制统治。英国虽然建立了一个强有力的议会，但在詹姆斯一世（1603—1625 年在位）和查理一世（1625—1649 年在位）时期也试图建立君主专制制度。原来神圣罗马帝国的许多公国，深受法国的影响，也模仿法国建立了小型的君主专制国家。随后的奥地利、葡萄牙、西班牙等也先后建立了君主专制制度。

随着君主专制统治的确立，理论界开始出现了为君主专制权力辩护的声音。他们宣扬“君权神授”的观念，宣扬国王是上帝意志的代理人。博絮埃（1627—1704 年）就是宣扬这一理论观念的代表性人物，他在《来自〈圣经〉的政治学》中说：“国王的权力是绝对的……国王无须向任何人说明自己的行为……国王在哪里说话都有力量。没有这种绝对的权力，国王无法惩恶杨善。”英国哲学家霍布斯（1588—1679 年）也是一位为君主专制辩护的代表性人物，他在著名的论文《利维坦》（1651 年）中把秩序看作社会最主要的善，把无政府状态看作最大的灾难。他提出政府可以采取不同的形式，但君主政治是维持秩序和安全的最有效的形式。他认为君主应被合法地授予绝对的权力。西方的启蒙运动就是在这一历史背景下形成的。

启蒙运动繁荣于法国，但先驱是英国的约翰·洛克(1632—1704年)。洛克的一生恰逢英国国王与议会长期斗争并最终演变成光荣革命。洛克站在了议会一边，在斗争中逐渐形成了他的启蒙思想。洛克的政治启蒙思想主要体现在他的著作《政府论》中。通过《政府论》这部著作，君权神授论被彻底抛弃，分权制衡说、主权在民说成为公认的普遍原则。

洛克之前，君主专制理论认为王权是上帝授予的，君主是上帝在世俗的化身。在君主权力神圣的光环下，人们不能对君主有任何怀疑。洛克首先从根本上动摇了君权神授的根基，提出人的权力是天赋的，每个人都是平等和独立的："因为一切具有共同天性、能力和力量的人，从本性上说都是生而平等的，都应该享有共同的权利和特权。"[1]既然人人都是平等和独立的，任何人也就不得侵害他人的生命、健康、自由或财产。在这里，他率先提出了"天赋人权"的口号，强调每个人在自然状态中都是自由的，人人都可以用自己认为合适的方法决定自己的行为。人人也都是平等的，任何人都不能享有多于他人的权力，一切权力和管辖都是相互的。人类社会应该建立在自然法的原则之上，自然法就是理性之法、上帝之法，它适用于世间一切人，自然法面前人人平等。自然法一方面保障了每个人都有自己的权

[1] 洛克：《政府论》，刘晓根编译，北京出版社，2007，第34页。

利，另一方面也限制了人们滥用权利。洛克还把私有财产所有权也归诸自然法，认为上帝把财产授予任何人，任何人都有获得财产的权利，财产权是不可剥夺的。人的生命、自由和财产是人类的基本权利，不可转让，不可剥夺。他提出唯有保护人民的财产才是政府得以存在的根据："设立统治权就是为了保障每个人的权利和财产免受他人暴力或侵犯。"[1]因此，"未经本人同意，最高权力不能取走任何人的财产的任何部分"[2]。即使征收维护政府活动的赋税，也必须征得人民的同意。那么人们是如何脱离自然状态进入社会和建立国家呢？洛克提出国家起源于"契约"，认为社会契约是最好、最合理的办法。洛克的社会契约论把人民和统治者分设为契约两端，两者都要接受契约的约束。人民授权给统治者但条件是统治者为人民谋福利，保护人民的财产、平等和自由，人民进入社会也要受到法律约束，但这不是对人民权利的限制，而是为了更好地获得自由。洛克在《政府论》中还提出了分权理论，把政府的权力分为立法权、执行权和对外权，其中立法权是政府的最大权力。政府必须正式公布经常有效的法律，其目的不是废除或限制自由，而是保护和扩大自由，保障人民的生命、自由和财产。立法权必须以公共利益为目的，必须颁布经常有效的法律而不能只凭专断权力来统治，在任何情况下都无权剥夺人民的财产，立法权不能转让给别人。制定法律后，一个执行法律的机关是必要的。执行权虽然从属于立法权，但它是执行立法的权力，并且是常设的，因此是一种实

[1] 洛克：《政府论》，刘晓根编译，北京出版社，2007，第 48 页。
[2] 同上书，第 121 页。

际权力。执行权和对外权实际上其实是同一权力的两个方面，前者主要处理国内事务，后者主要处理对外事务。洛克分权理论的局限在于没有把司法权充分考虑，没有提出司法独立的原则，也没有把这几种分离的权力看作并列关系。尽管洛克的三权分立学说与以后孟德斯鸠的学说相比还比较幼稚，但它提出人民至高无上，政府的存在是基于和人民订立的契约，政府的行为必须为人民所监督，人民才是主权的化身。如果立法机关违反了人民的利益，人民有权建立新的立法机关。洛克反对君主专制制度，在他看来，专制君主往往以意志代替法律，其权力受不到任何约束，会演变出普遍侵犯人权的暴政，这是造成一切人的痛苦的根源。洛克对君主专制主义的批判、对个人权力的高度重视和强调，都以个人利益作为出发点，以体现民意、保护人权为归宿，为近代西方资本主义政治体制勾画了主要的轮廓和结构，确立了近代资产阶级民主政治的基本精神，并直接哺育了法国启蒙思想家孟德斯鸠，其思想在孟德斯鸠那里得到了进一步发扬光大。他的社会契约论则为卢梭全面接受。启蒙运动、美国革命、法国大革命等西方资产阶级革命也都受到《政府论》的直接影响。美国的《独立宣言》、法国的《人权宣言》等资产阶级的重大历史文献也莫不体现《政府论》的基本思想。因而，《政府论》被誉为“近代资产阶级革命的《圣经》”。

孟德斯鸠(1689—1755 年)是法国启蒙运动早期的代表性人物，他的主要理论贡献在于批判现存的专制制度，并设计了理想的社会制度。他的代表作有《波斯人信札》《罗马盛衰原因论》

和《论法的精神》。在前两部著作中他揭露了政府的腐败，针砭社会积弊，探讨罗马的成败得失。他通过总结历史的经验教训，间接抨击法国专制制度的好战和生活的腐化。其后一部著作重在构建理想的政体，提出人类要防止暴君政体的出现，并设计了三权分立的政府体制，为之后的许多民主国家所接受。孟德斯鸠在《论法的精神》中力图探讨不同环境、历史、宗教传统对政府机构影响的方式，他发现气候、地理区域方面不可改变的差异会影响人的行为，进而影响政治体制。他把政体分为共和政体、君主政体和专制政体三类，其中共和政体又分为民主制和贵族制。民主制是人民通过选举表现自己的意志，指派官吏；贵族制是通过参议会处理事务。他认为在这些体制中行政、司法和立法相互独立又相互制约的英国民主体制是最好的。在这种民主体制下任何执政者个人或统治集团都没有绝对的权力，人民的自由权得到了保障。在他设计的三权分立的民主体制下："每个政体都有三种权力：立法权、国际法的执行权和对民法的执行权。依据第一种权利，国王或执政官制定临时的或永久性的法律，并修正或废除旧有法律。依据第二种权力，君主可以讲和或宣战，派遣或接受使节，维护公共安全，防御侵略。依据第三种权力，君主可以惩罚罪犯，解决民众纠纷。我们把后一种称为司法权力，而把另一种权力称为行政权。"[1]这便明确提出了三权分立并相互制衡的原则。他反复申明无分权则无自由，认为当立法权和行政权集中在同一个人或同一个机关之手，自由便不复存

[1] 孟德斯鸠：《论法的精神》，于华忠编译，中国工人出版社，2016，第56—57页。

在;如果司法权不同立法权和行政权分立,自由也不复存在。如果司法权同立法权合二为一,则公民的生命和自由会被施行专断的权力,因为法官就是立法者。如果司法权同行政权合二为一,法官便将握有压迫者的力量。孟德斯鸠对人权和自由表示了充分的尊重,强调“政治自由是指要让公民有安全感”[1]。孟德斯鸠的这一分权制衡原则影响了启蒙运动时期的其他许多政治理论家,并在1787年《美国联邦宪法》、1791年《法国宪法》制定过程中起了特别重要的作用,奠定了日后西方民主政治体制的理论基础。

伏尔泰(1694—1778年)也是法国启蒙运动的代表性人物,享有“启蒙运动之父”“启蒙泰斗”之誉。他广泛结交欧洲的作家和各国君主,在普及科学和哲学方面做出了很大贡献。在名著《风俗论》《路易十四时代》和《哲学辞典》中,伏尔泰提出了天赋人类自由平等的权利、法律面前人人平等的主张。在政治上,他提出国家是建立在近代人权原则基础上的,最公平的秩序是以自由和所有制为基础的。他强调人天生平等,要求废除等级特权,经常抨击世俗国家实行的专断统治,主张君主立宪制度,认为英国的议会制度比法国的专制制度更可取。他对天赋人权思想进一步的引申和发挥产生了重大影响。他提出“人类生来自由;最好的政府就是可以尽可能地保留自然给每个人的恩赐”[2]。他高度肯定允许言论自由、出版自由的政

[1] 孟德斯鸠:《论法的精神》,于华忠编译,中国工人出版社,2016,第64页。
[2] 威廉姆斯:《伏尔泰政治著作选》,李竞、李媚译,中国政法大学出版社,2014,第192页。

治意义，认为只要有了言论和出版自由，其他的一切自由才有可靠的保障。

另一位法国启蒙运动的代表性人物卢梭（1712—1778 年）的《论人类不平等的起源和原因》《社会契约论》《爱弥儿》和《忏悔录》等著作影响深远，通过这些著作，他比他的同辈或先辈更为全面地阐述了关于自由民主的政治理想，为相继而来的资产阶级革命提供了颇具实践性的纲领。对于早年四处漂泊的卢梭来说，自由平等是最珍贵的，因此他一生都坚决反对教会的蒙昧主义和封建专制制度。平等思想是卢梭政治思想的核心。他认为要实现个人自由，离不开平等。没有平等，自由便不能真正存在。为此，他提出了人人生而平等、财产尽可能平等、法律面前人人平等、人人政治权利平等的思想。他在《论人类不平等的起源和原因》中提出人类曾存在着平等的状态，不平等出现的根源在于私有制，国家也成为维护私有制的机器。为了消灭这种不平等，就必须尊崇“天赋人权”和与生俱来的平等观念。他提出只有均衡财富，才能消除社会的弊端。他在《社会契约论》中提出建立能够保全自由的合理社会政治结构的主张，在人类历史上第一次完整地提出了“人民主权”学说，坚持人民主权是绝对的，神圣不可侵犯的是天赋人权，明确地提出了建立民主共和国的主张。在他看来，主权是不可转移的，也是不可分割的。因此，他不认同三权分立和议会政治的政治体制，只承认共和国，认为政府是主权者人民为了人民的利益建立的一个管理公共事务的机构。它的权力来自人民，人民把权力委托给了政府，政府是主权者的执行人，是人民的公仆。它借助于人民的力量，按照人民的意志活动，应该服从人民，接受人民的监督。他提出了“公意”理论，认为“公意”构成主权，是法律和政府的依据，公意是人民整体的意志，也包含个人的意志。他说：“国家全体成员的经常意志就是公意：正因为如此，他们才是公民并且是自由的。”[1]法律是公意的行为，法律体现了人民的公共意志。为确保每个人的自由，他特别强调在法律面前人人平等的原则，指出“社会公约在公民之间确立了这样一种平等，以致他们大家都遵守同样条件并且全部都应该享有同样的权利”[2]。

通过比较，可以看出这一时期东西方在启蒙思想上有许多相通之处，例如都有对君主专制体制深刻的批判，都强调人的自由与平等，都提出了分权制衡和公意（公议）的政治观念。但二者之间又有许多不同，主要反映在历史阶段和历史影响上。

就历史阶段而言，中西方启蒙思潮和运动的产生都有其时代的经济基础。18 世纪前期中国和欧洲大陆都处在封建专制主义的统治之下，但是这种封建专制主义政权在中国和西方却面临着两种完全不同的命运。从 15 世纪末开始，西欧贵族开始把土地出租给农场主，自己坐收地租，传统的封建地租转变为资本主义地租，封建制度进入瓦解时期。这一时期在经济形态上资本主义萌芽还处于工场手工业阶段。在商品生产的竞争中，一部分行东富裕起来，完全脱离了生产劳动，逐渐成为资本家，而帮工和学徒及部分行东则沦为雇佣工人，资本主义雇佣关系开始形成。商品货币关系也渗透到农村，14 世纪时货币地租已

[1] 卢梭：《社会契约论》，何兆武译，商务印书馆，1997，第 140 页。
[2] 同上书，第 14 页。

占据主导地位。封建自然经济日趋衰落和解体，商品货币关系日益发展，封建社会内部资本主义关系开始萌芽成长。资本主义只有经过资本原始积累才能迅速发展，这一资本积累首先发生在英国，它始于 15 世纪末 16 世纪初。随着国际贸易的扩大，英国毛纺织手工业工场迅速发展，市场的羊毛价格猛涨，养羊业变得有利可图。为了获得更多的土地从事养羊业，贵族开始抢占农民的份地及公有地，把强占的土地圈占起来，变成私有的大牧场、大农场，即英国历史上著名的“圈地运动”。“圈地运动”是英国资本积累的最重要手段之一，它使得许多小农的土地被圈占，大量农民被迫同自己的生存资料相分离，成为一无所有的雇佣劳动者，为市场提供了劳动力的来源。“圈地运动”也促使 16 世纪英国的工场手工业得到了快速发展，城市兴起，对农产品的需求大增。在这一资本原始积累的过程中，地理大发现也对西欧各国资本主义生产方式的产生发挥重要的作用。地理大发现和新航路的开通扩大了世界市场，给予欧洲商业、航海业和工业的发展以空前未有的刺激，也促进了资本主义生产方式的产生。再以法国为例。法国是欧洲大陆上典型的封建君主制国家，18 世纪前法国资本主义虽然已经萌芽并有一定程度的发展，资产阶级已经出现，但资本主义还十分脆弱，资产阶级与封建领主阶级还保持着千丝万缕的联系，还没有形成一支同封建领主相抗衡的独立的政治力量。但到了 18 世纪，特别是大革命前夕，法国的资本主义因素已经有了长足的进步，分散的手工工场已经比较普遍，集中的手工工场也已经众多，其中不少是雇佣 50—100 人的大型工场。这一时期的法国资本主义因素还广泛渗透到了农村。在北部和东北部靠近海港和大城市的地区，还出现了英国式的资产阶级化了的地主，他们占据了许多土地，建立了以雇佣劳动为基础的资本主义农场。此外，对外贸易也日益发达，法国的烧酒、葡萄酒、布匹、服装、家具销往欧洲各地。波尔多、马赛、南特、勒阿弗尔等城市已经成为当时对外贸易的大商港。随着资本主义的发展，法国的资产阶级也获得了长足的发展，他们手中集中了巨额的资本，掌握着国内的工业、银行和信贷，操纵着国内外贸易，并占有大量的土地。他们已成为法国社会经济上最强大、最富有的阶级。但他们在政治上仍然处于无权的地位。大革命前夕，法国社会划分为三个等级：第一等级是僧侣，第二等级是贵族，资产阶级和农民、城市平民统称为第三等级。第一、二等级是特权等级，在政治上享有无限的权力，他们仅占全国人口的 1%，却占有了全国耕地的 30%，每年向农民征收总收成的 3/4 以上的租税，占据着政府、军队、司法、教会的一切重要位置，并得到法律的确认。而包括资产阶级在内的广大第三等级几乎没有任何政治权力，只有承担国家的生产和纳税的义务。法国资产阶级的这种经济状况和政治地位，决定了他们对封建特权阶级产生极大的不满，必然要求享有参加国家管理的权利，废除封建等级制度。启蒙思想家们就代表了他们的利益，反映了他们的呼声。

18 世纪前的中国社会经济的发展状况、阶级关系的发展变化与西欧完全不同。这一时期的中国虽然在江南地区出现了一些资本主义的萌芽，但在全国范围内占据主导地位的仍是个体农民和小手工业结合的自然经济，这就决定了当时的中国没有可能产生一个代表新的生产关系的资产阶级，封建地主经济形态仍然是中国经济的主导形态。明中叶以后明王朝的腐朽统治同封建制度的衰落重叠又加剧了社会矛盾和民族矛盾，同时在商品经济空前繁荣的江南如苏州地区，城市市民阶层开始崛起。16 世纪晚期到 17 世纪中叶(即明中叶到清初)，中国历史进入一个"天崩地解"的时代。随着明王朝的灭亡，一些具有民族气节的进步思想家不肯归附清朝，在反思、总结明亡教训时一定程度上认识到了封建集权制度的弊端，并对之进行了尖锐、深刻的批判，同时也对未来的社会发展产生了某些朦胧的设想。他们对集权专制制度的尖锐批判，在许多方面都达到了中国历史上前所未有的认识水平，具有了近代启蒙思想的色彩。这一时期也是中国经济思想史上一个比较活跃的年代。由于政权更替，清朝统治者又对以汉族为主的各族人民的反抗进行了血腥的镇压，造成了部分地区城无完堞、市遍蓬蒿、民无遗类、地尽抛荒的凋敝局面。清政府又先后进行三次大规模的圈地，并三次强迫沿海居民大规模内迁，既给沿海人民带来了深重的灾难，也严重阻碍了沿海地区资本主义萌芽的进一步发展。清朝统治者在政治上采取了高压政策平定汉族的反抗，阻止反满思想的产生和在社会上的流传，残酷打击反满人士，中国封建传统专制主义进一步得到高度强化，学术思想上也出现了万马齐喑、极端沉闷的局面。这些因素也就注定了启蒙思潮在中西方必然有截然不同的命运：18 世纪的西方社会，是一个持续不断地改变人类生活和社会环境的奠基阶段；同期的中国，却是辉煌历史的一个回光返照，走向了内卷式的发展道路。

就历史影响而言，西方的启蒙思想所设计的政治蓝图渗进了 18、19 世纪西方的政治运动中，反映在了其政治体制和社会生活中。比如孟德斯鸠的三权分立学说和卢梭的政治原则在 1789 年的《人权宣言》以及 1791 年的法国《宪法》中都得到了确认。法国《人权宣言》明确规定，“凡个人权利无切实保障和分权未确立的社会，就没有宪法”；“在权利方面，人是生而自由和平等的”；“法律是公共意识的表现”；“整个主权的本原，主要是寄托于国民”[1]。又如启蒙思想家孟德斯鸠讨论和主张的“天赋人权”和卢梭所强调的“主权在民”的思想以及孟德斯鸠的三权分立学说在 1787 年的美国宪法中得到实际体现和运用。相对于西方，晚明启蒙思想家讲求个性解放、反对封建等级观念、强调人的平等和民本主义的启蒙思想在清朝统一后完全中断，在清朝封建专制主义高度强化之后，启蒙思潮无可挽回地衰落沉寂，成了历史的回响。

西方的启蒙思潮大致经历了三个发展阶段。首先围绕着“人是万物的尺度”这一命题，把中世纪以神为本的思想转移到了以人为本的思想轨道上来；接着提出了天赋人权说，全面地肯定了人的价值和对物质感性的追求；最后是接触到了个人与社会群体的合理关系，提出了社会契约论。这一过程延续了几百年之久。晚明启蒙思潮中这些类似的观点虽然表达方式有所不同，也大都可以看到。这是东方启蒙思潮早熟的一种特殊的表现形式。晚明启蒙思潮虽然随着清军入关改朝换代而告一段

[1]《广场钟声：演说与宣言》，林贤治编选，花城出版社，2012，第 320—321 页。

落，其发展过程中也历经坎坷，但它是中国历史长河中闪耀过的一颗耀眼的明珠，光耀着史册。同时应看到，即使像李贽这样的启蒙思想家，在其思想深处仍未能摆脱封建传统观念的影响[1]，但这并不影响他作为启蒙思想家的历史地位。还应指出，晚明的启蒙思潮与西方不同：西方的早期启蒙思潮是反映资本主义萌芽发展、反对中世纪蒙昧主义的思想启蒙运动，是人类从中世纪步入近代化的象征，是西方走出中世纪的必由之路；而晚明的启蒙思潮，仅是在中国封建社会尚未崩溃而各种矛盾充分暴露这一特定条件下一批进步思想家进行的自我批判运动。在这一自我批判中，一方面有许多新思想闪现，另一方面也会有拖泥带水，保留了许多旧思想的沉积。

[1] 参见马涛：《李贽与儒学》，《河北学刊》1993年第5期。

第七章

内卷与发展：中世纪中西方的分途

这里的“中世纪”指中西方封建社会的中古时代。现代经济史研究揭示，中国在中世纪时是世界的中心，是地球上最富庶、人口最多的帝国。17世纪的中国社会不仅不贫困，而且要比同时期欧洲的大部分国家更富庶。直到18世纪以前，亚洲大部分地区的平均收入和生产力都要高于欧洲的大部分地区，即使是欧洲最发达的地区如英格兰和荷兰在当时也只是刚刚赶上中国的水平。但1800年之后，西方崛起超越了中国。欧洲发达国家的收入水平迅速增加，城市人口呈爆炸性增长，而中国的收入水平则趋于停滞甚至有所下降。例如1600年中国的农业生产率比荷兰高26%，比英国高66%，但1800年时，英国和荷兰的农业生产率都已高出中国10%了，并且欧洲最富有的国家实现了工业化，以迅速增长的制造业或工业生产力来作为高水平农业生产的补充。[1] 西方汉学家兰德斯也指出："起初，当中国和别的国家领先于世界时，几乎所有的知识传播都是单向的，即从欧洲之外传到欧洲。这是欧洲了不起的优点：与中国不同，欧洲是学习者，并且的确从早期中国的发明和发现中受益匪浅。当然，后来，情况变了：一旦欧洲创立了现代科学，知识之流掉头回流……现代科学的绝大部分，尤其是 17、18 世纪人们所称的科学革命所带来的突破，是欧洲创造的。非西方科学不仅几乎毫无贡献（尽管欧洲人知道的东西并非全部），而且在当时没有能力参与进来，远远落后或转错了弯。"[2]之后，一个与过去迥然不同的欧洲新社会诞生了，并与其他文明截然分开，走上了独特的发展道路。是什么因素导致了原处于同一发展水平的欧洲和中国两者分途了呢？

在中国，晚明时期江南地区的商品经济已十分活跃，丝绸技术已十分发达[3]，科学救世也取得了辉煌的成就，代表新兴市

---

[1] 杰克·戈德斯通：《为什么是欧洲？——世界史视角下的西方崛起（1500～1850）》，关永强译，浙江大学出版社，2010，第 104—105、114 页。

[2] 戴维·S. 兰德斯：《国富国穷》，门洪华等译，新华出版社，2010，第 378 页。

[3] 中国学者全汉昇对这一时期中国江南地区的丝绸产业在国际市场上的竞争力有一个分析："中国的丝绸工业因为具有长期发展的历史，技术比较进步，成本比较低廉，产量比较丰富，所以中国产品能够远渡太平洋，在西属美洲市场上大量廉价出售，连原来独霸该地市场的西班牙丝织品也大受威胁。由此可知，在近代西方工业化成功以前，中国工业的发展，就其使中国产品在国际市场上的强大竞争力来说，显然曾经有过一页光荣的历史。中国蚕丝生产地普遍于各地，而以江苏和浙江之间的太湖区域为最重要。由明到清，这些地区经济特别繁荣，人口特别增多，生活特别富裕。当时有句谚语：'上有天堂，下有苏杭'，苏州、杭州以及附近地区所以特别富庶，当然可以有种种不同的解释，可是海外市场对中国丝与丝绸需求非常大，因而刺激这个地区蚕丝生产事业的发展，使人民就业机会与货币所得大量增加，当然是一个重要因素。"（全汉昇：《略论新航路发现后的海上丝绸之路》，载中国台湾《中国近代史研究通讯》第 2 期）

民阶层的启蒙思潮也已涌现,但为什么没有能在此基础上像西欧那样进一步发展出近代的理性资本主义呢?为什么在晚明科学思潮的基础上也没有进一步诞生出现代科学的理论体系呢?中世纪欧洲的经济扩张是由一系列组织上的创新和改进所推动的,它们多半由下层创始,通过榜样的力量逐渐推广,而这一切为什么没有能出现在中国呢?

早在近一个世纪前,德国学者马克斯·韦伯(1864—1920年)就曾提出并讨论过前一个问题,之后的英国学者李约瑟(1900—1995年)也曾提出并讨论过后一个问题。1915年韦伯在他有关中国宗教伦理的名著《儒家与道教》中就提出中国传统社会中不乏有利于资本主义产生的因素,但中国之所以没有能发展出西方式理性资本主义,就在于中国文化中缺乏一种像西方新教教义那样的精神。简言之,就是中国缺乏一种类似于西方基督教新教那样的宗教伦理作为必要的启动力量。李约瑟在其编著的15卷《中国科学技术史》中提问,"尽管中国古代对人类科技发展做出了很多贡献,并在公元前1世纪到公元16世纪间远远领先于西方,但为什么科学和工业革命没有在近代的中国发生",这一提问被称为"李约瑟难题"。

为什么资本主义的工业革命产生于西方而不是中国?为什么现代科学体系产生于工业革命之后的欧洲?许多历史学家都承认,在两宋和明中晚时期,中国已取得了巨大的经济和技术进步,已到达了通向爆发全面科学和工业革命的大门。当17世纪后西方的经济发展和科学技术进步加快以后,中国却开始落后了。鸦片战争后,中国一直被光荣的历史回忆和现世落后的屈辱所困扰，中国经济社会也一直处在内卷式的循环之中。

时至当代，美国学者贡德・弗兰克在其名著《白银资本——重视经济全球化中的东方》中还坚持认为1500—1800年全球经济中心在中国。他说："在1800年以前，欧洲肯定不是世界经济的中心。无论从经济分量看，还是从生产、技术和生产力看，或者从人均消费看，或者从比较'发达的''资本主义'机制的发展看，欧洲在结构上和在功能上都谈不上称霸。16世纪的葡萄牙、17世纪的尼德兰或18世纪的英国在世界经济中根本没有霸权可言……在所有这些方面，亚洲的经济比欧洲'发达'得多，而且中国的明—清帝国、印度的莫卧尔帝国，甚至波斯的萨菲帝国和土耳其奥斯曼帝国所具有的政治分量乃至军事分量，比欧洲任何部分和欧洲整体都要大得多。"他在其著作中根据其他学者的研究成果特别强调了为什么说"整个世界经济秩序当时名副其实地是以中国为中心的"，理由是"外国人，包括欧洲人，为了与中国人做生意不得不向中国人支付白银，这也确实表现为商业上的'纳贡'"；"'中国贸易'造成的经济和金融后果是，中国凭借着在丝绸、瓷器等方面无与匹敌的制造业和出口，与任何国家进行贸易都是顺差。因此，正如印度总是短缺白银，中国则是最重要的白银净进口国，用进口美洲白银来满足它的通货需求。美洲白银或者通过欧洲、西亚、印度、东南亚输入中国，或者用从阿卡普尔科出发的马尼拉大帆船直接运往中国"[1]。弗兰克的论点发表后引发了广泛争议，赞同者有之，反对者有之，争论的

[1] 安德烈・贡德・弗兰克：《白银资本——重视经济全球化中的东方》，刘北成等译，中央编译出版社，2000，第27、166、167、169页。

焦点是欧洲中心论还是中国中心论，但不论同意与否，都必须承认他说明了一个事实，即在西方崛起之前中国并不比西方落后，但之后的中国确与西方相比落后了，国内学者也发出过同样的感叹："随着新航路与新大陆的发现，人类历史上第一次实现了东半球与西半球'一体化'，第一次出现了'全球化'。在西方人的眼中，晚明时代的中国是当时世界上毋庸置疑的强国，葡萄牙、西班牙、荷兰等欧洲国家以及它们的殖民地，在与中国的贸易中始终处在逆差的地位，占世界产量三分之一甚至更多的白银流入了中国。无怪乎弗兰克要大声疾呼，1500—1800 年世界的经济中心不在欧洲而在中国。这样的辉煌，何以很快就销声匿迹了？仅此一点，就值得国人深入地探讨。"[1]

美国加州大学彭慕兰教授 2000 年发表了其专著《大分岔：欧洲、中国及现代世界的发展》，试图从世界不同国家和地区相互联系的角度来探究现代世界经济的起源及发展，也提出了韦伯已提出的问题：为什么工业革命会发生在西欧，西欧有什么独有的优势？围绕这一问题，彭慕兰主要从人口与生态的角度进行了比较研究。他认为中国和西欧之间的大分岔是在 1800 年以后出现的，在此之前，中国在人口、农业、手工业、收入及消费等方面与欧洲并无明显的差异。也就是说，18 世纪中国并不落后。[2] 彭慕兰选择的例证是英国和长江三角洲地区，前者是

---

[1] 樊树志：《晚明史（1573—1644）》下，复旦大学出版社，2015，第 1078—1079 页。

[2] 类似的讨论在西方还有许多，例如英国学者约翰·霍布森在其出版的《西方文明的东方起源》一书中言简意赅地反驳了欧洲中心论，以收集的欧洲和亚洲历史方面令人信服的证据表明，亚洲（中国）直到 19 世纪仍然和欧洲一样发达，所谓的使欧洲主宰世界的许多发明实际上是从亚洲（通常是由中国）扩散到欧洲的。

欧洲最发达的部分，后者是中国最先进的地区。这两个地区之所以到19世纪出现了大分岔另有原因。他认为18世纪欧洲和中国都遭遇了生态危机，为了减轻中心的生态压力，中心开始向边缘发展。但在解决生态危机问题上，中国与欧洲面临着很不相同的形势：中国由于边缘地区的发展，没有形成像西方那种中心与边缘的关系；英国则不然，除了煤矿的地理位置距工业区比较近、煤层埋藏比较浅易于开采以外，殖民地还提供了很多条件为英国本土节省了大量的土地，像棉花、木材、糖的供应等，这在很大程度上缓解了中心的生态压力，使英国不至于发生生态恐慌，最终使欧洲摆脱了一系列生态方面的制约，走上了工业化的道路。他提出如果没有美洲，英国很可能走上一条与中国江南地区经济发展相同的道路。正因为拥有殖民地和煤矿这两大支柱，英国才逐步发展起来，使西方和中国走上了两个完全不同的发展道路。

问题的探讨还可以从多个视角进行。这里试图从经济政策、产权安排和意识形态方面就中西方近代发展的分岔进行比较分析，核心观点是提出分岔的主要原因在于重农抑商的经济政策与中国没有能建立起一套行之有效的保护创新、调动人的积极性的法制体制和产权制度；西方能在16、17世纪完成近代资本主义的工业革命，走向工业资本主义社会最根本的原因就在其重商主义的经济政策和建立起了一套行之有效的法制体制与产权制度；儒教与基督教意识形态的不同也是一个重要的因素。

一、重农抑商经济政策对民间商业资本的压制

中华民族和文明起源于黄河流域，这一特殊的地理环境因素使古代先民从氏族社会解体进入文明社会首先面临一个棘手的治水问题。从《国语·鲁语》“鲧障洪水”“故有鲧城”的记载来看，中国古代城市的起源也与治水有关。治水和灌溉工程的实施需要一个强大集权的中央政府。这就决定了中国古代的君权必然具有威权的性质。马克思也认为东方专制体制的形成与治水与人工灌溉的需要有关。[1] 中国古代政教合一的形态对威权体制的发展也极为有利。中国古代政治的发展史，就是一部君主专制体制日臻发达完善的历史。先秦时期分封制和宗法制的解体导致郡县制的建立，完成了由多级君权向皇权独尊转变的第一步，秦汉以下的历代政府始终围绕着如何加强中央集权体制这一核心问题演变。皇权独尊和权力集中，是封建专制政体存在发展的规律性趋向。而且越往后发展，专制皇权就越要求政府形式的高度集权，从而使君权专制形态也日益发达完善。

哈耶克分析过为什么中国数千年的社会制度的延续过程中，封建社会制度长期停滞而不能自发走向现代社会，他认为中国的封建制度在很大程度上并没有多少发展进步，只是在封建专制制度层面上的自我复制，即不是演化式地前进，而是不断重

[1]“如在亚细亚各民族中起过非常重要作用的灌溉渠道，以及交通工具等等，就表现为更高的统一体，即高居于各小公社之上的专制政府的事业。”(《马克思恩格斯全集》第46卷上册，人民出版社，1979，第474页)

复式地内卷。他在《致命的自负》一书中分析指出，中华帝国政府强大的集权建制有效地压抑了自发社会制度的生发与扩展："……中华帝国，在一再出现的政府控制暂时受到削弱的'麻烦时期'，文明和精巧的工业技术获得了巨大进步。但是这些反叛或脱离常规的表现，无一例外地被国家的力量所窒息，因为它一心只想原封不动地维护传统秩序。"[1]在哈耶克看来，在中国历史上集权政府总是试图维系一种传统的秩序，使任何革新都变得十分困难和不可能。哈耶克的这一分析判断，从中古时期封建政府对民间商业资本的压制中即可得到印证。

在封建主义的时代，商人代表着一种新的力量。恩格斯认为，在决定传统的封建社会向新兴的资本主义社会过渡的历史导向中，起重要作用的不是自然经济而是商品经济的力量："商人对于以前一切都停滞不变、可以说由于世袭而停滞不变的社会来说，是一个革命的要素。""现在商人来到了这个世界，他应当是这个世界发生变革的起点。"[2]商贾特别是富商大贾拥有社会上较多的财富。在封建统治者看来，商贾的财富越多，国家掌握的财富就越少；商贾的势力越大，对封建王朝的威胁也就越大。如商鞅在《商君书·算地》中就提出，商贾之民"挟重资，归偏家（指权贵之家），尧舜之所难也"。因此，在封建专制的统治下，重农抑商便成了统治者长期以来实施的一项基本经济政策。重农抑商政策的实质，就是利用国家政权的强制力量来垄断经济命脉、钳制私营工商、聚敛社会财富。

---

[1] 哈耶克：《致命的自负》，冯克利等译，中国社会科学出版社，2000，第 32 页。
[2] 马克思：《资本论》第 3 卷，人民出版社，1975，第 1019 页。

重农思想自古有之，抑商思想则是先秦法家商鞅首先明确提出的。西汉时期，重农抑商作为一项基本国策被确定下来，并为历代封建统治者所延续。重农抑商思想反映在历代封建统治者所制订的一系列政策措施上。在重农方面，鼓励增加农业人口，尽可能把农民固定在土地上；奖励农业生产，减轻农民负担；兴修水利，治理河患，组织屯田垦荒；颁发农书，推广农业生产技术和农作物新品种；赈济灾荒；把增殖人口、垦殖田土作为考课地方官吏政绩的重要内容等。在抑商方面，法律上贬低私营工商尤其是商人的社会地位，造成轻视私营工商的社会舆论和道德观念。如商鞅变法时明确规定，从事商业或游闲怠惰而致贫者要收为官府奴隶。秦始皇时曾将贾人与逃亡者、赘婿、犯罪官吏等一起发配桂林、象郡、南海等西南边地。据《史记·平准书》记载，西汉初年对商贾的社会地位进行种种限制，规定"不得衣丝乘车"，"市井之子孙亦不得仕宦为吏"。据胡侍《真珠船》卷二载，明洪武年间，政府规定："农民之家许穿䌷纱绢布，商贾之家，止穿绢布。如农民家但有一人为商贾，亦不许穿䌷纱。"商贾的法律地位在农民之下，轻商、贱商根深蒂固的社会观念。虽然在宋和明中期后轻商、贱商观念有所松弛，但重商意识并没有成为社会上的主导观念。明清政权更替之际，重农抑商的经济政策仍占据主导地位。抑商政策具体表现为国家垄断某些重要的商品生产和经营，实行禁榷制度及"均输平准"，以官商抑私商。中国古代经济政策上占主导地位的是"工商食官"，即国家专营、专卖的政策。春秋以前，凡言工商者，皆为官府所为。之后，民间私人工商业渐兴。春秋战国时期，官工商业的基本政策已不是垄断经济生活中除农业外的所有工商事业，而多是从国家的立场出发，在王室自用的手工业生产外，垄断经营和控制一些重要的工商行业，此之谓“禁榷”。禁榷制度最先由先秦管仲创立，汉武帝时桑弘羊大力推行。从汉代开始，盐铁官营被作为一项基本的经济政策沿袭下来，桑弘羊又创立均输平准法。汉以后，禁榷制度为历代封建政府所奉行，禁榷范围不断扩大。如宋代盐铁之外，禁榷商品还有茶、酒、矾、香药、宝货等。均输平准法也常为一些政府的理财家所重视，如王安石变法时曾推行的“市易法”等，都与均输平准法有渊源关系。二是加重对商人的盘剥，如商鞅《商君书·垦令》主张“重关市之赋”，使商人“无裕利”。汉武帝时还采用算缗、告缗等手段，剥夺商人财产，政策规定商人等不论有无市籍都被课以重税。因财产申报不实而被“告缗”者为数众多，所受打击也极为惨重，据《史记·平准书》，这一政策的实施导致“商贾中家以上大率破”。汉以后采取强制手段剥夺商人财富的事还是时有发生，如唐肃宗时为了筹措军费，就曾对江淮蜀汉的豪商富户实行“率贷”式的掠夺[1]，唐德宗时亦有“借商”之举。

明建国后对重农抑商政策恪守不变。据《明太祖实录》卷一七五载，洪武十八年（1385 年）朱元璋诏谕户部，把商与农对立起来，“朕思足食在于禁末作，足衣食在于禁华靡”，重申了重农抑商的政策。从明至清，抑商政策并无大的改变。虽然明代中期以后在儒家内部出现了为商人辩护、为提升商人地位呐喊的

[1] 所谓“率贷”，就是对“豪商富户，皆籍其家资，所有财货畜产，或五分纳一，谓之率贷，所收巨万计”（《通典》卷十一）。

声音，主张“工商皆本”，但这只能说是封建主义坚冰之下出现的一股暖流，在当时影响有限。这些声音的主旨是在为商贾的“末业”地位鸣不平，在士商政策上并未有所突破。[1] 在这种氛围里，商贾尽管腰缠万贯、富埒王侯，还是自惭形秽。试想，天子的诏谕、朝廷的法典都如此贱商，这一政策实施的结果是商业资本无法像西欧那样发展成为社会主导力量。

明清时期对商人的盘剥也有所加剧。这些盘剥的名目繁多，主要有课税、捐输、助饷和无端勒索等。如清政府对商人所定的“正课”逐年增加，据《陶文毅公全集》卷一四载，清初“淮纲正课原只九十余万两，加以织造、铜斤等款，亦只一百八十余万两”，到乾隆年间“数倍于原额”，“已及四百余万”。也就是说，百年之内课税猛增了四五倍之多。嘉庆二十年(1815 年)“淮纲每年正杂内外支款，竟需八百余万之多”，比之乾隆年间的 400 余万又增加了一倍。这是明文规定的税款，至于各地官员私自加征者更是不知其数。捐输名义上是商人对朝廷心甘情愿的报效，实际上是官府对商人的又一盘剥。徽商捐输的先例始于明代。万历年间歙商吴养春一次向朝廷捐银 30 万两。入清后徽商捐输数目之巨，更是十分惊人。据嘉庆《两淮盐法志》统计，从康熙十年到嘉庆九年(1670—1804 年)的 100 多年中，两淮盐商前后捐输的银两有 3 930.219 6 万之巨，每次捐输多则数百万两，少则数万两。有的商人一时无法完纳认捐的款数，盐官就将该商的认捐款数转为欠官的帑银，照加利息，在每年征取课税时

[1] 即使激进的启蒙思想家何心隐也只是提出了“商贾大于农工，士大于商贾，圣贤大于士”(《何心隐集》卷三)的观点，认为商人还是居于士之下的。

一并追索。盐商的高额利润中很大一部分就这样源源不断地流进了封建王朝的府库。有相当多的盐商就是在连续的大笔捐输之后，因老本贴尽而濒于破产。助饷是指商人捐款以助朝廷军费的活动，名义上是商人自愿的捐款，实际上是政府对商人的又一种盘剥方式。倘若商人不能"急公好义"慷慨解囊，他们正常的商业活动往往就会遭到种种刁难，甚至被弄得倾家荡产。因而商人只有咬紧牙关，忍痛割舍巨资为封建政府"分忧解难"。据光绪《两淮盐法志》卷一四五载，乾隆三十八年(1733 年)因平定大小金川，两淮盐商一次就助饷银 400 万两。乾隆五十三年(1788 年)正月因用兵台湾，盐商又"情愿"捐银 200 万两以备犒赏之需。据嘉庆《两淮盐法志》卷四二载，自嘉庆四年(1799 年)三月至八年(1803 年)的正月不到 4 年的时间里，两淮盐商连续 6 次助饷，共计耗银 700 万两。如此巨额的助饷，必然影响商业资本的积累和发展。除了法定的重税重课和政府提倡的助饷等大笔捐输外，商人还要受各级官僚的无端勒索。他们视商人为"可啖之物，强索硬要，不厌不休"[1]，总想从商人身上榨取出更多的油水来。如康熙年间的淮商就有三项大笔"浮费"：一是"程仪"，现任或候补官员进京路过淮扬时不论其与淮商有无交往，都要索取一笔"程仪"；二是"规礼"，本地的文武大小衙门无论与盐务是否有关，都要向商人收取"规礼"；三是"别敬"，先是每年御史任满时照例向商人收取"别敬"钱，后来发展到无论地之远近或与商人是否有交情，只要是达官显贵，在任满时都要向

[1]《李煦奏折》。

商人索取“别敬”。这三项浮费每年都“盈千上万”。乾嘉以后政府吏治日益腐败，商人所受封建官府的勒索盘剥也日甚一日。官吏的种种无端勒索严重地影响了商人正常的经营活动，据《清仁宗实录》，嘉庆帝也不得不承认浮费太多，“于商力未免有亏”。这些史料充分说明封建官府的盘剥榨取对商业资本的摧残极为严重，使得商人连正常的商业活动都难以维持，更谈不上扩大经营规模了。

封建政府对商人的盘剥在历史上也激起过商人的反抗斗争。明清时期商人的抗争对象主要有以下两种类型：一是关津蠹吏，这些人不顾封建法制恣意盘剥过往商人，激起商人反抗。如《歙县济阳江氏族谱》卷九载，明末九江关蠹李光宇把持关务，对过往商人“多方勒索”，过往商人“莫敢谁何”。歙商江南能“毅然叩关，陈其积弊，奸蠹伏诛”，但也为此付出了沉重的代价，“公缘此案，费用不赀，家业亦复中落”，从此退出商场，销声匿迹。又据道光《徽州府志》卷十二《人物·义行》载，清康熙年间芜湖“榷关邓主事苛责诸商，多额外征，莫可谁何”。徽商吴宗圣奋然“入控登闻”，康熙下旨：“差官按实拿问。”吴宗圣也因赴京告状，“以劳瘁殁于京师”。二是矿监税使和当差恶棍。万历年间，神宗派遣大批矿监税使分赴各地，他们像饥狼饿虎般扑向商人和其他富户。其逞凶处大多是商品经济比较发达的地区。仅以南直隶而言，据《神庙留中奏疏汇要》刑部类卷四载，矿监税使所到之处，被敲诈者“多者万金，少者亦不下数千金”。许多商人“皆立见倾荡，多至丧身”。袁宏道在《答沈伯函》中形象地描述当时工商业者备受摧残的情况：“荆商之困极矣。弟犹记少年过沙市时，嚣尘如沸，诸大商巨贾，鲜衣怒马，来往平康间，金钱如丘，绨锦如苇；不数年中，居民耗损，市肆寂寥。”这自然引发了市民阶层和商人的群起反抗，形成了被史家称为明亡之征兆的万历民变[1]。万历民变实质上是市民阶层和商人联合反抗矿监税使和当差恶棍的政治斗争。

在重农抑商的经济政策下，传统的社会心理是把土地作为最主要的财富。在这种观念的影响下，明清时期人们对土地的追求也就显得比任何时候都更为强烈。根深蒂固的传统价值观念以及当时“市井富室，易兴易败”的社会现实，使得商人对土地产生了特殊的兴趣。明清时期，一方面由于商品经济的发展商业利润率高，经商容易致富，另一方面也由于流通领域里竞争激烈，加上统治者对商人盘剥的加剧，商人极易破产，因此为长保富贵，“以末致财，用本守之”就成了商人普遍遵循的准则。此外，商人用利润大量购置土地，可以成为乡绅仕宦而取得政治特权。商人自然多乐为之。

重农经济政策下，明清时期土地能带来丰厚的利益，是导致商人利润流向土地的重要原因。

中国封建社会的地租率一直很高，秦汉时期《汉书·食货志》就有“耕豪民之田，见税什五”的记载。明清时期，地租率不仅没有降低，还有进一步上升的趋势。从当时通行的分租制和额租制的考察看，地租率一般占有产量的 50%，有的甚至高达

[1] 清代史学家赵翼有言：“大珰小监，纵横绎骚，吸髓饮血，天下咸被害矣……所至肆虐，民不聊生，随地激变。迨帝崩，始用遗诏罢之，而毒痡已遍天下矣。论者谓明之亡不亡于崇祯，而亡于万历云。”(《廿二史札记》卷三五《万历中矿税之害》)

70%—80%。[1] 以上的地租率仅是指正式租约规定的正额地租，佃户在承租土地时必须交纳的“揽田”费及“预租”还不包括在内。如果包括在内，地租率必定超过上述数字。此外，明清时期农业生产在前代的基础上有了较大的发展，农作物的单位面积有了明显提高。[2] 农作物单位面积产量的提高导致了租额的提高，从而使土地拥有者的地租收入比前代大为增加。高额地租以及农作物单产量的提高，就使得谁拥有更多的土地，就可以得到一笔数量相当大而又非常稳定的地租收入。而且这笔地租的收入价格又是日益上涨的。拥有土地不仅可以获得高额地租收入免于无米之忧，还可以高价出售获取暴利。正是这一原因，使得明清时期虽然商业资本的增殖异常迅速，但商业资本在获得大量商业利润后，不是像西方那样投资于产业部门去寻找出路，完成资本主义的原始积累，而是采用了一种“以末致财，用本守之”的策略，流向了追求和购买土地。这也就决定了明清的商业资本不可能像16、17世纪的西欧商人那样成为一种“革命的因素”，而只能成为封建制度的附庸。

古代中国商品经济的发展和繁荣不亚于西方社会。与西方中世纪早期阶段同期，古代正处于唐宋，商品经济的繁荣程度远超西方。但是，这种繁荣没能导致中国传统社会完成内在的自

---

[1] 参见黄启臣：《试论明清时期商业资本流向土地的问题》，《中山大学学报》1983年第1期。黄文对明清时期商业资本流向土地的大量事例有所统计。

[2] 据蒙文通先生研究，我国历史上单位面积产量的提高分四个阶段：战国及两汉是第一阶段，魏晋南北朝是第二个阶段，唐宋是第三个阶段，明清是第四个阶段。通过亩制和度量衡的折算，第二阶段只比第一阶段增产20%，唐宋比汉朝增产100%，而明清又在唐宋的基础上增加了50%。（蒙文通：《中国历代农产量的扩大和赋役制度及学术思想的演变》，《四川大学学报》1957年第2期）

我革命，过渡到更高一级的社会形态，究其原因，封建政治与“重农抑商”的经济政策思想无疑是一个重要因素。

反观西方，这一时期思想家们关心和讨论社会经济问题的视角和立场与古代中国有很大的不同。这种不同就表现在西方的经济思想从一开始就具有以私人经济为本位、以私人家政为核心而不是以国家经济为本位、以国家财政为核心的特点。[1]他们重视农业生产，但目的不是为国家提供和开辟税源，而是如何提高私人经济的“家政管理”水平，增加庄园的收入。他们关注工商业问题，也有鄙视商业资本的倾向，但没有形成如中国重农抑商那样的政策和法规，更没有像古代中国那样建立起强有力的“工商食官”的工商业体系。在整个古希腊、罗马时期，私人工商业无论是在国内还是国际贸易中都占有重要的主导地位。从中世纪到封建社会的晚期，西方社会中的私人工商业力量先是在世俗与教会的缝隙中，继而又在封建国家的保护、扶持下迅速发展起来。西方中世纪，除了教会有一些高利贷的禁令外，没有形成统一的、强有力的抑制私人工商业的经济政策，也没有形成强有力的、能垄断国计民生的官营经济事业，甚至连国家的财政赋税征收都可以由私人工商业者承包。到了封建社会晚期，在政府重商政策的保护下，私人工商业获得了很大的发展。如在16、17世纪，英国都铎王朝推行重商主义政策，保护和奖励工商业、航海业对外贸易，英国商人建立起了许多享受贸易特权的海外贸易公司。法国波旁王朝在路易十四时期，采纳柯尔培尔

[1] 马涛、李卫：《中西方传统经济思想特点的比较》，《学术月刊》2019年第2期。

的重商主义政策，扶植国内手工业，积极开拓对外贸易，不仅使商业资本得到很大发展，也促进了商业资本向产业资本的转化。这一重商政策的结果是刺激了社会经济的增长，促进了资本的原始积累和资本主义生产方式的孕育和成长，最终导致了封建制度的解体。

重商政策和资本主义能在西欧兴起，也得益于欧洲的政治法律体制。在 17 世纪末和 18 世纪初的英国，出现了强大的议会、独特的习惯法以及对多元宗教和信仰自由的宽容，产生了一个与众不同的国家。欧洲与中国之间一个非常明显的差别在于欧洲没有一个大规模的帝国，尤其是在 1500—1800 年这一时期。尽管欧洲各国的君主都试图建立自己在欧洲的权威，但英国、法国、德国和西班牙这些西欧的主要国家从来没有被同一个君主全部控制过。而在中国这一时期正是中央集权统治的全盛时期。从古希腊城邦到中世纪文艺复兴时期的意大利城邦再到前工业时代的欧洲，经验证明，多元竞争的国家体系使得西欧更富有创新性。在中国，国家法律来自统治者的法令，其设计是为了约束国民和国民之间的关系，这种法律既不赋予国民权利，也不对君主施加限制。而在欧洲，法律的概念则完全不同，原因在于欧洲的法律来自罗马法，罗马法起源于对罗马公民负责的元老院所通过的一些法令。由于这些法令是由“罗马元老院与人民”所颁布的，因此不会放任君主的权利，而是适用于全体人民，对各个群体、公民个人和国家、政府赋予明确的权利。虽然在罗马帝国时代，欧洲走向了君主专制，但法律、领土的瓜分、国内中央领主（王室）与地方领主的权力分配缓和了专制的程度。分裂导致竞争，竞争则使君主关心臣民，如果对臣民不友好，臣民就可能迁移他国。欧洲的地方城市与中国也不同，具有半自治的特点，即“商人治、商人有、商人享”，随着15世纪罗马帝国的灭亡和教会成功地建立了自己的教会法体系，欧洲各国的法律也开始重新恢复到罗马法的框架之下。政府和国民同样受法律约束的原则和对法人权保护的思想逐渐传播开来，到17世纪时大量市镇、大学、行会和专业社团都申请得到了法人地位。西欧的统治者和力图有所作为的领主为寻求增加税收也不得不利用参政权、自由权和特权吸引参与者。他们必须说服人民参加纳税人的行列，这中间就暗含权利和契约意识——谈判和请愿的权利以及自由与经济活动安全的保证。英国议会、法国法院、西班牙的市议会和其他专业团体也都谨慎地维护着自己的法人地位，从国王那里索要相应权利和一定数量税收和债务的豁免。在整个欧洲只有英国没有推行罗马法体系，而是加强了传统的普通法的作用，普通法的特点是由有学养的法官传下来的过去案件的判例结果所构成，以此作为当下案件审理的指导。普通法不是一整套系统的法律规则，也不关注统治者或臣民的责任问题，更多的是对过去法律智慧的总结，把历代有经验的法官判决搜集起来，坚持诉讼程序中所有各方包括政府乃至国王本人都必须适用于相同的法律、相同的诉讼证明标准和相同的公正原则，以寻求在法律程序中实现公平公正的原则，并建立了陪审团制度。这对于塑造和保护个体自由发挥了异常重要的作用。中世纪时期英国贵族和国王之间的不断斗争导致了《大宪章》等法律文件的订立，规定除非符合议会通过的法律，国王不得随意征税、杀人和没收自由人的财产。18 世纪的英国拥有着一直保持独立的普通法、活跃的议会、由法律保护的不同的宗教信仰以及多种不同类型的官方宗教。正是这些与中国不同的罗马法和普通法系，在此后导致了英国与西欧的崛起。

二、产权安排与商业资本的离析

对于产权较为有代表性的定义是："产权不是指人与物之间的关系，而是指由物的存在及关于它们的使用所引起的人们之间相互认可的行为关系。产权安排确定了每个人相应于物时的行为规范，每个人都必须遵守他与其他人之间的相互关系，或承担不遵守这种关系的成本……它是一系列用来确定每个人相对于稀缺资源使用时的地位的经济和社会关系。"[1]产权首先试图确定在经济活动中人与人、人与其他组织、组织与组织之间的一种行为规范，从而确定了他们之间被社会认可的一种关系，这种关系是依托于对物的运用的权限（权力与责任）而存在的。确立产权的功能在于它能为经济行为提供一个约束，以明确行为人的行为边界，明确行为人的权力和责任，明确行为人的收益和成本。用登姆塞茨的话说，就是："产权是一种社会工具，其重要性就在于事实上它们能帮助一个人形成他与其他人进行交易时的合理预期。""产权的一个主要功能是导引人们实现将外部性

---

[1] E. G. 菲吕博腾、S. 配杰威齐：《产权与经济理论：近期文献的一个综述》，《财产权利与制度变迁》，上海三联书店，1994，第 204 页。

较大地内在化的激励。”[1]也就是说，产权的主要功能是可以影响和约束个人和企业的经济行为，以取得总成本不断下降和经济效率不断提高的结果。除此之外，产权还提供了一个预期成本和收益的计算基础。经济学研究和经济活动的目的是提高经济效率和效益。在这方面，一个基本的分析和计算就是进行成本与收益比较。但在这种比较中，一个前提就是成本的确定：成本不确定，也就无法确定收益。而产权的确定实质上就是确定成本、确定责任。产权确定了什么成本是必须自己承担的，什么成本是可以推托的，如推托的话是要付出怎样的“违规”成本。所以，产权的确定就是成本的确定，这是产权制度的最主要功能之一。产权安排要考虑到成本要素，产权安排的合理性就在于产权安排的成本小于产权所能产生的收益。总之，产权安排着眼于资源节约和有效配置，目的在于提高效率。缺乏好的产权安排的社会，其经济运作总的倾向是成本上升和效率下降。中国明清商业资本的遭遇就证明了这一点。好的产权还提供了一个重要的退出机制。资源的有效利用和配置是一个动态的过程，是资源不断重组的过程。在产权清晰的条件下，产权所赋予的在经济活动中的自主权利使资源不断地从不经济的组合中退出而寻找更经济的新的组合。这种退出和重组的权利是保障社会经济高效率的一个重要约束。这对已有的经济组织是一个威胁和促进，对新组织的产生又提供了最重要的基本机制。中世

[1] H. 登姆塞茨：《关于产权的理论》，《财产权利与制度变迁》，上海三联书店，1994，第97—98页。

纪之后，中国之所以落后于西方，关键就在于没有能建立起有效的、刺激人们创新的并能把风险降低到最低限度的产权制度体系。加之中国自夏商周以来，就是一个“工商食官”占主导地位的经济社会，压抑了富有创新活力的民间资本。

封建时代的中国管理政权和控制经济活动是以国家经济和财政收益为核心的。在这一“国家本位”的经济政策中，封建统治者对财产的控制，有基于财产所有权和政治统治权而形成的对国有财产的直接控制，也有基于对财产私有者的政治管辖权而产生的对私有财产的间接控制。这后一种管理和控制，使得中国封建社会的私有财产只能成为一种不完全的“私有”。“溥天之下，莫非王土”[1]就是这一所有权最终所属的最好说明。自秦始皇开始，这种所有观念又具体化为《史记・始皇本纪》所说的“六合之内，皇帝之土”。从封建统治者的角度来看，私人财产也是间接的国家财产，相关的法令条文也都是在这种观念的基础上制订出的。正是这样的产权制度安排，使得封建政府常常可以借助于专制集权的威力借故变相地籍没百姓私产，这种变相籍没往往不是针对个别民户，而是轻及一地，重者殃及全国。如西汉武帝时期的告缗令，就是借故大规模地籍没私产的事件。西汉末年王莽改制称天下田为“王田”，就是宣布全部土地的所有权归国家所有。北宋末年宦官杨戬、李彦主持的“西城括田所”，也以种种借口将民田收归官有，追令农民当自己原有土地上的佃户，向官府缴租。明代也发生过这种籍没私产的事

[1]《诗经・小雅・北山》。

件。据崇祯《松江府志》卷八《田赋》载，朱元璋为报复江浙民众对张士诚割据势力的支持，曾大规模“籍没土豪虐民得罪者，此之谓官田”，实际上是对民间私产进行剥夺。结果导致松江府地区如顾炎武《日知录·苏松二府田赋之重》中所说的“一府之地土无虑皆官田，而民田不过十五分之一也”的状况，等于把这一带的民田大都籍没入官，变成国家的官田，然后再令原来的田主耕种和经营，但要按私田出租之例向官府纳粮，有时一亩征纳三石，导致明初著名的江南重税现象。除江南之外，明代还在全国各地特别是北方广设皇庄，名义上是拓占荒闲无主之田，实际上是抢夺民田私产，凭借的就是皇帝的专制权威。在这样的产权制度下，商人私产得不到保障，不利于民间资本的积累和商品经济的发展。

中国古代财产继承权的安排也是产权制度中的一个重要的方面。这一制度安排也导致民间商业资本离析，明清商人资本未能进一步发展壮大。

财产继承是财产所有权转移的正常方式之一，在中国古代它直接受着宗法制度的影响，受封建统治者的保护和提倡。宗法制度是氏族血缘关系进入阶级社会以后的延续，是社会化、政治化了的血缘关系。宗法制度的主要内容是以家长为核心，以血缘关系为纽带来笼络、控制同姓同族的人。原始的血缘情感是自然的人类之爱，以“礼”为基础；进入阶级社会以后，带进了政治的“法”的因素，宗法制度成了礼与法并存的制度。不论同宗同姓的人是否真心拥戴宗法制的规则，都必须无条件服从其约束，否则既是悖礼，也是违法。尽管宗法制度主要在个体家庭和同姓家族起作用，但它也是社会化了的制度，与社会的政治与经济制度连成了一体。财产的继承制度就是以血缘关系为轴心和纽带的财产转移（世袭）制度。与财产的买卖和租赁不同，它不需经过市场或其他经济交易的手段。中国古代的财产继承制度是诸子平均析产，不分长幼，每个同辈男子都有权得到一个平均数。如《大明令》明确规定："其分析家财田产，不问妻妾婢生，止依子数均分。"析产的通常程序，是父母在时由父母或父母的兄弟共同商议，决定分家后再请本族长辈主持，将田宅等应分之物拉列清单，按均平原则分成与兄弟数相同的若干份：如可商议各取一份，最为理想；如商议不成，则采用"抓阄"法（古代称之为"探筹""拈阄"）。为防日后有悔，分定之后当面立下契约。

以诸子平均析产为主干的传统家产继承方式在中国通行了两千多年，其影响已超出了小家庭的院落，影响到了中国社会历史的"内卷式"进程。具体地说，在诸子平均析产的制度下，个体小家庭商人的财产资本呈现着"分散—积累—再分散"的周期性循环过程，在这种循环过程中很难完成资本的积累。以清初休宁商人汪正科为例，他在景德镇经商 30 年，从小本起家的"拮据经营"开始，发展成一个"中贾"。凭汪正科的经商能力和他 30 年所获得的商业资本，如能继续扩大商业规模，或按所经营的丝帛生意把一部分资本投向丝织业生产，则其资本的发展前景是无量的，用不了数年应能成为一个"上贾"。从他活动的时间条件和徽州、江南地区的条件看，这是有可能的。但传统的析产制度使他通过立阄分产，将集中的财产转向分散，"阄定"给了三个儿子，从而无法进一步积累资本。汪正科的家产分有两个部分，一是现存的银两和借出银两，二是房产、田地、山塘。这些不动产也多是由其商业资本转化来的。这说明汪正科的商业资本的出路先是不断地分散于“所置产业”，然后再与手中的银两一并分给儿孙，结果使自己多年经营取得的商业资本最终离析分散。[1] 汪正科的案例很有代表性，说明了明清时期商人在经历了艰难创业积累资本后，又因诸子均分家产而离析，最终又回到了土地。这种制度安排不利于商业资本的积聚和商品经济的发展，也使得民间难以完成大规模的商业资本积累，民间流传的“富贵无三辈”之说也形象地印证了这一点。

与中国古代不同，早在公元前 8—6 世纪，雅典就出现了非国有的民营经济，德拉古成文法和梭伦改革的主要目的就是维持民间私有制度。到马其顿国王统治希腊各城邦时期，私有财产不可侵犯已成为基本律令。中世纪是一个过渡的时代，是古典遗产、日耳曼部落法律和习俗以及犹太教-基督教传统的混合物，它们都支持私有产权制度。对于产权制度对中西方中世纪后分途发展的重要影响，国外汉学家兰德斯指出：“为什么在繁荣和扩张的时代，中国的经济中缺乏技术进步呢？历史学家认为对西北欧工业革命起到重要推动作用的因素，几乎都在中国出现过，甚至社会阶级关系的革命至少在农村出现过，但它对生产技术并无重要影响……蒸汽机的发明并不容易，但对在宋朝就发明出利用活塞的‘二踢响’的中国来说，这并非不可逾越的困难。关键问题在于，中国没有人进行尝试。”他认为中国的技术未能取

---

[1] 有关汪正科的资料见张海鹏、王廷元：《徽商研究》第十章《徽商个案研究·“汪氏阄书”研究》，安徽人民出版社，1995，第 561—563 页。

得发展是极权主义控制造成的后果之一，缺乏保护自由市场的产权制度是一个重要的因素："中国人的聪明才智给人类作出过那么多的贡献——丝绸、茶叶、陶瓷、造纸、印刷等等。倘若没有那令人窒息的国家控制，这样的聪明才智无疑会使中国更富裕，也许早已使它迈进到现代工业的门槛。正是国家控制扼杀了中国的技术进步。这不仅表现在凡是违背或似乎违背国家当局利益的事物均被扼杀于萌芽状态之中，而且也表现在一切以国家利益为重的观念所牢牢树立的习俗。墨守成规，因循守旧，对任何创新都表示怀疑，任何非奉命提出和预先经过批准的倡议都不会被接受，这种抱残守缺的氛围不利于自由探索的精神。"[1]

中世纪的西欧为了维持庄园财产的完整性实行的长子继承制度也是影响西欧走向不同于中国发展道路的重要因素。1937年梁漱溟先生就指出："西洋为什么能由封建制度过渡到资本主义制度呢？即是因为长子继承制之故——因为长子继承制，所以在封建制度中已为他造成一个集中的力量，容易扩大再生产。考之英国社会转变，可资佐证。那末，中国之所以始终不能成功工业社会，未始不是由遗产均分的缘故。"[2]较梁漱溟更早，日本学者稻叶君山也将中国的诸子平均析产方式与日本的长子（家督）继承制做了对比，得出过相同的结论。[3]

---

[1] 戴维·S. 兰德斯：《国富国穷》，门洪华、安增才、董素华等译，新华出版社，2001，第72—73、74页。

[2] 梁漱溟：《乡村建设理论》，《梁漱溟全集》第2卷，山东人民出版社，1990，第171页。

[3] 稻叶君山：《中国社会文化的特质》第十节，《东方文库》第32种，商务印书馆，1923。

西方新制度经济学从产权安排的角度解释了西方的兴起。产权理论是新制度经济学研究经济史的一块基石。他们把产权视为经济体制中一种激励个人或集团行为的最基本的制度安排，特别强调产权的功能及其变迁过程与经济增长之间的密切关系。大多数学者认为技术变革是西方兴起的主要原因。诺思和托马斯则通过对公元900—1700年间西方经济史的考察得出了一个完全不同的结论：他们认为产业革命不是经济增长的原因，它不过是经济增长现象的一种表现形式。经济增长的起源可以远远追溯到前几个世纪所有权结构的缓慢确立过程，该结构为更好地分配社会财富的社会活动创造了条件。早在产业革命之前一个世纪，"经济增长"这一现象不是在当时较为发达的法国和西班牙产生，而是在英国和资源相当贫乏的小国荷兰出现。这是因为在16世纪荷兰率先建立了资本市场组织而降低交易费用，从而大大地促进了贸易的发展，并成为当时最大的贸易中心。荷兰的农业发展归功于土地私有制、劳动力自由流动和市场发育等制度创新。到了18世纪，英国之所以能够取代荷兰成为欧洲经济的中心，也是因为英国较早地仿效了荷兰的制度，并在此基础上进行了一系列的制度创新活动。如在17世纪中叶产生了鼓励创新的第一部专利法，土地使用法的通过又消除了封建残余的束缚，股份公司取代了古老的管制公司，保险公司、证券公司和中央银行等金融制度的创新大大降低了市场交易的成本，这一系列的制度创新为英国的经济增长和兴起设立了一个高效率的制度框架。与此相反，法国和西班牙从一开始就没有为经济增长提供高效的产权安排和节省市场交易成本的制度安排，所以错过了经济增长的良机。总之，“有效率的经济组织是经济增长的关键；一个有效率的经济组织在西欧的发展正是西方兴起的原因所在。”[1]这是因为有效率的组织确立了好的产权制度，“私有产权制度的强化很大程度上在于限制政府的权力”[2]，把个人的经济努力不断引向创造财富的生产活动。在诺思看来，产权不是万能的，但任何国家的人们在从事经济活动和技术创新时都离不开有效的产权制度的保护。不同的财产继承权安排也是广义产权制度的一个重要方面。我国古代社会商业资本发展缓慢，没有能衍生出西方式的工业资本主义，产权制度的缺失和均产制的继承制度都是重要因素。

三、意识形态的影响

新制度经济学十分强调以价值观念为核心的意识形态对经济发展的重要作用，并将意识形态视为制度的一个基本组成要素。他们界定意识形态是一个社会中占据统治地位的一套思想信念，它不仅可以提供给人们一种价值观念、伦理规范和风俗习性，还可以在形式上构成某种正式制度安排的“先验”模式。他们具体分析意识形态的制度性和经济功能，认为好的意识形态是个人与其环境达成“协议”的一种节约费用的工具，它以世界观的形式出现从而能简化决策的过程，能有效地降低社会运行

[1] 道格拉斯·诺思、罗伯特·托马斯：《西方世界的兴起》，厉以平、蔡磊译，华夏出版社，1999，第5页。

[2] 道格拉斯·C.诺思：《经济史中的结构与变迁》，陈郁、罗华平等译，上海三联书店、上海人民出版社，1991，第212页。

的费用。同时，好的意识形态还可以有效地克服“搭便车”问题，减少执行法律和法院的费用以及实施其他制度的费用。因此，任何政府都要通过向意识形态教育投资来对个人意识形态资本积累进行补贴。但意识形态的刚性又可能阻碍社会经济的改革与发展。中国历代封建统治者不遗余力在意识形态方面的强化和投资，都可以视作为了自身利益的最大化而形成的意识形态刚性现象。中国现代的改革每前进一步，也都要首先进行意识形态方面“解放思想”式的调整，也印证了意识形态对经济发展具有重要的作用。对于有的民族和国家来讲，意识形态可能会取得统治地位或以“指导思想”的形式构成正式制度安排的“理论基础”和最高原则。意识形态将影响到一个国家或民族的经济发展和历史变迁。中国中古时期之所以没有能像西欧那样发生工业革命，与意识形态的影响有着一定的关系。

中古中国居于意识形态地位的是儒家价值观念，反映了以血缘家族关系为核心的家族伦理规范。明清商人接受儒家价值观念的影响，形成了一种“贾而好儒”的儒贾观。如明清时期的徽商在儒家伦理价值观的熏陶下，十分强调尊祖、敬宗、睦族的宗法观念。在这一价值观念的影响下形成了徽商“重宗义，讲世好”以及族人间“相亲相爱，尚如一家”的社会风尚。在这种社会风尚中成长起来的徽商具有一种强烈的宗族归属感，把自己的命运与宗族的命运紧紧地联系在一起，并将强宗固族看成自己应尽的职责和义务，渴望在宗族中获得地位和尊重。经商致富后，他们大都十分自觉地将一部分商业利润用于宗族事务的消费。如据祁门金焕荣《京兆金氏族谱·先祖金斋公传略》载，明嘉靖年间徽商金德清经商 10 年，积累万金，一回家便捐重金建宗祠，万金的资本一时差不多耗去了十分之一。又据《鲍氏著存堂宗祠谱》，歙县鲍概等 8 位商人“慨捐己资，共成巨万，建立宗祠，并输族产”。类似的资料在徽州方志、谱牒中俯拾可得。徽商为购置族田祠产耗费巨额资金的现象更是极为普遍。

与宗法制度紧密相连的是商人的崇儒风气。读书、应试、做官，仍是商人心目中的“第一等事业”，是光宗耀祖、光大门楣的头等大事。在这种价值观念的引导下，中国古代的宗族（尤其是明清时期的徽州地区）都十分重视家族子弟的培养，把设学堂、培养宗族子弟作为族规、家训，书之于宗谱之中，张贴于祠堂之内。在这种崇儒社会风气的影响下，形成了商人“非儒术无以亢吾宗”“非诗书不能显亲”的心理特征，使他们在经商致富后大多热衷于建学堂、请名师，为子弟业儒入仕创造条件。为此，商人每年仅资助书院这一“义举”就消耗了大量的商业利润。

受儒家“父母在不远游”的乡土观念和富贵不忘族人的宗法观念的影响，许多商人在经商致富后都捐资购置宗族土地——族田，也导致了商人资本的流失。族田（包括义田、祭田、祠田、墓地等名目）作为宗族的公共财产，不得转让和买卖。因之，经过历代积累，明清时期如徽州地区的族田数量已十分庞大。有人做过统计，到解放后的 1950 年，族田在徽州地区的有些村中已高达全部土地的 75%；撇开最高的情况不说，一般村中的族田也都占到总耕地面积的 14%左右。[1] 徽州地区宗族土地如

[1] 参见叶显恩：《明清徽州农村社会与佃仆制》，安徽人民出版社，1983，第 53—54 页。

此庞大，商人投资购置是其主要来源。明清时期，商人经营致富后投资购置族田几十亩，乃至几百亩，十分慷慨，毫不吝惜。受崇儒心理的影响，许多徽商尤其是弃儒服贾的徽商，在囊橐充实之后不惜钱财建园林别墅，招徕各地文人学士，于其中结社吟诗，俨然一派儒者之气。同时，与这一时期社会上追求侈靡消费之风相应，商人们在园林宅第、雕梁画栋方面也追求奇巧，同时蓄婢纳妾，锦衣玉食，极欲穷奢。

大量购置族田和奢侈性消费耗去了大量的商人资本，严重影响了明清时期商业资本的积累和发展。嘉庆《黟县志・晴公孙公志甫墓志铭》载，黟县商人孙志甫为满足奢侈性消费的需要，“混迹鱼盐中，三致千金”，“随手挥尽”。婺源《三田李氏统宗谱》载，婺源商人李贤为了使“吴士大夫咸愿与之游”，“一日而挥千金无吝容”。大量购置族田和种种奢侈性的消费行为也耗去了大量的商人资本，影响了商人资本的积累，不仅使商人本身的经营难于扩大，更谈不上商人将资本投向产业的方向去发展。

反观西方，德国学者马克斯・韦伯在其名著《新教伦理与资本主义精神》中论证了基督教的新教伦理成了引发西欧社会经济变革的精神动力。他认为西方在宗教改革以后所形成的新教，对于西方近代资本主义的发展起了重大的促进作用。新教伦理不仅和资本主义精神有一种内在的亲和力，而且是导致理性资本主义制度形成的一个活跃的、决定性的力量。韦伯分析提出，在加尔文新教的教义中有两个最重要的概念，即职业（使命）和禁欲（苦行）。韦伯解释“职业”一词说：在任何情况下，完成世俗的职责，都是为了顺应上帝；因此，任何一种允许的职业在上帝面前都完全一样。这就把“职业”(使命)彻底转向世俗的意义,从而远离了天主教把“拯救灵魂”作为人的最高使命的教义,而把世俗的生活作为自己的职责。韦伯认为新教徒的禁欲生活是宗教改革后的产物。在此以前,天主教徒中也曾有一些人过着一种非常严格的生活,但加尔文教徒更是把禁欲生活发展为整个教派的信条。加尔文教徒还信仰“神恩选择”说。在加尔文教中,对教徒而言永久的救赎是人生最重要的事。因此,对一个教徒来说最重要的问题就是如何才能避免遭到上帝的惩罚,争取获救,并确定自己是否已被上帝拣选为选民?也就是说,用什么来识别救恩的确证?答案是“用一种足以增加上帝荣耀的基督徒行为”,这种行为可以从上帝的意志知道,而上帝的意志“直接透过圣经,或间接透过他所创造之世界的和目的的秩序(即自然法)显示出来”。因此,基督徒现世的生活,就是根据上帝的戒律无休止地进行劳作和有条理地进行俗世的活动。这种建立在“天职”基础上的合理的经济行为,导致了物质财富的大量积累,为现代资本主义的产生创造了必要的物质条件。此外,加尔文教徒的天职概念,还造就了一种与众不同的“劳动精神”。韦伯指出,传统型工人的劳作只限于为挣到“习惯工资”所必需的长度。而信奉加尔文教的工人由于渴望被救,把劳动视为一种天职,为雇主的利益倾出自己的全力,来确立受到神宠的证据。新教伦理为雇主提供了清醒、谨慎而且特别勤勉的工人,为资本主义生产提供了一支充满这种精神力量的劳动大军。加尔文教的禁欲观的教条不允许它的教徒消耗财富,又不允许让财富呆滞不用,结果教徒只能排斥肉体享受,把已经获得的财富尽用于投资，“禁欲主义的节俭必然要导致资本的积累。强加在财富消费上的种种限制使资本用于生产性投资成为可能，从而也就自然而然地增加了财富”[1]。

新教伦理导致了资本主义精神的发生和发展，具体就表现为一是追求财富与金钱的活动本身就是目的，而不是为达到其他目的的手段，也不是一种罪恶，相应地，无止境地追求利润的活动逐渐被认可；二是勤奋的努力工作被认为是一种美德和一种道德义务；三是强调纪律与控制，“资本主义无法利用那些信奉无纪律的自由自在的信条的人的劳动”；四是理性的劳动组织方式，“精确的核算与筹划（这是其他一切事情的基础）只是在自由自在劳动的基础上才是可能的”[2]。就是这一新教伦理使资本主义的制度与精神达到了高度的结合，从而导致现代理性资本主义的产生。

在《儒教与道教》一书中，韦伯还以《新教伦理与资本主义精神》所提供的资本主义的“理想型”为参照系，探讨中国之所以没有能成功地发展出像西方那样的理性的资本主义的问题，他认为主要原因在于古代中国缺乏一种像新教伦理那样特殊的宗教伦理作为动力。韦伯认为在中国不乏有利于资本主义产生的因素，因此物质上的因素并不是中国没有发展出资本主义的决定性因素。在中国传统的社会中占主导地位的意识形态是儒家。儒家所代表的价值体系是一种入世的道德伦理。儒教的核心教

[1] 马克斯·韦伯：《新教伦理与资本主义精神》，于晓、陈维纲等译，三联书店，1987，第135页。

[2] 同上书，第40、12页。

义是“理”，是隐藏在宇宙和人类社会背后的一个和谐、寂静与均衡的不变法则。“理”要求人们对自己与永恒的宇宙和社会法则作理性的协调，要求人们将此世当作“既有之物”而加以接受。与儒教这种适应“理”——永恒的、超越的世界秩序——的伦理恰好相反，清教主张在神的旨令下拒斥俗世，并力图改变它。用韦伯的话来说，就是“儒家的理性主义去理性地适应于此世；清教的理性主义是去理性地支配这个世界”。为了能理性地适应这个世界，儒教主张通过传统的经典教育造就完美的“中正平和的人格”。儒教认为，中庸之道乃是宇宙和社会的不变的法则，这一法则的主旨就是必须以小心谨慎的自我修养来减低人与社会之间的紧张性，抑制由狂欢、极喜的活动所引发的非理性情感，这样便可以达到长寿、健康、财富以及流芳百世的目的。而清教则认为，为了能理性地支配这个世界，应该通过各种专门化的职业教育，培养出职业上能理性地支配这个世界的“职业人类”。像儒教那种按“君子理想”——学而优则仕、嫌恶经济事物、言谈之间具有引用古典经文能力、不断地自我节制以适应环境，鄙视黩武思想等所培养出来的人，是适应不了理性资本主义的各种要求的。儒教强调“五伦”即君臣、父子、兄弟、夫妇与朋友之间的伦理关系，在这些关系中，“孝敬”是最重要的伦理规范和义务。韦伯认为，由“五伦”所衍生出来的家族伦理，在家产制政权下，不仅严重地阻碍了中国资本主义的发展，而且助长了血缘的维系和发展。例如，农村中的血缘组织(氏族)，借助于孝道和祖先崇拜这根精神支柱，把其成员的行动牢牢地限制在血缘与私人关系的小圈子里，而且助长了血缘关系的维系和发展。

这种以孝道为核心的家族伦理，不仅支配了农村的人际关系，而且扩展到支配整个中国社会的人际关系。在这种家族伦理的支配下，所有共同体行为都被系于"人"，而不是系于功能性的职务——"事业"上。因此"现代大企业所独具的'劳动纪律'与自由市场的劳工淘汰，以及任何西方式的理性管理，在中国便受到阻碍。对有文化修养的官员而言，最强而有力的对抗势力便是无学识的老人。无论官员通过了几级的考试，在氏族传统固有的事务上，他必须无条件地服从全然未受教育的氏族长老的处置。"[1]这种"人"缺乏一种抽象的、超个人目的取向的团体性格。而西方在清教伦理支配下产生出来的"公司"是一种非个人化的、理性的经济经营共同体，在这里，一切个人的、血缘性的关系皆消融为"纯粹的事业关系"，也只有在这样的关系下，才能发展出所有者与经营者分离的企业体来。

韦伯还认为，现代的资本投资需要有理性的以及可估量的法律与司法程序来运作，但在传统的中国社会里，皇帝所颁布的行政令谕并不是法律的规范，而毋宁是法典化的伦理规范。所以，"在中国，缺乏资本主义'经营'的法律形式与社会学基础"[2]。"以伦理为取向的家产制，无论是在中国还是在其他各地，所寻求的总是实际的公道，而不是形式法律。""因为投资于工商业'企业'的资本，对于这种非理性的统治形式过于敏感，此外，它过于依赖这样的可能性，即：国家机器能否像某种机器那样平稳而有理性地运作，并且可以估量。换言之，在中国式的管

[1] 马克斯·韦伯：《儒教与道教》，洪天富译，江苏人民出版社，2003，第102页。
[2] 同上书，第92页。

辖下，现代意义上的工商业资本主义是不可能产生的。”“正因为中国的司法依赖于一种实在的个体化与恣意专断，所以对于资本主义也就缺乏政治上的先决条件。”总之，“在中国，由于缺乏一种形式上受到保证的法律和一种理性的管理与司法，加之存在着俸禄体系和根植于中国人的‘伦理’里、而为官僚阶层与候补官员所特别抱持的那种态度，所以不可能产生西方所特有的理性的企业资本主义”[1]。韦伯对儒家价值观的评论正确与否可以讨论，但他从儒家宗法伦理、家族血缘制及中国缺乏法治等几个角度对中国未能发展出理性资本主义的阐述，虽过去了一个多世纪，但至今读来仍能给人以启示，值得我们反思。

四、中国为什么没有发展出现代的科学体系

李约瑟在《中国科学技术史》中对“李约瑟难题”有自己的破解，他的答案是由于中国的“官僚制度”，这与欧洲的“贵族式封建体制”不同。欧洲的“贵族式封建体制”非常有利于商人阶层的产生，当贵族衰落之后，资本主义和现代科学便诞生了。中国的官僚制度的存在主要是为了维护灌溉体系的需要，它最初非常适宜科学的成长，然而阻碍了重商主义价值观的形成，所以它没有能力把工匠们的技艺与学者们发明的数学和逻辑推理方法结合在一起。因此，在现代自然科学的发展过程中，中国开始落后了。

---

[1] 马克斯·韦伯：《儒教与道教》，洪天富译，江苏人民出版社，1993，第109—111页。

还有一些学者认为，中国没能成功地从前现代时期的科学跃升到现代科学，与中国科举制度的课程设置和激励机制有关。这一科举制的课程设置和激励机制使知识分子无心从事科学事业，尤其是做可控实验或对有关自然的假说进行数学化这类事情。为了解开"李约瑟之谜"，也有学者提出了一个假说：前现代时期大多数技术发明源自工匠和农夫的经验，科学发明则是有少数天生敏锐的天才在观察自然时自发做出的。到了现代，技术发明主要是在科学知识的指导下通过实验获得的，科学发现则主要是通过以数学化假说来描述自然现象以及可控实验方法而得到的，当然这样的工作只有受过特殊训练的科学家才能完成。在前现代时期的科学发明和技术发明模式中，一个社会中人口愈多，经验丰富的工匠和农夫就愈多，社会拥有的天才人物就愈多，因而社会的科学技术就愈先进。所以说，中国在前现代由于人口众多，在这方面占有比较优势。中国在现代时期落后于西方世界，是因为中国的技术发明仍然还靠经验而欧洲在17世纪科学革命的时候就已经把技术发明转移到主要依靠科学和实验上来了。总之，中国中古没有成功地爆发科学革命的原因在于科举制度，它使中国知识分子无心投资现代科学研究所必需的人力资本，因而，从原始科学跃升为现代科学的概率就大大降低了。[1]

诺思则从制度的角度对西方科学技术为什么在17世纪获得了巨大的飞跃而步入现代科学阶段从产权安排的角度进行了

[1] 林毅夫：《制度、技术与中国农业发展》，上海三联书店，1994，第271—272页。

分析：西方工业革命前后，相继诞生了各种保护知识产权的法律制度。如在1642年英国颁布了《垄断法》就是第一部知识产权的专利法，其中包括了“一个鼓励任何真正创新的专利制度”[1]，它标志着英国知识产权制度的确立。诺思认为新技术知识发展速度的决定因素是知识产权的专利制度。在人类历史上，我们可以看到新技术不断地被开发出来，但步伐缓慢、时有间断，主要原因就在于对于发展新技术的激励仅仅是偶然的。通常，创新可以被别人无代价地模仿，而发明创造者得不到任何报酬。有效的知识产权制度才能使技术发明创新者的私人收益率不断地接近社会收益率，才能鼓励创新和发展。所以，高效的知识产权制度是西方科技能发展为现代科学体系的主要原因。诺思的观点对于晚明以后中国科学技术的落后很有解释力。在古代中国，就是由于没有知识产权的保护和激励，科学家从事科学的研究得不到相应的收益和回报，有的还是在极其困难的生活境况中出于一种执着的学术兴趣坚持研究的。如明清之际兼通中西天文学的一代大师王锡阐经常是在“甑釜尘生”“寒灰不燃”的绝粮断炊的情景中度日，在生计无着的情况下他甚至还要用“整书”“假寐”来假作镇静，以哄骗妻女，他写道，“妻女不知再无计，几番涤釜望明晨”[2]，读之让人心酸。但王锡阐潜心科学研究的决心没有因此而动摇，这有《晓庵先生诗集》如下的诗篇为证：“何必形残仍苟活，但伤绝学已无传。存亡不必占天意，矢

[1] 道格拉斯·诺思、罗伯特·托马斯：《西方世界的兴起》，厉以平、蔡磊译，华夏出版社，1999，第184页。
[2] 王锡阐：《晓庵先生诗集·绝粮五首》。

志安贫久更坚。”晚明科学救世的代表性人物李时珍因著有医学名著《本草纲目》而垂名青史，享誉五洲，但他不仅没有获取任何科研成果的经济收益，甚至《本草纲目》出版上也遇到了极大的困难，后来还是借助于当时的文坛宿将、大官僚王世贞的名望与帮助才得以刊行。

中国古代因没有知识产权的保护，工匠们在知识技术的传承上不得不采用一种内部保密式的传承制度，这种制度安排极不利于古代科技成果的运用和发展，也是导致中国没有能发展出现代科学技术体系的重要成因。具体而言，中国古代手工业者大都有各自的专门技艺，或是一代代人经验的积累，或是偶然间幸运获得。一般来讲，越是那些独到却很简单、一旦泄漏人人都可以掌握的技艺就越具有保密的必要，久而久之便成为祖传的绝技，成了一种特殊的资产。在生产规模扩大、工艺较复杂的手工业中，技术的保密就显得更为重要，方法也更加多样化。但到儿辈长大或长辈年迈需要把技术传承给下一代时，便需有一套专门的制度安排，这就形成了中国传统的内部传承制度。如先秦时期士农工商“四民分业”不改行，各行技艺已是父传子继。这一制度安排的好处是通过耳濡目染，教者省力，学者亦快，形成了《荀子·儒效》上所说的“工匠之子，莫不继事”的传统。历代都沿用这种做法，有着相同的思路和规定，如唐宋以后的匠户、灶户等“百工”称谓和“匠籍”的管理制度，实际上也是由家庭世袭传承的手工技艺的习惯派生而来。

手工技艺在家庭父子相传的同时也可以传授给徒弟。在古代小规模的家庭手工业以及较大规模的手工工场中，往往首先以工匠自己的子弟为徒，使传子与授徒合二为一。明清时期苏州织造局招收“幼匠”及学徒工，明确规定主要用局中工匠的子侄，使之以子侄承继父业的形式在局学艺。手工业者自己的行会、公所也有同样的章程：“子承父业，或长或嫡，以亲生一人照满师例，其余亦许向公所报名入行。”[1]一般徒工要学徒 3 年，但准许亲生儿子一人免去学徒期，其余子侄学艺则与一般徒工的待遇相同。显然，儿子在学徒和开业上有优先权，官方和行会方面也倡导手工技艺尽量要父传子继。有的行会还干脆规定手工技艺只能传给儿子，不可传给徒弟，但多数行会只是倡导优先子侄继承，并不限制传授徒弟。但这仅是就一般技艺如木工、铁匠之类的传授而言，那些祖传绝技即使招徒弟也极少轻易传授。这方面的案例很多，如据洪迈《夷坚志》甲志卷四载，宋代秀水有家制泥鳅干的技术独到，当地人都不懂其法，他家的徒工多方探寻其秘密，最终也没有能学到。

手工技艺无论是家庭内部传授还是师徒间的传授，都尽量不扩大范围，越是高超的“绝技”越倾向于单传。由此一来产生了一个不可避免的弊端，即有些技艺往往在家庭传继中出现断代，或是师徒传授时因师傅突然死亡等意外情况而造成失传，以至于有人戏称所谓绝技、绝活的“绝”含有传不长久的意思。如清代钱肇然《续外岗志》卷四载，明初吴江有个叫张铜锁的，制锁技艺高强，“远近争购，一时称绝技焉。其子传其技，稍逊其父，至孙子不务故业，法遂绝”。都穆《都公谈纂》卷下记述明初南京

[1]《上海县为乌木公所重整旧规谕示碑》，载《上海碑刻资料选辑》，上海人民出版社，1980，第 406 页。

沈万山有一种冶铁用的特殊药物，可使炉火极盛，因此获利成为南京首富。沈万山被朱元璋治罪流放后，某御史向其子索要秘方，说交出秘方可活动赦免沈万山。但秘方单传，连其子也不清楚在何人之手，只好将"先世所遗成药"数盒送给御史了事，此后也再没人知道此秘方的下落。有学者考察过明朝时几家著名的绝活，发现都在家庭内部传继中丢失了，如制笔业中的金陵陆继翁、王自用，吉水的郑伯清，无锡的张天锡，杭州的张文贵等都有绝技，所制毛笔各有特色，却因"不妄传人"而"惜乎，近俱传失其妙"；宜兴造陶之家对陶土的"取用、配合，各有心法，秘不相授"；彝鼎业中的松江胡文明能"按古式制彝、鼎、尊、卣之类，极精，价亦甚高，誓不传他姓"；织布业中的丁娘子布名声很大，"造法秘不示人"……结果都慢慢失传了。[1] 又如成书于清朝中期的顾震涛《吴门表引》卷一所记苏州三县（吴县、长洲、元和）的传统技艺，都是某姓家传，不少由若干年前传到成书时都已失传，如专治小儿腹胀的珍珠丸，系沈氏"流荫堂"所传，当时已无其药方；治眼病的空青膏系明中叶研制，"并有推云妙方，今惜失传"。在顾震涛书所记的23种家传技艺中，注明"子孙尚守其业"的仅一家，其他则都在家庭内部的传继中丢失了。传授徒弟时由于严格限制收徒数量，也容易造成失传。特别是师傅授徒时往往不肯毫无保留地传授，总要留一手绝活，到自己晚年甚至临终前才单传给最可靠的弟子，这就更增加了失传的危险。如清康熙年间北京有个叫梁九的建筑师，设计督建宫殿堪称一绝，他这手绝

[1] 韩大成：《明代城市研究》，中国人民大学出版社，1991，第642页。

活是跟师傅冯巧学的。冯巧是明后期京城有名的建筑技师，从万历到崇祯，所有宫殿他都参与设计。明朝末年，冯巧老了，孤身一人，梁九“往执役门下，数载不得其传。而服侍左右，不懈益恭”，终于感动了冯巧，“尽传其奥”[1]。梁九等了几年才学到了手艺，算是幸运的。这种防范式传授容易失传，我国历史上许多精湛的工艺品，现在我们只能知其名或见其物，而不懂其制作技法，都是这个原因造成的。

封建专制政体和伦理纲常思想要求臣民循规蹈矩，事实上也抑制了技术革新的步伐，晚明救世思潮中的科技成就无法如欧洲那样结出足以改变世界的硕果就是很好的例证。在欧洲，从 17 世纪早期开始，欧洲科学技术创新的数量迅速增加，成为引领世界技术变革的中心地区。这些变化最早出现集中在英格兰北部和中部地区的少数几个产业中，随后延伸到苏格兰、康沃尔和威尔士，后来又扩大到比利时、瑞士、法国和欧洲的其他国家。这些产业包括棉纺织业、钢铁铸造业（包括刀具、锁扣直到发动机、铁路的各种金属制品）、制陶业、煤炭和其他矿冶业以及经营运河、铁路、汽船和蒸汽机的各种运输公司。这其中最重要的一项发明是 1712 年汤玛斯·纽科门发明的第一台蒸汽机，尽管它体积庞大、使用不便而且效率较低、浪费燃料，但对煤炭使用方式是一个重要的突破。在这之前，煤只能用于取暖，现在蒸汽机的发明使得煤可以用于为机械提供动力。在此后的一段时间里，蒸汽机的使用提高了煤矿的开采量和锻铁炉的产量。但

[1] 彭泽益：《中国工商行会史料集》，中华书局，1995，第 948 页。

因其效率低下，没有被工厂使用。到了 18 世纪 70 年代，詹姆斯·瓦特对蒸汽机进行了改良，使其工作效率大为提高，并可以提供稳定而循环的动力，于是瓦特改良后的蒸汽机在 19 世纪成为英国工厂最普遍采用的动力装置。1830 年以后，又出现了改良的高压蒸汽机，重量更轻而且动力更为强劲，除工厂使用以外，还被广泛应用到铁路、船运、采矿、军舰以及农业和建筑机械中。一句话，瓦特蒸汽机的改良不只是一单个的发明，其影响也不仅限于工厂的使用，而是改变了整个经济的过程。其革命意义在于，这之前人类主要依靠风力、水力和肌体的力量来完成各项任务，蒸汽机的出现使得燃烧木材和煤炭产生的能量可以用于驱动机械，极大地拓展了人类利用火的空间。蒸汽机和煤动力的组合也打破了以往所有社会在能源利用上所遭遇的障碍。17 世纪之后，特别是在英国形成了一种社会风气，在这里自然哲学家（如培根）、仪表技师和手工艺人的技术以及企业家和工厂主开始积极地相互交流融合。如培根提出的以实验和观测活动为基础的归纳逻辑才是探索世界知识更好的方法被社会普遍接受，培根坚持认为实验是获取新知识的最好途径，实验和归纳有助于生产工艺、产量、医学、手工艺和所有实用性技艺的改进提高，形成了一种创新的文化或风气，从而造就了连续涌现的、不断加速的新变革。只有英国推动了实验方法和牛顿力学在手工艺工人、工程师和商人中的教学和应用，并鼓励这些社会群体和最前沿的科学研究人员相交流，共同推动了他们的工作和科研探索。正是英国的这一做法，第一次使得科学工程技术成为经济生产和制造业中一个应用的组成部分。也正是这一变化，创造出了一波又一波由科学所激发的技术革新，促进了现代工业的增长。经济增长趋势在1760—1770年出现了一次突变，增长率有了前所未有的提高，最重要的是生产模式开始发生深刻的转变。[1]

[1] 戴维·S. 兰德斯：《国富国穷》，新华出版社，2007，第206页。

参考文献

[1]《明史》,中华书局,1973.

[2] 陈鼓应,辛冠洁,葛荣晋:明清实学思潮史,齐鲁书社,1989.

[3] 温功义:明代的宦官和宫廷,重庆出版社,1989.

[4] 王天有:晚明东林党议,上海古籍出版社,1991.

[5] 怀效锋:四朝政治风云,四川人民出版社,1988.

[6] 黎东方:细说明朝,上海人民出版社,1997.

[7] 杨国桢,陈支平:明史新编,人民出版社,1993.

[8] 汤纲,南炳文:明史(下),上海人民出版社,2021.

[9] 柏杨:中国人史纲(下),时代文艺出版社,1987.

[10] 朱绍侯:中国古代史(下),福建人民出版社,1982.

[11] 陈宝良:明代士大夫的精神世界,北京师范大学出版社,2017.

[12] 陈宝良:悄悄散去的幕纱——明代文化历程新说,陕西人民出版社,1988.

[13] 明清史国际学术讨论会论文集,天津人民出版社,1982.
[14] 冯天瑜:明清文化史散论,华中工学院出版社,1984.
[15] 成复旺:中国古代的人学与美学,中国人民大学出版社,1992.
[16] 吴晗:明史简述,华东师范大学出版社,2015.
[17] 王春瑜:明清史散论,东方出版中心,1996.
[18] 徐雁等:杰出人物与中国思想史,江苏教育出版社,2000.
[19] 邢铁:家产继承史论,云南大学出版社,2000.
[20] 孟繁清等:专制主义与中国封建经济,河北教育出版社,1995.
[21] 樊树志:晚明史(下),复旦大学出版社,2018.
[22] 明史研究论丛第 5 辑,江苏古籍出版社,1991.
[23] 叶显恩:明清徽州农村社会与佃仆制,安徽人民出版社,1983.
[24] 韩大成:明代城市研究,中国人民大学出版社,1991.
[25] 张海鹏、王廷元:徽商研究,安徽人民出版社,1995.
[26] 彭泽益:中国工商行会史料集,中华书局,1995.
[27] 戴念祖:朱载堉——明代的科学和艺术巨星,人民出版社,1986.
[28] 萧公权:中国政治思想史(下),中国文化大学出版部,1982.
[29] 余英时:士与中国文化,上海人民出版社,1987.
[30] 梁启超论清学史二种,复旦大学出版社,1985.
[31] 吴虞集,四川人民出版社,1985.
[32] 胡适文存二集(卷 3),上海书店,1989.

[33] 冯友兰：中国哲学史新编第5册，人民出版社，1995.

[34] 梁漱溟：乡村建设理论，梁漱溟全集第2卷，山东人民出版社，1990.

[35] 杜石然等：中国科学技术史稿（下册），科学出版社，1982.

[36] 林毅夫：制度、技术与中国农业发展，上海三联书店，1994.

[37] 稻叶君山：中国社会文化的特质（东方文库第32种），商务印书馆，1923.

[38] 李约瑟：中国科学技术史（第1卷），科学出版社，上海古籍出版社，1990.

[39] 李约瑟：中国科学技术史（第4卷第1分册），陆学善等译.科学出版社，2003.

[40] 李约瑟：中国科学技术史（第5卷　地学），中国科学技术史翻译小组译.科学出版社，1976.

[41] 达尔文：动物和植物在家养下的变异，方宗熙等译.科学出版社，1973.

[42] 薮内清等：天工开物研究论文集，章熊、吴杰译.商务印书馆，1951.

[43] 奥伊肯：生活的意义与价值，万以译.上海译文出版社，1997.

[44] 诺思，托马斯：西方世界的兴起，华夏出版社，1999.

[45] 诺思：经济史中的结构与变迁，上海三联书店，上海人民出版社，1994.

[46] 戈德斯通：为什么是欧洲？——世界史视角下的西方崛起（1500—1850），关永强译.浙江大学出版社，2010.

[47] 兰德斯：国富国穷，门洪华等译.新华出版社，2010.

[48] 弗兰克：白银资本——重视经济全球化中的东方，刘北成等译.中央编译出版社，2000.

[49] 罗斯巴德：亚当·斯密以前的经济思想（第1卷），张凤林等译.商务印书馆，2012.

[50] 洛克：政府论，刘晓根编译.北京出版社，2007.

[51] 孟德斯鸠：论法的精神，于华忠编译.中国工人出版社，2016.

[52] 威廉姆斯：伏尔泰政治著作选，李竞，李媚译.中国政法大学出版社，2014.

[53] 卢梭：社会契约论，何兆武译.商务印书馆，1997.

[54] 登姆塞茨：关于产权的理论，上海三联书店，1994.

[55] 韦伯：新教伦理与资本主义精神，于晓、陈维纲等译.生活·读书·新知三联书店，1987.

[56] 韦伯：儒教与道教，洪天富译.江苏人民出版社，1993.

[57] 哈耶克：致命的自负，冯克利等译.中国社会科学出版社，2000.

[58] 菲吕博腾，配杰威齐：产权与经济理论：近期文献的一个综述，载于科斯，阿尔钦，诺斯，财产权利与制度变迁.上海三联书店，1994.

[59] 查永玲：万寿琪《秋江别思图》.文物，1991：10.

[60] 王夫之著作目录考略，船山学报，1985：21.

[61] 全汉昇：略论新航路发现后的海上丝绸之路，中国近代史研究通讯，2.

[62] 黄启臣：试论明清时期商业资本流向土地的问题，中山大学学报，1983：1.

[63] 蒙文通：中国历代农产量的扩大和赋役制度及学术思想的演变，四川大学学报，1957：2.
[64] 马涛：李贽与儒学，河北学刊，1993：5.
[65] 马涛，李卫：中西方传统经济思想特点的比较，学术月刊，2019：3.

图书在版编目(CIP)数据

救世与启蒙:晚明社会思潮析论/马涛著. —上海:复旦大学出版社,2024.6
ISBN 978-7-309-16612-5

Ⅰ.①救… Ⅱ.①马… Ⅲ.①社会思潮-研究-中国-明代 Ⅳ.①D092.48

中国版本图书馆 CIP 数据核字(2022)第 211514 号

救世与启蒙:晚明社会思潮析论
JIUSHI YU QIMENG: WANMING SHEHUI SICHAO XILUN
马 涛 著
责任编辑/张美芳

复旦大学出版社有限公司出版发行
上海市国权路 579 号 邮编:200433
网址:fupnet@fudanpress.com http://www.fudanpress.com
门市零售:86-21-65102580 团体订购:86-21-65104505
出版部电话:86-21-65642845
上海盛通时代印刷有限公司

开本 890 毫米×1240 毫米 1/32 印张 11.75 字数 244 千字
2024 年 6 月第 1 版
2024 年 6 月第 1 版第 1 次印刷

ISBN 978-7-309-16612-5/D·1145
定价:98.00 元